太田梦庵

中国金石收藏与藏品著录

刘海宇
[日]玉泽友基

著

上海书画出版社

本书为山东省社会科学规划研究重点项目《二十世纪上半期流失日本的山东金石文物整理与研究》（批准号：23BLSJ01）、日本学术振兴会（JSPS）基盘研究（C）《日本に所藏される中国古印に関する調査研究——岩手県立博物館藏品を中心として》（批准号：21K00885）的阶段性成果

前言　太田梦庵及其金石资料收藏概述

　　太田梦庵是日本近代著名的金石资料收藏家、书法家、乡土史学家，本名孝太郎，号梦庵、无闇、槐安，斋号枫园、好晴楼、津川等，1881 年 7 月出生于日本岩手县首府盛冈市，去世于 1967 年 1 月，享年 87 岁。

　　梦庵远祖为清和源氏，祖先世代为盛冈藩的藩士。曾祖父太田小十郎久彻，精通武术。祖父太田孝，号鹤舟，精于书法，被盛冈藩第十五代藩主利刚（1826—1896）称为名士。父太田小二郎，号竹塘，善书画，盛冈银行、第九十银行的创始人，是盛冈财经界的中心人物之一。1897 年 3 月，梦庵 17 岁时只身赴东京，就读于私立日本中学。1902 年 9 月，梦庵 22 岁时进入早稻田大学高等预科第二期学习，并于次年 7 月编入早稻田大学政治科，主修政治经济学。约于此年始，师从著名篆刻家五世浜村藏六[1]学习篆刻。第二年又师从临济宗日暮里两忘庵主释宗活禅师[2]学习参禅，得号梦庵，字子敬。1906 年 7 月，早稻田大学毕业，就职于横滨正金银行[3]，在横滨总行工作。1910 年 7 月，与石井双石[4]、梨冈

（1）浜村藏六为篆刻世家，五世藏六（1865—1909）名裕，字有孚、无咎、立平，善以铜、陶、玉、水晶等材料制印，罗振玉在五世藏六印集《结金石缘》跋中曾称赞其篆刻兼备金光先与赵之谦之长而无其短，"洵当世独步也"。参见太田孝太郎《五世浜村藏六》，《书品》149 号，1964 年 4 月，61–66 页。

（2）释宗活，明治二年（1869）十一月十五日出生于东京蛎町，明治二十二年（1889）十九岁时入镰仓圆觉寺，师从今北洪川禅师，后继承今北禅师创立的两忘会，积极对不在僧籍的居士进行参禅指导，去世于昭和二十九年（1954）。

（3）横滨正金银行成立于明治十三年（1880）二月，是半官半民性质的银行，自 1893 年起首先在中国上海设立办事处，之后相继在香港、天津、北京、旅顺、大连、沈阳等地设立三十余处分支机构。参傅文龄主编《日本横滨正金银行在华活动史料》，中国金融出版社，1992 年。

（4）石井双石（1873—1971），日本近现代著名的书法家、篆刻家，先后师从五世浜村藏六以及河井荃庐学习篆刻，曾出版《篆书指南》《篆刻指南》等著作。

太田梦庵肖像

素岳[1]共同创办长思印会，发行篆刻杂志《雕虫》[2]。盛冈师范学校教授白井鹿山（1864—1919）在《梦庵刻印记》（《鹿山遗稿》卷上）一文中盛赞梦庵的篆刻。1913年6月，梦庵33岁时赴中国东北安东县（今辽宁省丹东市）的横滨正金银行安东事务所工作，次年因"不堪眼高手低之叹"而放弃刻印[3]。

　　1915年7月，梦庵转任横滨正金银行天津支店副支店长，结识著名金石学家方若

（1）　梨冈素岳（1868—1935），日本近代篆刻家，曾出版印谱《素岳佚民归去来印谱》等。

（2）　《雕虫》杂志每月发行，1910年7月25日创刊，至1950年停刊的四十年间共发行三百四十三期，为日本篆刻的普及和研究做出了很大贡献。参见小西宪一《雕虫と太田梦庵》，《香川大学国文研究》第三十二号，2007年，9-18页。

（3）　太田梦庵在自编的《盛冈市史》中说"太田梦庵师从五世浜村藏六，但不忍眼高手低之叹，自大正三年（1914）弃刀以来不刻一印。"参见《盛冈市史·第十一分册·文教》，盛冈市役所发行，1960年，202页。

（1869—1954）。自此以后，梦庵致力于金石资料的收藏与研究，涉及古玺印、古铜印谱、古陶文、古砖文等方面。1919 年夏季，罗振玉自日本京都回国，定居于天津。经方若的介绍，梦庵结识罗振玉。1920 年 4 月，罗振玉在《梦庵藏印》序文中云：

> 东友太田梦庵风雅好古，予初与君不相知也。去年夏，由海东返国，卜居津沽定海。方药雨太守始为之介，君遽出所藏古玺印见示。观其鉴别至精，无一赝品，洒然异之。嗣恒与君相见，于古金石刻外不及他事，益知君好古之深且笃也。

1920 年 7 月，梦庵 40 岁时回国任职于横滨正金银行总行总务部，8 月接到远赴纽约支行的任命，遂以父病为由辞职，回到故乡岩手县盛冈市，10 月任盛冈银行总经理。其后，又先后在陆奥水力电气株式会社、九户电气株式会社、盛冈仓库株式会社、岩手日报、岩手县农工银行等兼任要职，活跃于岩手县经济界。1931 年 11 月，日本发生银行恐慌事件，盛冈银行受到波及。1933 年，梦庵 53 岁时辞去经济界所有职务，专心从事著述，直至 1967 年去世。

梦庵在 1920 年 7 月回到日本之后，常委托罗振玉长子罗福成（君美）在中国购买古玺印以及古铜印谱等金石资料，同时也从北京琉璃厂以及上海、大连、天津等地的书店陆续购买古铜印谱等（参见本书附录二《梦庵先生所集尺牍》）。梦庵所藏金石资料包括古印学资料（古玺印及古铜印谱）、有铭铜带钩、古陶文、古砖文以及其他金石小品等，主要是古铭文资料。同时，他陆续对这些资料都进行了著录，发行了原钤本自藏印印谱、印刷本陶文拓本集、原拓本砖文拓本集、原拓本金石小品拓本集、原拓本铜带钩拓本集等。今就上述几个领域作简要概括。

一　梦庵的古印学资料收藏

古印学资料包括古玺印实物以及古铜印谱，两者互为表里。梦庵年轻时学习篆刻，对古印学资料情有独钟，他在天津工作期间开始收藏古玺印。他的古玺印收藏可分为两个时期，首先是寓居天津期间（1915—1920），受到方若的影响较大，以 1920 年发行的

《梦庵藏印》8 卷为标志，所收 439 方藏品均为先秦至六朝时期的古玺印。方若在 1934 年为梦庵所作《古铜印谱举隅》序言中说："玺印收聚，忝且居先。"梦庵旧藏几方著名玺印的印盒上多有方若的题记。第二个时期是梦庵回到日本期间（1920—1932），以《枫园集古印谱》及《枫园集古印谱续集》的发行为标志，两谱共收录古玺印 666 方。这一时期的古玺印收藏受到罗振玉及其长子罗福成的影响甚巨。罗氏父子重视契丹、西夏、蒙古等诸民族文字及古文物的研究和收集，梦庵藏印中的西夏官印、元八思巴文字官印以及契丹文字、八思巴文字私印押记等富有特色的藏品多经罗氏父子之手购得，印谱中并载隋唐以来官印背款、侧款拓本的体例亦是受罗振玉《隋唐以来官印集存》印谱的影响。罗振玉在 1932 年为梦庵《枫园集古印谱续集》题签，于题字之旁云："太田先生藏古玺印至富，近衰续得者又为此谱。"

梦庵去世后，其家属在 1974 年将所藏古玺印的绝大多数捐赠给岩手县立博物馆。该馆现藏"太田孝太郎中国古印收藏"包括历代古玺印 1091 颗以及上述梦庵发行印谱三种等。我们将这些古玺印悉数收入《日本岩手县立博物馆藏太田梦庵旧藏古代玺印》，包括每方古玺印的印蜕、印面以及印钮的放大照片，以兼顾鉴赏以及研究的体例，于 2020 年 10 月由上海书画出版社出版。

梦庵的古铜印谱收藏始于 1920 年回国之后。1925 年 11 月，梦庵在《雕虫》杂志第 184 期刊登启示，介绍正在编纂的《古铜印谱举隅》，并云已经收藏印谱 60 余种，号召收藏古铜印谱的同好提供借阅。1961 年，梦庵在《印谱考二种》一文中说："四十年来所藏印谱二百〇五部。所见谱集一一二部，但仍有不少未曾寓目。"《梦庵先生所集尺牍》所收资料显示，自 1925 年至 1940 年，梦庵多委托罗福成以及北京琉璃厂等地书店购买印谱。1934 年 8 月，梦庵发行《古铜印谱举隅》，收录自藏古铜印谱 105 种，对每种印谱的体例、内容、收印数、凡例等均有详细说明，有序文、跋文者均收录全文。方若在序文中云："今也此举，使一切印谱犹百川汇海，誉之大全不为过，举隅云乎哉。"1969 年，小林斗盦将梦庵遗作《古铜印谱举隅补遗》影印出版，体例与前书一致，共收录 149 种古铜印谱，其中包括梦庵自藏印谱 100 种。上述两书共收录古铜印谱 257 种，小林斗盦在《补遗》后记中说"现存古铜印谱几乎全部网罗其中"。2017 年，天津人民美术出版社将《古铜印谱举隅》和《古铜印谱举隅补遗》综合成一书出版。

梦庵旧藏古铜印谱共有 205 种，后来先后转让给横田实以及小林斗盦，横田实与小林斗盦两人均将所藏印谱捐赠给日本东京国立博物馆。梦庵旧藏古铜印谱现今绝大多数藏于东京国立博物馆，是该馆所藏古铜印谱的主体构成部分。

二　梦庵的有铭铜带钩收藏

梦庵收藏 21 件铜带钩，19 件有铭文，其他 2 件有肖形图像，其中的 8 件作为带钩印收入所发行的印谱。1949 年，梦庵发行原拓《梦庵藏钩》拓本集，收录全部 21 件铜带钩的铭文、图形和全形拓本。19 件有铭铜带钩的铭文中，既有铸铭，又有刻铭，铭文或位于钮面，或位于合符带钩的钩身内面，又或位于钩身以及钩背。钮面文字与古玺印文字同样为反字（镜像文字）的带钩，在古玺印研究著作中一般称为"带钩钮"玺印或"带钩状玺"，在金文类著录中或称"某某印钩"。

带钩中有一类可以左右分开为两半的带钩，形制犹如流行于战国秦汉时期兵符等类的合符，因这类带钩的传世品多以左半、或右半单体存世，故清中期学者多称"半钩"，清末陈介祺始改称"合符钩"。今学者或称为"合符双钩"，又或称为"合符带钩"。这类带钩或在钩身相合部内面左右各铸铭文，一半为阳文，另一半为阴文，又铸榫卯或扣齿以用于扣合。梦庵藏钩中有 9 件合符带钩，另外尚有 1 件异形带钩。

根据王仁湘在《善自约束——古代带钩与带扣》的带钩型式分类，梦庵旧藏有铭铜带钩的型式多为 I 式水禽形带钩和 V 式琵琶形带钩，这两类型式带钩的存续时间跨度均从春秋时期至东汉时期，仅从形制上难以准确断代。我们根据铭文字体，结合历代著录，进行了初步断代，战国时期的部分带钩可以判断出国别，详见本书第二章。

三 梦庵的古陶文收藏

梦庵收藏古陶文 225 件，于 1922 年 9 月刊印拓本集《梦庵藏陶》，由京都小林写真制版所印刷。该书由方若题署，罗振玉作序，是历史上第二本刊印的陶文拓本集，仅晚于 1904 年出版的《铁云藏陶》，在陶文收藏和著录史上具有重要价值，受到学者们的重视。王恩田在《陶文图录》中基本收录了《梦庵藏陶》的所有拓本。梦庵去世后，这批陶文下落不明。

《梦庵藏陶》共计 42 页，无目录、无释文。梦庵在书中首先将陶文分为为戳印和刻划两大类，然后各自基本按照时代和国别顺序进行排列，战国戳印陶文按照齐国、燕国、邹国、三晋两周、秦国的顺序排列，整体所收伪品及可疑品不多。这表明他对战国各系文字已经具备了基本的辨别能力，对先秦、秦汉以及汉代以后等不同时代的陶文基本掌握了断代能力，对伪品及可疑陶文也基本具备了辨别能力。《梦庵藏陶》所收陶文总量虽然不多，但戳印、刻划两种均有，地域种类基本齐全，时代涵盖跨度较大，包括古陶文的各个方面，可以说是中国古陶文史的一个缩影。在民国初年那个时代，梦庵的陶文收藏与著录处于当时的学术前沿。详见本书第三章。

四 梦庵的古砖文收藏

梦庵收藏有古砖文 25 种，于 1926 年发行原拓拓本集《梦庵藏砖》，包括铭文砖 21 种、画像砖 4 种。《梦庵藏砖》首列所收古砖的藏品目录，包括铭文内容以及著录目等，其后是自序，接着是古砖铭拓本。拓本按照铭文制作方式或内容分为刻划文字砖、模印或范制文字砖、画像砖等类，每小类内按照时代顺序排列。梦庵在目录之后说："余曾住天津，购得古砖一百余枚，其中字画在平面者廿五枚，尤为希觏。不忍使泯灭之，手拓卅部以贻考古之士。"

这批铭文砖中，年代最早者为西汉晚期的"单于和亲十二字砖"，最晚的纪年为唐代贞观八年（634）的"崔君砖志"。其中约占半数的 12 种著录于罗振玉的《海外贞珉录》或《专志征存》。《梦庵藏砖》所收古砖虽然数量不多,但是铭文种类较为齐全,内容包含吉语、记事、墓志、佛教文字等，年代跨度较大，涵盖从西汉至唐代近七百年。这批墓志砖文可以加深我们对当时社会风俗的认识，具有一定的史料价值。详见本书第四章。

五　梦庵的金石小品收藏

梦庵于 1949 年发行原拓拓本集《梦庵金石小品》，今关天彭（1882—1970）作序，正文 49 页，收录 43 种金石类小件器物以及部分著名学者的题跋，其中 21 件铜带钩的拓本又收录于《梦庵藏钩》，其余 22 件器物多未见著录，斗检封、铜铃、有铭铜镞、有铭铜簪等部分器物现藏岩手县立博物馆。详见本书第五章。

目录

第一章

古印学资料收藏与藏品著录

第一节　梦庵的古玺印收藏与古印学研究

一　太田梦庵的古玺印收藏与著录

梦庵在 1920 年发行《梦庵藏印》（以下简称《梦》）初印本八册（图一），原钤本，每页一印，共收录自藏古玺印四百三十九颗，其中古玺一百三十七颗、汉魏六朝官印八十三颗、私印二百一十九颗。

1926 年 10 月，发行《梦》再印本八册。《梦》初印本发行后，河井荃庐[1]向梦庵指出其藏品中有赝品，再印本是剔除河井氏所云赝品之后的钤印本。[2]再印本收录古玺印四百一十八颗，梦庵在《古铜印谱举隅》卷九"梦庵藏印"条云："大正十五年十月再加详审，钤成十部，古玺一百二十六，官印七十四，私印二百十八，并每页一印。"梦庵后来知道所谓"赝品"或不伪，所以这些藏品并未全部散佚。

《梦》所收近四百余颗古玺印是梦庵寓居天津期间所收集。梦庵自述曾师从方若[3]学习六年，师事罗振玉一年半。据梦庵夫人讲述，居津期间，每逢休息日，梦庵必早出晚归，孜孜不倦地访求古玺印，所得薪资几乎全用于收藏。[4]据小原蜗城的记载，梦庵在天津时，

（1）河井荃庐（1871—1945），日本近代印学宗师，曾任西泠印社名誉社员。

（2）关于《梦庵藏印》再印本的发行理由，玉泽在 1993 年 5 月 29 日拜访故小原蜗城先生（1906—2006，本名芳郎，篆刻家）时，承蒙面告。小原先生之父与梦庵有深交，其本人于 1965 年（昭和 40）由小学校长退休后，在梦庵去世前的两年时间里与其频繁交往，帮助梦庵整理材料并得到指导。参见刘海宇、［日］玉泽友基《〈梦庵藏印〉所收古玺的整理与研究》，《中国出土资料研究》第二十二号，2018 年 7 月，75 页。

（3）方若（1869—1954），号药雨，浙江定海人，长期寓居天津，富于收藏，藏品尤以古钱与石经为多，以著作《校碑随笔》知名于世。参见［日］太田孝太郎《方若》，《书品》106 号，1959 年，2-21 页；张同礼《我所知道的方若》，《天津文史资料选辑》第十八辑第 189-201 页，天津人民出版社，1982 年；盛观熙《记古钱学家方若先生》，《中国钱币》1993 年第 2 期。

（4）参见［日］伊东圭一郎《清谈を闻く—太田孝太郎氏（上）》，《新岩手日报》1948 年 10 月 8 日。

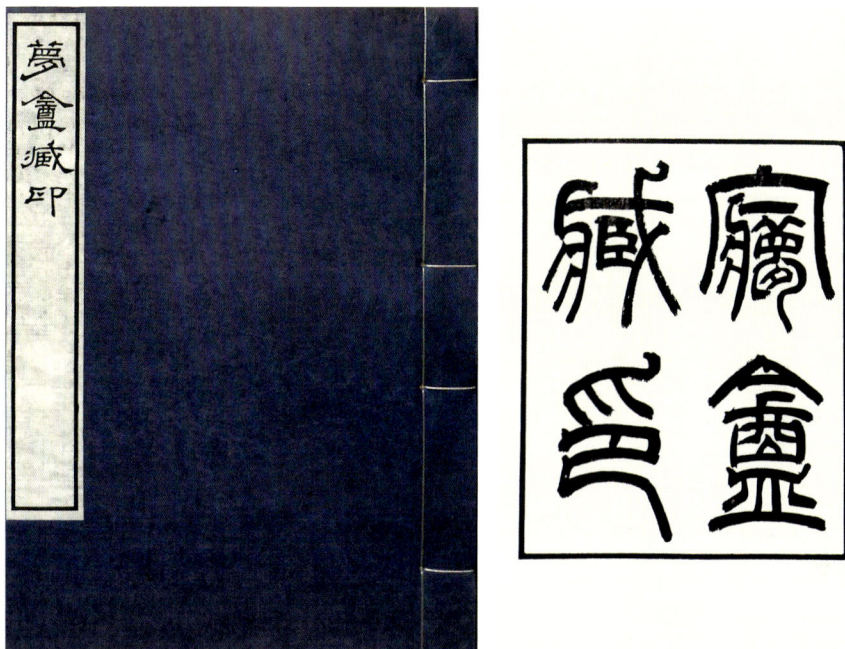

图一 《梦庵藏印》书影及题署

听罗振玉说北京某店有一颗玉印（笔者注:指《梦》所收"襄平君"玉印），价昂而不可得，于是梦庵立刻乘车赶去购买。[1]

1929年，发行《枫园集古印谱》（以下简称《枫》）十册（图二），钤印本，每页一印，共收录自藏古玺印五百八十九颗。第一、第二册收录古玺六十九颗，第三册汉魏六朝官印三十六颗，第四至第六册私印二百零八颗，第七册隋以后官印六十三颗，第八至第十册元明印二百十三颗。方若作序云:"戊辰冬十月，重游江户，晤太田梦厂先生。出示近著《枫园集古印谱》属题，赋二绝呈教，并以志鸿泥云。古货富翁方若。"

1932年12月，发行《枫园集古印谱续集》（以下简称《枫续》）二册（图二），收录古玺印七十七颗。罗振玉题签，并于题旁云:"太田先生藏古玺印至富，近裒续得者又为此谱。壬申春属上虞罗振玉署题。"梦庵在《古铜印谱举隅》卷十"枫园集古印谱续集"

---

(1) ［日］小原芳郎《好晴楼玉印について》，昭和四十二年（1967），2页。

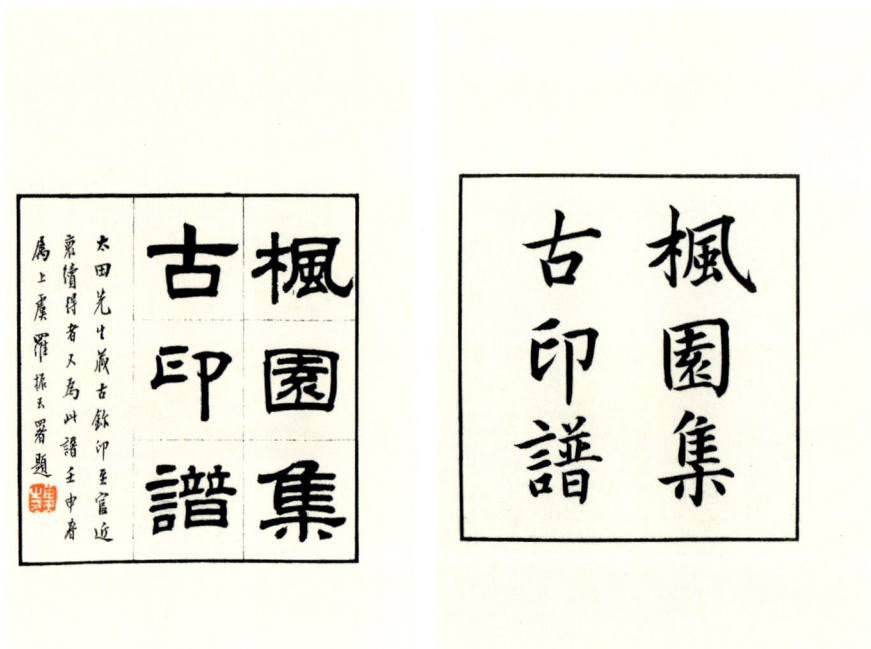

图二　《枫园集古印谱》及《枫园集古印谱续集》题署

条云"家藏印。第一册汉魏晋官印三十八,第二册宋以后官印三十九。每页一印,目录一,共二本。"

　　《枫》及《枫续》两谱所收 666 颗古玺印是梦庵回到日本之后的十数年间所购,期间与罗振玉长子罗福成（字君美）交往甚密,屡屡委托罗氏购买古玺印和古铜印谱。现存《梦庵先生所集尺牍》[1]中,可见 20 世纪 20 年代上半期罗君美数次回复给梦庵的信札,其中涉及代为梦庵购买古玺印的情况。为了弄清此期间梦庵收购古玺印的经过,兹抄录罗君美有关信札内容如下（信札所用异体字照录,图版见本书附录二）。

　　民国十四年三月二十六日罗君美致梦庵信札:

　　　　梦庵先生道席:近来毫无所获,铜印佳者更不多见。昨见《续古印式》一部,

（1）小林斗盦将梦庵购买古铜印谱等藏品的信札、收据装订成一册,名《梦庵先生所集尺牍》,后捐赠给东京国立博物馆。本文所引信札内容均据此,不再加注。笔者于 2017 年 4 月调查资料时,承蒙东京国立博物馆学艺企划部三轮紫都香女史和九州国立博物馆学艺部川村佳男先生的协助,在此谨表感谢。

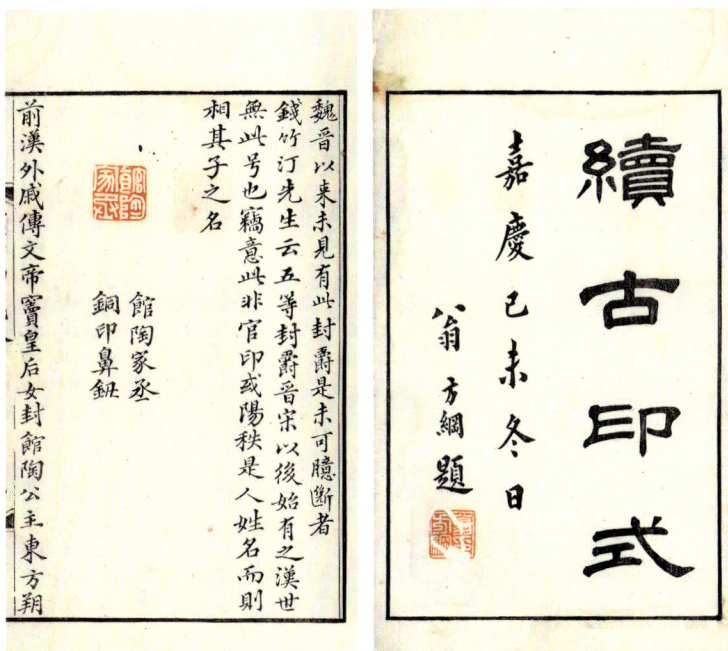

图三 《续古印式》印谱

约三十页——四十页，索价奇昂，不得。如有价稍廉者，可买否？并祈示知。此书亦不甚罕也，钤印章亦复不多。现已将序文录出。别有不足本《十六金符斋印谱》一部，约计全书四分之一，装订十册，约五十弗可得也。此上，即请著安。罗福成顿首。十四、三、二十六

罗君美在此札中说，近来未能收购优质铜印，只看到一部印谱《续古印式》（图三），但因索价太贵，且所收录印章亦不多，故未购，不过已将印谱的序文抄录下来。另有残本《十六金符斋印谱》需要五十元，请回复是否购买。当时，梦庵为了编写《古铜印谱举隅》，在尽可能地收集古铜印谱的概况和序文。1925 年 11 月，梦庵在《雕虫》第 184 期刊登启示，介绍正在编纂的《古铜印谱举隅》，并云已经收藏印谱 60 余种，号召收藏古铜印谱的同好提供借阅。[1] 罗君美抄录稀靓印谱的序文，应是为了提供给梦庵作资料用。

---

(1) 参见［日］小西宪一《雕虫と太田梦庵》，《香川大学国文研究》第三十二号，2007 年，9-18 页。

民国十四年四月四日罗君美致梦庵信札：

　　梦庵先生大鉴：昨奉大教，敬悉一是。《十六金符斋印谱》残本十册现已购入，价金五拾円。昨日付小包寄上。近又从友人处觅官印打本四枚奉赠，祈赐收为感。敝处地址英文另帋写奉。近来，铜石造像颇不易得，且面目清楚者，多到贵国估人手。兹有黑色石双像一座，面目不清晰，但文字甚精可爱，黑色石亦不多见，破残之处不少，为可惜耳。兹将拓本一枚奉赠。要价银百元，至少八九十元，不能减少也。此上，即请道安。罗君美顿首。十四、四、四

　　◎近见马钮"部曲督印"一枚，因价过昂，未获买入。又申。

此札承上札，说已经以五十元的价格购得《十六金符斋印谱》残本，又赠送给梦庵官印打本四张，同时推介有铭石造像，邮寄造像铭拓本一张。最后说见到马钮"部曲督印"，但因价高未购买。

某年三月十五日罗君美致梦庵信札：

　　梦庵先生侍史：今日奉到大札，并正金汇票七十元五十戋，收到不误。弟此次在京二日，见厂市古印甚少，索价过昂不能得，且无精者。仅买寻常官印五枚（每方金五元）、金大官印一枚（金二十五元）、《汉铜印丛》一部（初印原装袖珍本，价一百元）、《瞻麓斋印谱》一部（价金四十元）。此外，尚有姚觐元氏《集古印存》一部，极薄一本，索价二十五元，甚昂，故未购。已购定者，一二日内付邮，届时祈赐收为感。先生印谱未收玉玺，如圙者，务乞印二三枚赐下为感。

　　桥钮、瓦钮、鼻钮三者最易混同，区别大约如下：桥钮，穿似桥孔，半圆形。瓦钮，梁最阔，似覆瓦，穿作弓形。鼻钮，穿最小，如鼻孔，且多三角形及不正圆形。杙钮，杙字即橛字之别写，元人押多用此形，如𣱍、𢆶是也。此上，即请著安。弟罗君美顿首。三月十五日。

　　送金稍迟着数日无妨。"邮便为替"[1]可也。又申。

（1）邮便为替：日文，意为邮政汇票。

此札未写明哪一年，从内容推测也应是民国十四年前后。信中先说古印购买的困难，只买到普通官印五颗、金代大官印一颗以及印谱两部。又说有索价高昂的印谱一部，接着向梦庵传授有关印钮的知识，最后说汇款不急，不用正金银行汇票，用邮政汇票也可。信中所言"先生印谱未收玉玺"，应是说发行于 1920 年的印谱《梦》初印本未收玉玺，实际上《梦》初印本已经收录玉玺"襄平君"，不过排序在第 126 号，可能是罗君美未曾注意到。所以，梦庵在 1926 年发行《梦》再印本时，把玉玺"襄平君"排在第 1 号，并在印蜕右下标注"玉"字。罗君美所言古玺"𨟳"，大概是指著名的楚系官玺"大府（府）"，收录于《尊古斋古玺集林》《尊古斋印存》四集等，现藏故宫博物院。[1] 不过，这颗古玺不是玉质，也不藏于梦庵处，大概是罗君美仓促之间记错了。

某年五月八日罗君美致梦庵信札：

> 梦庵先生机下[2]：顷奉大札，欣悉一是。前日寄来金三百円已拜收，谢谢。兹由邮局寄上《印寄》一部二册，价金十五元。价尚不贵，内容、古印皆精绝，可喜。据舍弟研究，此谱古印曾收入《铁云藏印》第三集中，此说当必甚确。《铁云藏印》初集以外向无流传，此虽为三集中之一部分，印数不多，亦可贵。不知先生意为何如？《古匋轩》已装成十部，尚未裁切加线，二三日内当告成也。《凝清室古官印》先寄上乙部，祈赐收为感。王氏大红木盒子一个尚未寄上，容与金元印同寄不误。此寄，即请道安。罗君美顿首。五月八号。

此札亦未写明哪一年，从所言《古陶轩秦汉印存》[3]成书之际推测，应是该印谱发行的民国十二年。信中主要说印谱事宜，最后说将大木盒子"与金元印同寄"，由此可确知罗君美为梦庵收购并邮寄金元时期古印之事。

（1）参施谢捷《古玺汇考》，安徽大学博士论文，指导教师：黄德宽教授，2006 年，158 页。

（2）机下：日文，意为足下。

（3）《古陶轩秦汉印存》：民国十二年由商承祚与罗福成、罗福葆、罗福颐三兄弟合作辑印，收录古玺三十八颗、秦印十六颗、汉官印十颗、私印三十六颗，共计一百颗。参太田孝太郎《古铜印谱举隅》卷 9 第 30 页，1934 年。

未著年月罗君美致梦庵信札：

梦庵先生侍史：连奉大札三次，欣悉雅切，"为替"七拾圆已拜收矣。所委之事，容徐徐图之，定有以报命也。《凝清室印存》计官印一百枚，样本一部奉赠，又《古陶轩印存》计秦汉印一百枚，现在仅有七十七枚（不足二十三枚），谨先寄奉一部，并乞高评。小生所藏原印之数不过三分二，其余可惊可怪者，乃由古封泥脱化而得，方法实最近之一大发明，可喜可贺，先生识见高明，不难分别，当不以为恶作剧，对于外人仍当千万千万守秘密，不便言明也。

《古陶轩秦汉印存》每部实价日金四元，《凝清室古官印集存》实价金三元。以上二书如有人购求，随时寄奉不误。

元人押印已购得八枚，价金八元也。此布，即请著安。弟罗君美顿首。

印谱同时付邮。又中。

此札未著年月，从推介罗氏父子所编印谱两部的情况看，应与上札相隔不久。信中所说梦庵连致三札委托某事，虽未言明何事，推想不外委托购买某些重要古玺印或古铜印谱之事。有意思的是，罗君美说《古陶轩秦汉印存》所收秦汉印一百枚中自己所藏原印不过三分之二，其余三分之一乃是由古封泥翻制的伪印钤印而成。对于这样制作的伪印和印谱，一般的收藏者和研究者确实难以辨别真伪。罗君美接着在信中委托梦庵在日本售卖罗氏父子所编印谱两种，最后说已经为梦庵购得元代押记八颗之事，这八颗押应是《枫》所收七十余颗押印的一部分。

从上述几封信札可知，20 世纪 20 年代梦庵屡屡委托罗君美购买古玺印和古铜印谱，通过正金银行或者邮局汇款给罗君美。两人频繁通信，有时两封信札只间隔九天时间。作为梦庵的代理人，罗君美则广为收罗购买古玺印和古铜印谱，同时向梦庵提供中国收藏界的最新信息以及相关的古玺印知识。梦庵通过罗君美收购有关古玺印的价格是普通官印每颗五元、金代大官印每颗二十五元、元代押记每颗一元，官印的价格较为昂贵，而元押记的价格较为便宜，与民国十四年北京普通市民家庭月收入约十五元的收入水平[1]相比，这些古印的整体

（1）肖第《民国时期京沪粤的工资和物价》，《上海商业》2013 年 9 期，60-61 页。

价格还是较为昂贵的。

此外，1927 年秋季周进发行的《魏石经室古玺印景》所收部分印蜕亦见于印谱《梦》和《枫》，梦庵在《古铜印谱举隅》卷十"魏石经室古玺印景"条云"此谱官印多入罗氏贞松堂、张氏碧葭精舍、林氏磊斋，而'关内侯'、'关外侯'、'奉车'、'殿中'、'驸马'三都尉（笔者注：指"奉车都尉""殿中都尉""驸马都尉"三印）、'骑五百将'、'江夏太守章'、'魏州之印'皆归予。"可知，梦庵所藏这八颗古玺印来自周进魏石经室。此外，M1"戠（职）夅（半）之鈢（玺）"、H407"金台郡"亦见于《魏石经室古玺印景》[1]，无疑亦来自周氏魏石经室。

《枫》及《枫续》两谱所收隋唐以来官印有背款、侧款者均拓出并载，与以往大多数印谱仅载印蜕的体例不同，充分展示古官印的史料价值。这大概是受罗振玉 1916 年《隋唐以来官印集存》[2]并载背款、侧款拓本体例的影响。

1944 年 5 月，梦庵著有《梦庵藏印目录·枫园集古印谱目录》，收录所藏古玺印的释文、钮式、背款侧款文字。[3] 1949 年 7 月，发行印谱《好晴楼玉印》，收录自藏玉印八颗。1956 年 5 月，梦庵与小林斗盦、园田湖城、西川宁合编《定本书道全集·印谱篇》，收录部分自藏印，其中有《古玺·钮制》一章，印钮、印蜕同刊，为钮、影并载之滥觞。[4]

二　太田梦庵的古印学研究

梦庵的印学研究包括古铜印谱研究和古玺印研究两部分，主要有四部研究著作和一系列研究论文。这四部研究著作是《汉魏六朝官印考》《汉魏六朝官印考谱录》《古铜印谱举隅》《古铜印谱举隅补遗》，小林斗盦盛赞这四部著作为日本最高水平的古玺印研究著作，

（1）周进藏辑《魏石经室古玺印景》，上海书店出版，1989 年版，3 页、141 页。

（2）罗振玉辑《隋唐以来官印集存》，1916 年石印本。

（3）［日］太田孝太郎《梦庵藏印目录·枫园集古印谱目录》，未刊，最后有成书年月"甲申（1944）五月"。

（4）［日］太田孝太郎、小林斗盦、园田湖城、西川宁《定本书道全集·印谱篇》，河出书房新社，1956 年 5 月。

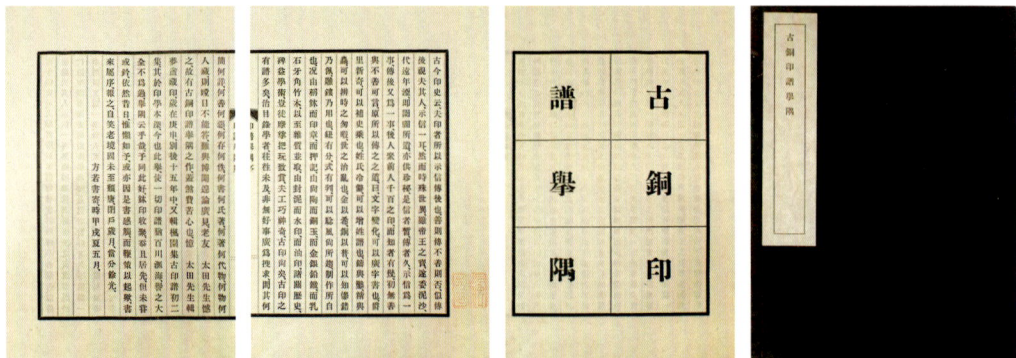

图三　《古铜印谱举隅》封面及方若序文

称梦庵为日本的古印学研究权威。[1]

　　1. 梦庵的古印学研究著作

　　《古铜印谱举隅》十卷四册，1934年8月发行（图三）。此书共收录梦庵自藏古铜印谱一百零五种，对每种印谱的体例、内容、收印数、凡例等均有详细说明，有序文、跋文者均全文录之。方若在作于此年五月的序文中云："今也此举，使一切印谱犹百川汇海，誉之大全不为过，举隅云乎哉。"

　　《汉魏六朝官印考》十二卷，1966年发行。初稿完成于1947年，后经数次修订，修订部分占全书的四分之一，最终以手写影印的形式出版。梦庵在书中首先对各种官印分类部居，整理见于各印谱的印蜕，详记谱名于各印文之下，以明各印收藏递传详情，然后依据文献资料对印文详加考证。

　　《汉魏六朝官印考谱录》一卷，1968年发行。该书收录《汉魏六朝官印考》撰写根据的双钩官印印文以及《汉魏六朝官印考》的检索目录。

　　《古铜印谱举隅补遗》，1969年由小林斗盦影印出版。该书收录古铜印谱一百四十九种，卷末附小林斗盦再补印谱三种，体例与前著《古铜印谱举隅》相同，两书共收录古铜印谱

（1）［日］小林斗盦《古印探访》，《书品》73号，1956年10月，64页；小林斗盦《日本现在の中国古印之古印谱》，《书品》277号，1984年5月，2页。

图四　福冈市博物馆藏"汉委奴国王"金印

二百五十七种，小林斗盦在后记中说"现存古铜印谱几乎全部网罗其中"。[1]

此外，1961 年 1 月，梦庵发行《古铜印谱目录》一书。该书收录自藏印谱二百零五种、所见谱录一百一十二种以及文稿《古铜印谱札记》，文稿详细记述中国宋代以来各朝印谱以及收印情况，并论及所知各家藏印递传散逸情况。[2]梦庵的未刊著作尚有：《枫园所藏古铜印谱解题》，手写本，收录梦庵所藏印谱目录以及各印谱的概要；《梦庵藏印目录·枫园集古印谱目录》，收录所藏古玺印的释文、钮式、背款侧款文字。[3]

2.梦庵的古印学研究论文

1952 年 5 月，发表《〈汉委奴国王〉印文考》，论文首先说明《汉委奴国王印》（图四）[4]金印出土的江户时代晚期印人不具备汉印造假的知识，接着从金印的刻法、布字、质量、钮式等方面论证该印为东汉初期的真品。[5]同年 9 月，发表《顾氏印薮考》，文章考察《顾氏印薮》收印情况以及明隆庆六年（1572）钤印本与万历三年（1575）木刻本的优劣，以木刻本印蜕与现有各谱对照，可以辨别者有九十二印，其中伪品十余印。[6]

1953 年 2 月，发表《汉印私考》，文章分序说和材质两部分，序说部分概述中国古印的起源以及汉印的佩带、出土等情况，材质部分概述官职与材质的关系，详细介绍较为少见的金印、银印、玛瑙印、玉印以及木印的存世与收藏情况。[7]同年 3 月，发表《汉印私考 2》，文章主要讨论汉印的钮式以及钮式与职官的关系，兼及私印的钮式分类。[8]4 月，发表《汉印私考 3》，文章主要分析汉印的形制与布字，将官印形制分方印、半通、长方、扁印等类别，将私印形制分方印、长方、圆或椭圆印、两面印等，布字从官印布字、私印

（1）太田孝太郎《古铜印谱举隅补遗》，小林庸浩发行，1969 年。2017 年 12 月，天津人民美术出版社综合《古铜印谱举隅》《古铜印谱举隅补遗》以及小林斗盦的《再补》三篇，出版新装排印本《古铜印谱举隅》。
（2）［日］太田孝太郎《古铜印谱目录》，东京神田共立社印刷所印行，1961 年 1 月，共 36 页。
（3）［日］太田孝太郎《梦庵藏印目录·枫园集古印谱目录》，未刊，最后有成书年月"甲申（1944）五月"。
（4）金印图版的使用已经取得福冈市博物馆的许可，照片为笔者与松村一德先生合作拍摄。
（5）［日］太田孝太郎《〈汉委奴国王〉印文考》，《书品》二十八号，1952 年 5 月，43-45 页。
（6）［日］太田孝太郎《顾氏印薮考》，《书品》三十二号，1952 年 9 月，47-51 页。
（7）［日］太田孝太郎《汉印私考》，《书品》三十六号，1953 年 2 月，43-48 页。
（8）［日］太田孝太郎《汉印私考（2）》，《书品》三十七号，1953 年 3 月，45-52 页。

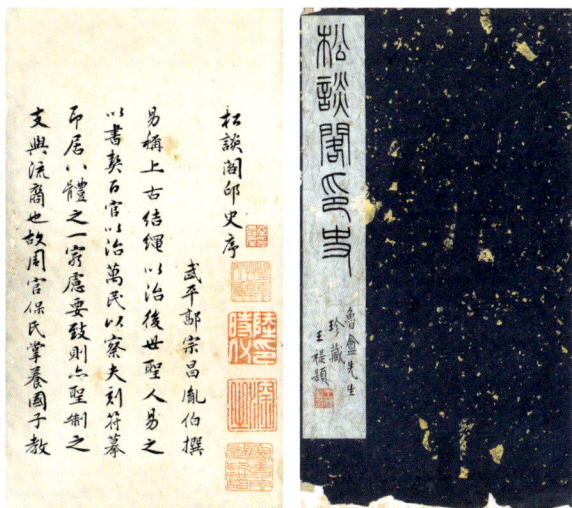

图五　《松谈阁印史》印谱

布字两方面论述，同时兼及两面印的布字。[1] 5 月，发表《汉印私考 4》，文章分印文与杂说两部分，印文部分从印文的角度讨论西汉、新莽、东汉、三国、西晋、南北朝印文的特征，杂说部分讨论考证了唯印、冠以官名的姓名印、臣妾印、汉人二姓印、吉语印、封完印、成语印、肖形印、火印等问题。[2]

1956 年 5 月，发表《印史小考》，文章考证自藏明代郭宗昌《松谈阁印史》（图五）所收玺印情况，同时抄录该谱所载王朝麟的序文和郭宗昌的印制考。[3] 1957 年 2 月，发表《古玉印小考》，文章详尽介绍各印谱所收玉印的情况，总结玉印材质种类及其钮式，考述自己三十年来所藏玉印九颗。[4]

1961 年 7 月，发表《印谱考·二种》，一种是《汉魏六朝印谱考》，主要介绍自宋代以来的各家印谱以及各谱中的稀觏官山，总结自己所藏谱集二百零五部、所见一百一十二部以及所未见十余部；第二种是《隋唐宋元明清印谱考》，介绍各谱所收隋唐至清代官印

（1）［日］太田孝太郎《汉印私考（3）》，《书品》三十八号，1953 年 4 月，53-61 页。

（2）［日］太田孝太郎《汉印私考（4）》，《书品》三十九号，1953 年 5 月，46-55 页。

（3）［日］太田孝太郎《印史小考》，《书品》69 号，1956 年 5 月，5-7 页。

（4）［日］太田孝太郎《古玉印小考》，《书品》77 号，1957 年 2 月，5-8 页。

以及宋代以下花押印的情况。[1]

1965年12月，发表《十钟山房印举小考》，文章主要考证刊行于光绪九年（1883）一百九十一册本《十钟山房印举》的情况，介绍印举分四十八类三十举，共收玺印一万零三百七十六颗，但有一印见于数举者，去掉重出者，实收印数大约有八千二百钮，以陈介祺致吴云、鲍康手札考察印举收录二百兰亭斋、臆园藏印等的情况，从簠斋对吴平斋藏印辨伪等方面评述两者的得失。[2]

余 论

二十世纪初的清末民国时期，日本兴起了全面收藏和研究中国古文物的热潮，在古玺印方面太田梦庵的旧藏是最为著名的收藏之一。梦庵的古玺印收藏可分为两个时期，一是寓居天津的1915—1920年期间，以1920年印谱《梦》初印本的发行为标志，这一时期的藏品均为先秦至六朝时期的古玺印，受方若的影响较大。方若的古玺印收藏在梦庵之前，他在1934年为梦庵《古铜印谱举隅》一书所撰序言中说："玺印收聚，忝且居先，但未尝或钤。"梦庵旧藏几颗著名古印的印盒上多有方若的题记，可见其收藏受方若影响至深。第二个时期是梦庵回到日本以后的1921—1932年期间，以1929年印谱《枫》和1932年《枫续》的发行为标志，这一时期的收藏受罗振玉父子的影响甚巨。罗氏父子重视契丹、西夏、蒙古等诸民族文字及古文物的研究和收集，梦庵藏印中的西夏官印、元八思巴文字官印以及契丹文字、八思巴文字私印押记等富有特色的藏品多经罗氏父子之手购得，印谱《枫》及《枫续》中并载隋唐以来官印背款、侧款拓本的体例亦是受罗振玉《隋唐以来官印集存》印谱体例的影响。

附记：本文主体部分原载《西泠艺丛》2021年第2期，49-56页。

（1）［日］太田孝太郎《印谱考·二种》，《书品》117号，1961年7月，69-73页。
（2）［日］太田孝太郎《十钟山房印举小考》，《书品》146号，1965年12月，56-58页。

附 梦庵的古印学著作目录[1]

一、单行本

书名	册数	刊行年
《汉印杂考》	一	1917
《梦庵藏印》	八	1920
《梦庵藏陶》	一	1922
《梦庵藏砖》	一	1926
《枫园集古印谱》	一〇	1929
《枫园集古印谱续集》	二	1932
《古铜印谱举隅》	四	1934
《梦庵藏印（再印本）》	八	1934
《梦庵金石小品》	一	1949
《好晴楼藏玉印》	一	1949
《定本书道全集・印谱篇》（合编）	一	1956
《梦庵自用印》	一	1957
《续印人传姓氏印谱残稿》	一	1957
《古铜印谱目录》	一	1961
《汉魏六朝官印考》	一	1966
《汉魏六朝官印考谱录》	一	1967
《古铜印谱举隅补遗》	三	1969

（1）据《汉魏六朝官印考谱录》所收《梦庵先生著作目录》（盛冈市高崩印刷，1967 年）。

二、单篇论文

论文题目	杂志名	发表年
《汉委奴国王印文考》	《书品》29 号	1952
《顾氏印丛考》	《书品》32 号	1952
《汉印私考 1-4》	《书品》36-39 号	1953
《汉委奴国王印文考》	《岩手史学研究》17 号	1954
《印史小考》	《书品》69 号	1956
《古玉印小考》	《书品》77 号	1957
《方若》	《书品》106 号	1960
《汉魏六朝印谱考》	《书品》117 号	1961
《隋唐宋元明清印谱考》	《书品》117 号	1961
《十钟山房印举小考》	《书品》146 号	1963

未刊著作

书名	册数	完成年
《梦庵藏印目录·枫园集古印谱目录》	一	1944
《日本金石学入门》	三	1952
《古铜印谱解题》	一	1955
《枫园所藏古铜印谱解题》	一	1955
《中国金石学》（岩手大学讲义草稿）	八	1956
《宋元书学》（岩手大学讲义草稿）	一	1961
《明清书学》（岩手大学讲义草稿）	一	1961

第二节　太田梦庵的古铜印谱收藏

古印学资料大致包括古玺印本身和古铜印谱两部分，两者互为表里。梦庵的古印学资料收藏涵盖这两个方面，他在收藏古玺印和编纂自藏印印谱的同时，还收藏古铜印谱二百余种[1]。

印谱的编纂发轫于北宋时期，明代中期逐渐定型，至清中期进入隆盛期，清代乾嘉时期古铜印谱成为学术考据的史料，标志着印谱编辑全盛时代的到来。陈振濂称清代中叶以后是"以学术为印谱，以印谱彰显学术"的"学术考据的印谱史时代"。[2]印谱大致可分为集古印谱和流派印谱两大类，集古印谱又称古铜印谱，是采录收集古代玺印而编纂的印谱，流派印谱是明清以来篆刻家的篆刻印谱。古铜印谱虽有不少是由古印原钤印谱而翻刻印刷的，但更多的则是原印原钤的印谱。据统计，迄今所刊行的古铜印谱大约有600余种。[3]古铜印谱与古玺印实物互为表里，在文字学、历史地理学、职官制度史等诸多方面具有极高的学术价值，同时也是篆刻家所模仿学习的对象，具有较高的艺术价值。再者，古铜印谱多为原印原钤本，所印数量少则三、五部，多者十余部，大多流传不广，藏书目录亦很少著录，具有较高的版本学价值。

梦庵收藏古铜印谱大约始于1920年回到日本之后，上引梦庵所撰《印谱考二种》一文发表于1961年，他在文中说："四十年来所藏印谱二百○五部，所见谱集一二部，但仍有不少未曾寓目。"梦庵1914年弃刀之后不再刻印，所以他收藏古铜印谱的目的应侧重于学术研究，兼顾赏玩之乐趣。现存《梦庵先生所集尺牍》中，收录罗振玉长子罗福成（字

---

(1)［日］太田孝太郎《古铜印谱目录》，太田氏枫园刊，共立社印刷所印行，1961年，36页。

(2)陈振濂《中国印谱史研究导论》，氏著《中国印谱史图典》，西泠印社出版社，2011年，45-46页。

(3)韩天衡《九百年印谱史漫说》，《中国书法》2016年第8期，17页。

君美）于 1925 年 3 月写给梦庵的两封信札，其中有为梦庵代购《十六金符斋印谱》等印谱的记录，另外几封未著年份的信札中，有为梦庵购买《汉铜印丛》《瞻麓斋印谱》《印寄》等印谱的记录，尚有一封为梦庵抄写的《适盦印存》序文以及所作书评（参本书附录二）。1925 年 11 月梦庵在《雕虫》杂志第 184 集刊登启示，介绍自己正在编纂《古铜印谱》书稿，称已经收藏 60 余种，呼吁藏有古铜印谱的同好提供借阅。

关于梦庵所收藏古铜印谱的详细情况，梦庵所作《古铜印谱目录》载共收藏古铜印谱 205 种，列出每种印谱的名称、册数、发行者与发行年等信息，并注明是钤印本还是木刻本、影印本或石印本等版本情况。[1] 梦庵于 1934 年 8 月刊行《古铜印谱举隅》十卷四册，该书收录自藏古铜印谱 105 种，对每种印谱的体例、内容、收印数、凡例等均有详细说明，有序文、跋文者均收录全文。方若在序文中云："今也此举，使一切印谱犹百川汇海，誉之大全不为过，举隅云乎哉。"梦庵去世后，其遗作《古铜印谱举隅补遗》（以下简称《补遗》）于 1969 年由小林斗盦影印出版，体例与前书一致，共收录 149 种古铜印谱，其中自藏印谱 100 种多标注"家藏本"，卷末附小林斗盦再补印谱三种。两书共收录古铜印谱 257 种，小林斗盦在《补遗》后记中说"现存古铜印谱几乎全部网罗其中"。随着近年《古铜印谱举隅》在国内的出版[2]，这已经为学界所悉知。这些古铜印谱多为钤印本，又有木刻本、石印本、影印本等，在历史学、版本学、文献学意义上有不少是不可多得的珍稀善本印谱，具有较高的学术价值。

梦庵收藏古铜印谱的过程以及所购价格多不为人所知，今据《梦庵先生所集尺牍》所收信札以及各处书店的收据等第一手材料，按照购买时间顺序，以表格的型式整理梦庵购买古铜印谱的具体情况如下。

（1）［日］太田孝太郎《古铜印谱目录》，太田氏枫园刊，共立社印刷所印行，1961 年，36 页。

（2）［日］太田孝太郎编著、陈进整理《古铜印谱举隅》，天津人民美术出版社，2017 年。该书综合《古铜印谱举隅》《古铜印谱举隅补遗》为一书，分称为"上编""下编"。

表一 梦庵购买古铜印谱情况表

日期	书店或个人名称	印谱名称	购买价格	书店所在地
1925 年 4 月 4 日	罗福成（君美）	《十六金符斋印谱》残本十册	五十元	天津
1926 年 4 月 2 日	蟫隐庐[1]	《匪石居印谱》	三元	上海
1928 年 2 月 28 日	文奎堂书坊[2]	《考古正文印薮》	三十五元	北京
1928 年 3 月 15 日	文奎堂书坊	《汲古堂印谱》一套 《集古印存》四套	一百元 二百八十元	北京
1928 年 4 月 4 日	中国书店[3]	《古印谱》	五十元	上海
1928 年 8 月 20 日	文奎堂书坊（故宫博物院）	《金薤留珍》	一百元	北京
1929 年 5 月 27 日	中国书店	《稽庵古印笺》	二十元	上海
1930 年 3 月 10 日	中国书店	《剑室藏印谱》 《古印谱》	二十元 五十元	上海
1930 年 5 月 10 日	北京蓬莱书店	《意园古今官印匀》	五十五元	北京
1930 年 6 月 19 日	中国书店	《古印偶存》 《簠斋印集》	三百元 二百元	上海
1930 年 7 月 3 日	中国书店	《汉铜印丛》	二百元	上海
1931 年 3 月 4 日	中国书店	《凝清室印谱》 《松崖藏印》	六十元 二十元	上海

（1）蟫隐庐书店，1916 年由罗振玉胞弟罗振常开设，位于上海汉口路山东路东首。刻印有《蟫隐庐丛书》与《邈园丛书》。参柳和城《百年书人书楼随笔》，浙江教育出版社，2017 年，136-137 页。

（2）文奎堂，光绪七年（1881）开设于北京琉璃厂，创始人王云瑞，民国十六年，其子王金昌继营。参孙殿起《琉璃厂小志》，北京古籍出版社，1982 年，132 页。

（3）信笺抬头印有"中国书店启事牋"，下有地址："上海西藏路大庆里一百十号。"上海中国书店创立于1929 年，创始者金颂清，其后由陈乃干经营，印有《中国书店书目》，1937 年停止营业。参姚一鸣《中国旧书局》，金城出版社，63-67 页。

续表

日期	书店或个人名称	印谱名称	购买价格	书店所在地
1931 年 4 月 10 日	墨缘堂书店[(1)]	《锄经堂印谱》《清仪阁古印缀存》《伏庐藏印》《徐氏印谱》《听帆楼印汇》《周氏印董》《颐素斋印景》《铁云藏印》一至四集等共 75 册	合计七百五十元（合每册十元）	大连
1931 年 7 月 20 日	中国书店	《颐素斋印存》	二十四元	上海
1932 年 7 月 7 日	守尾瑞芝堂[(2)]	《程荔江印谱》《簠斋印集》	七十元 六十元	东京
1934 年 7 月 28 日	中国通艺馆[(3)]	《郘斋铈印集存》	十二元	上海
1936 年 5 月 7 日	来薰阁书店[(4)]	《盛京官印》	九元六角	北京
1938 年 4 月 16 日	文芸阁书店[(5)]	《吴氏印谱》	二十元	北京
1938 年 12 月 15 日	文芸阁书店	《古印一隅》《鉴斋秦汉印存》	三十元 二十四元	北京
1940 年 1 月 17 日	文奎堂书坊	《飞鸿堂印存》	一百二十元	北京
1940 年 4 月 6 日	文禄堂书[(6)]店	《听帆楼古铜印汇》	一百元	北京
1941 年 1 月 21 日	汇文堂书店[(7)]	《存恕堂汉印谱》《古印一隅》《宝琴斋古铜印汇》	合计九十五元	京都

（1）大连墨缘堂，1929 年由上海中国书店主人金颂清创设，第二年由罗振玉父子继营，罗福葆、罗福颐先后任经理，位于大连纪伊町（今中山区鲁迅路）。参见罗继祖《庭闻忆略》，吉林文史出版社，1987 年，105-108 页。

（2）东京守尾瑞芝堂，经营中国古董、杂货的商店，位于东京京桥区。

（3）发单下印地址：上海汉口路六百九十二号，电话九〇〇五六。

（4）来薰阁，民国元年开设，经营者陈连彬，民国二十年起陈连彬之侄陈杭继承经营，1928 年在日本举办古书展销会，与日本学者、书店多有交流。1949 年后，并入北京中国书店。参姚一鸣《中国旧书局》，90-94 页。

（5）文芸阁，开设于民国二十年左右，经营者阴永增、裴连顺。参孙殿起《琉璃厂小志》，北京古籍出版社，1982 年，119 页。

（6）文禄堂，民国十五年开设，经营者王文进（1894—1960），字晋卿。参孙殿起《琉璃厂小志》，北京古籍出版社，1982 年，120 页、143 页。王文进精通版本之学，著有《文禄堂访书记》（上海古籍出版社，2007 年）。

（7）京都汇文堂书店，1907 年由大岛友直开设，主要经营中国书籍与和刻本书籍等。参苏枕书《盛筵难再、空谷余音：汇文堂》，《青年作家》2014 年第 4 期，69-79 页。

续表

日期	书店或个人名称	印谱名称	购买价格	书店所在地
1942 年 3 月 13 日	文求堂书店[1]	《玺印拓存》	一百元	东京
某年 3 月 15 日	罗福成	《汉铜印丛》 《瞻麓斋印谱》	一百元 四十元	天津
某年 5 月 8 日	罗福成	《印寄》	十五元	天津
某年 2 月 14 日	文奎堂书坊	《世德堂秦汉印集》 《铜鼓书堂印谱》 《青琅玕馆古印谱代传》 《松崖印谱》 《冯氏集古印谱》 《柿叶斋两汉印萃》	一百二十元 一百二十元 六十五元 五十五元 五十元 五十五元	北京
某年 3 月 23 日	文奎堂书坊	《宝汉斋印略》	十二元	北京
某年 4 月 17 日	文奎堂书坊	《甘氏印正》	六十元	北京
某年 9 月 2 日	文奎堂书坊	《集古印范》	二十五元	北京
某年 7 月 30 日	文奎堂书坊	《契斋古印存》	四十元	北京
某年 11 月 1 日	文奎堂书坊	《吉金斋古铜印谱》	七十元	北京
某年 12 月 27 日	文奎堂书坊	《飞鸿堂秦汉印存》	一百二十元	北京
某年 7 月 20 日	中国书店	《两罍轩印谱》	十元	上海
某年 8 月 11 日	中国书店	《古铜印谱》	六元	上海
某年 12 月 21 日	东雅堂书店[2]	《宾虹草堂藏印》三集 《竹北移古印存》	十八元 三十元	北京
某年 11 月 13 日	来薰阁书店	《古印甄》	十二元	北京
某年 6 月 12 日	景文阁书店[3]	《澂秋馆印谱》	二十八元	北京

（1）东京文求堂书店，1861 年由田中庆太郎开设于京都，1901 年迁至东京，以出版和经营中国古代典籍等为主。参李庆国《郭沫若と文求堂主人田中庆太郎》，《アジア文化学科年报》（8），2005 年 11 月，49-60 页。

（2）东雅堂，开设于民国二十九年，经营者张长起、韩书义、张德恒。参孙殿起《琉璃厂小志》，134 页。

（3）景文阁，开设于民国二十七年，经营者乔景熹。参孙殿起《琉璃厂小志》，129 页。从本札内容看，应写于乔景熹开始独立经营的民国二十七年。

续表

日期	书店或个人名称	印谱名称	购买价格	书店所在地
日期不清	蟫隐庐	《当归草堂印谱》 《金玉印痕》	十二元 三角二分五	上海
无日期	中国书店	《观自得斋秦汉官私铜印集》	一百六十元	上海
无日期	文奎堂书坊	《吉金斋古铜印谱》	七十元	北京
无日期	文芸阁书店	《采柏园古印泽存》	八元	北京
无日期	景文阁书店	《聊自娱斋印谱》	二十元	北京

　　上表所列是由《梦庵先生所集尺牍》确知梦庵已购买的印谱,这些印谱多购自中国北京、上海、大连等地的书店,也有的购自日本东京、京都等地的书店[1]。从购买时间看,多集中于 1925 年至 1942 年期间。印谱的价格多在数十元至数百元之间,低于十元的较少。以民国十四年（1925）为例,北京普通市民家庭月收入 15 元,大学讲师 120 元,大学教授 300-500 元,[2] 可见这些印谱的价格比较高昂。究其原因,古铜印谱多是原印原钤的印谱,古玺印本身得之不易,钤印技术和纸张多较为考究,发行部数也很少,所以古铜印谱大多价值不菲。[3]

　　关于梦庵旧藏 205 种古铜印谱的递传问题,首先,梦庵在 1960 年前后分两次转让给横田实的漠南书库古铜印谱 131 种 678 册,[4] 约占梦庵藏品的三分之二。其次,梦庵去世后,其家属于 1968 年将剩余的印谱和八颗玉印一并转让给小林斗盦。小林斗盦在西泠印社创立八十周年讲演会上说自己现藏古铜印谱 190 余种,包括梦庵旧藏的三分之

（1）各书店寄给梦庵定夺而不明是否最终购买的印谱未做统计。
（2）肖第《民国时期京沪粤的工资和物价》,《上海商业》2013 年第 9 期,60-61 页。
（3）参韩天衡《九百年印谱史漫说》,《中国书法》2016 年第 8 期,15-17 页。
（4）［日］横田实《印谱に魅せられて》,西川宁《书道讲座 6·篆刻·月报》,二玄社,1973 年,1-4 页。

《十六金符斋印存》26 册本，
各册封面有光绪辛卯吴大澂题记

《十钟山房印举》191 册本，
光绪九年钤本，罗振玉自书题面

图六　梦庵旧藏古铜印谱

一和园田湖城旧藏的三分之一，从质和量两方面讲，在日本无出其右者。[1]横田实漠南书库所藏中国古铜印谱 198 种于 1976 年捐赠给东京国立博物馆[2]，小林斗盦怀玉印室所藏包括古铜印谱在内的各类资料 423 种于 2002—2003 年期间捐赠给东京国立博物馆[3]。由此可知，梦庵旧藏古铜印谱现今绝大多数藏于东京国立博物馆，是该馆所藏古铜印谱的主体构成部分。

上图为梦庵旧藏两套古铜印谱（图六），一为《十六金符斋印存》26 册本，各册封面均有光绪辛卯吴大澂的题记，二为《十钟山房印举》191 册本，光绪九年钤本，罗振玉自书题面。[4]

（1）［日］小林斗盦《日本现在的中国古印と古印谱》，《书品》277 号，1984 年 5 月，4 页；和中简堂《小林斗盦の生涯》，东京国立博物馆、谦慎书道会《小林斗盦篆刻の轨迹》，同名展览图录，2016 年，25 页。

（2）［日］东京国立博物馆《日本·中国の印谱》，1977 年 12 月 6 日-1978 年 2 月 12 日同名展览图录，1977 年，3 页。

（3）［日］富田淳《怀玉印室コレクションについて》，东京国立博物馆、谦慎书道会《小林斗盦篆刻の轨迹》，224-234 页。

（4）［日］太田孝太郎编《古铜印谱目录》（太田氏枫园刊，共立社印刷所印行，1961 年），1-18 页；图版取自东京国立博物馆、谦慎书道会《小林斗盦篆刻の轨迹》，2016 年，185-186 页。

在古铜印谱的专门收藏和研究著录领域，梦庵均涉足较早，他的收藏与印谱目录著录相辅相成，自成体系。1934 年发行的《古铜印谱举隅》和 1969 年发行的《补遗》两书共收录古铜印谱 257 种，包括自藏 205 种、所见印谱 50 余种。在此之前，日本收藏家乡纯造在 1897 年编有《印谱考略》，收录自藏印谱 60 余种，分为摹古、存古、集印、自制等几个部分。[1] 其后，中井敬所在 1911 年编纂《续印谱考略》，体例与上书同。[2] 叶铭在 1920 年编著《叶氏印谱存目》，上卷收录印谱 121 种，简要介绍每种印谱的概况、刊行经过等，下卷收录 239 种，仅列书目和编者姓名籍贯等。[3] 与梦庵的《古铜印谱举隅》发行几乎同时，罗福颐于 1933 年作《印谱考》，收录古铜印谱 146 种，其中有不少是已佚或所未见印谱，仅存目而已。[4] 罗氏又于 1963 年作《增订印谱考》，收录印谱 251 种。[5] 其他印谱目录类著作尚有王敦化在 1940 年所辑《古铜印谱书目》[6]，张鲁庵在 1953 年所辑《张鲁庵所藏印谱目录》[7] 等。

梦庵《古铜印谱举隅》刊行后，委托东京文求堂代售，定价 7 元。该书在中国受到好评，当时的《中国博物馆协会会报》对《古铜印谱举隅》和罗福颐《印谱考》做过较为公允的介绍和评价，兹引如下：

> 上虞罗福颐氏以其家藏及钱唐丁氏（仁）所藏为《印谱考》四卷，日人太田孝太郎为《古铜印谱举隅》十卷，均仿朱彝尊氏《经义考》、谢启昆氏《小学考》而作。罗氏所收，兼及佚与未见者，意在考镜印谱源流；太田所收，则只收现存者，此其著述之旨略有不同也。罗氏只录作者序文，太田氏则兼及他人序跋，原书体

（1）［日］乡纯造编《印谱考略》，明治三十年（1897），熊田宜逊印刷。

（2）［日］中井敬所编《续印谱考略》，明治四十二年（1911）。

（3）叶铭《叶氏印谱存目》，参李国钧主编《中华书法篆刻大辞典》，湖南教育出版社，1990 年，1077 页。

（4）罗福颐《印谱考》，大连墨缘堂印行，1933 年。参见李勤璞《大连文化史札记》，万卷出版公司，2012 年，243-246 页。《印谱考》Word 文档见 http://www.doc88.com/p-776376016182.html。

（5）参马国权《近代印坛鸟瞰（代序）》，氏著《近代印人传》，上海书画出版社，1998 年，8-17 页。

（6）王敦化《古铜印谱书目》，济南聚文斋书店，1940 年。

（7）参西泠印社编《西泠印社九十年摄影集》，西泠印社出版社，1993 年，148 页。

例亦或及之。罗氏所收百四十六种（宋四元七明二十一清百一十四民国年间亦并入清代），太田氏所收百零五种，两家所收均云富矣，称之为印谱大全亦非过誉。太田氏更注明每册页数、每页印数，印章传授源流亦论及之，洵可谓深于印章之掌故矣。二氏之书，不独便于研究者之检阅已也，且又为治金石目录学者，开辟一新园地矣。[1]

余　论

梦庵的古印学资料收藏包括古玺印收藏和古铜印谱收藏两个部分。他的学术视野"站在了中国古玺印史的立足点之上"，所收藏的古玺印"构成了一个时代序列齐全、功能与风格类型多样的体现中国古玺印演化发展的实物体系"（孙慰祖《日本岩手县立博物馆藏太田梦庵旧藏古代玺印序》）。梦庵的印谱收藏与印谱目录著录限定于古铜印谱领域，其藏品多为钤印本，间有木刻本、石印本、影印本等，不少是文献学和版本学意义上的珍稀善本，这在那一时代处于古印学资料收藏和研究著录的学术前沿，在中国古印学史上应该给予应有的评价。

梦庵的四部学术著作《汉魏六朝官印考》《汉魏六朝官印考谱录》《古铜印谱举隅》《古铜印谱举隅补遗》均以中文写成，这说明他把自己的印学资料收藏和研究定位于中国的学术界，所面向的读者群是中国乃至整个汉字文化圈的知识界。

附记：本文主体部分原载刘海宇、[日]玉泽友基编著《日本岩手县立博物馆藏太田梦庵旧藏古代玺印（精华版）》，上海书画出版社，2021年，5–12页。

（1）中国博物馆协会《中国博物馆协会会报》1936年第1卷第3期，38-39页。

第三节 《梦庵藏印》所收古玺研究

《梦庵藏印》是太田梦庵所藏中国古印的印谱，该印谱的初印本发行于1920年，再印本发行于1926年。[1] 两种版本内容颇有出入，收录顺序也完全不同，又均无页码和编号。近年，我们出版了《日本岩手县立博物馆藏中国古代玺印》一书，刊布了这批古玺印的详细资料。[2] 今以《梦庵藏印》所收先秦古玺为对象，结合近年来战国文字最新研究成果以及调查所得详尽资料对部分古玺进行研究和考释。

M1[3]　戠（职）斗（判）之鉨（玺）

首字，朱德熙、裘锡圭释为"戠"[4]，该玺中应读为"职"。第二字，施谢捷隶定为"分"，读为"分"，第四字释为"鉨"（《汇考》[5]159页）。第二字印蜕下部不清，经观察印章实物，该字写法与《集粹》[6]284单字玺")S("字以及古币文的")S(（斗）"字近似，《集粹》")S("字无释。")S(（斗）"即《说文》"料"字（参吴振武《校订》[7]108页），多见

———————————

(1) ［日］太田梦庵在《古铜印谱举隅》（卷9第19页，1934）中云："《梦庵藏印》不分卷，大正九年钤印本，家藏印。古玺一百三十七、官印八十三、私印二百十九，共八本。大正十五年十月再加详审，钤成十部，古玺一百二十六、官印七十四、私印二百十八，并每叶一印。"

(2) 刘海宇、［日］玉泽友基《日本岩手县立博物馆藏太田梦庵旧藏古代玺印》，上海书画出版社，2020年。以下简称《岩博藏印》。

(3) 本文中的印蜕和印钮照片，除初印本所收两方之外，均取自《岩博藏印》。为便于检索，编号均为岩手县立博物馆藏品顺序号，亦同于《岩博藏印》序号。编号前有"初"字者，为《梦庵藏印》初印本序号，不见于《岩博藏印》。

(4) 朱德熙、裘锡圭《战国文字研究（六种）》，《朱德熙古文字论集》，中华书局，1995年，47页。

(5) 施谢捷《古玺汇考》，安徽大学博士学位论文，2006年。简称《汇考》。

(6) ［日］菅原石庐《中国玺印集粹》，二玄社，1997年。简称《集粹》。

(7) 吴振武《〈古玺文编〉校订》，人民美术出版社，2011年。简称《校订》。

戠（职）夲（半）之鉨（玺）(M1)

于战国文字，一般读作半或判，典籍中多写作布、披（何琳仪《战典》[1]1056页）。玺文中"夲"应读为"判"，《周礼·地官·媒氏》"掌万民之判"，郑玄注云："判，半也。得耦为合，卞合其半，成夫妇也。《丧服传》曰：'夫妻判合'，郑司农云：'主万民之判合。'"楚系以及齐系古玺中多见"职"字官印，裘锡圭云"职"义与"主"近。[2]"职判之玺"或为媒氏之官玺。

（1）何琳仪《战国古文字典——战国文字声系》，中华书局，1998年。简称《战典》。
（2）裘锡圭《"诸侯之旅"等印考释》，《裘锡圭学术文集》第3卷，上海复旦大学出版社，2012年，292页。

军端（M2）

上埅（党）遟（遽）司马（M3）

M2　军端

军字写法与包山楚简 61 号简 "![字]" 及 131 号简 "![字]" 的军字写法比较相近（《战典》1320 页）。第二字 "端" 又见《玺汇》[1] 3276 "䌓（繁）端"，用作人名。该玺端字的耑旁下部写法较为特殊，与包山楚简 276 号 "![字]"（端）、上博简《鲍叔牙》3 号简 "![字]"（耑）字右旁写法比较接近。该玺当属楚系官玺。《说文》："端，数也。一曰相让也。从言，耑声。" 楚系官玺有 "军计之鈢（玺）"（《玺汇》210），我们认为玺文 "军端" 意与 "军计" 近同。

M3　上埅（党）遟（遽）司马

第二字 "埅" 从立，尚省声，战国文字中多读为堂或党（《战典》680 页），此玺中读为 "党"。第三字 "遟"，朱德熙、裘锡圭云 "遟字自当释作遽。《梦庵藏印》有 '上埅遟司马' 印（据《古玺文字征》附三上转引），当读为上党遽司马。遽司马当是掌传驿的官职。"[2] 其说可信，今从之。

（1）罗福颐《古玺汇编》，文物出版社，1981 年。简称《玺汇》。

（2）朱德熙、裘锡圭《战国文字研究·遽騥考》，《朱德熙文集（第五卷）》，商务印书馆，1999 年，48 页。

初 M5　不箕（其）坿（市）鏨（节）

陶玺。文字从裘锡圭隶定，他考释云："此印第二字从邑笲声，'笲'即'箕'字古文（《金文编》[1]308 页）。不鄿当即不其。《汉书·地理志》琅邪郡有不其县，故城在山东即墨县西南，战国时当属齐。"[2]最后一字，石志廉隶定为"鏨"，读如"节"。[3]裘锡圭又在上引论文的脚注中云："这个字也许应该释为'节'。《说文·卩部》有'卬'字，音义缺。……'鏨'也许是为玺印一类'节'所造的专字。称玺为节，与后来称印为印信同义。"吴振武同意这种看法，并云"鏨字可以看成是'玺节'之节（《说文》作卪）的异体"（《校订》285 页）。此说可信。该玺不存于岩手县立博物馆。

不箕（其）坿（市）
鏨（节）（初 M5）

初 M7　闀芅

首字从门从四，隶定作"闀"，偏旁"四"的写法又见于包山楚墓 119 号简"䇂""䇂"、260 号简"䇂"、楚帛书"䇂"等（《战典》[4]1284 页）。第二字"芅"，《玺征》[5]释"芅"（卷一），今从之。需要指出的是，迄今为止的古文字字书均未收录"闀"字，而"芅"字仅见于《甲金篆隶大字典》[6]（54 页）。

闀芅（初 M7）

（1）容庚《金文编》，中华书局，1985 年，308 页。

（2）裘锡圭《战国文字中的"市"》，《裘锡圭学术文集（第三卷）》，复旦大学出版社，2012 年，332 页。

（3）石志廉《馆藏战国七玺考》，《中国历史博物馆馆刊》1979 年第 1 期。

（4）何琳仪《战国古文字典：战国文字声系》，中华书局，1998 年。简称《战典》。

（5）罗福颐《古玺文字征》，民国庚午（1930）石印本。简称《玺征》。

（6）徐无闻《甲金篆隶大字典》，四川辞书出版社，2008 年，54 页。

□鍚（？）□鉢（玺）(M5)

敦＿（淳于）飢（簠）(M7)

M5　□鍚□鉢（玺）

第二字"鍚"，又见于《玺汇》3921，用作人名。《说文》云"鍚，伤也，从矢易声"，段注云："谓矢之所伤也。引申为凡伤之偁。"《古文四声韵》载《古孝经》"伤"字古文作"鍚"（《研究》[1] 281 页）。伤，《说文》云："创也。从人鍚省声。"

M7　敦＿（淳于）飢（簠）

前两字为合文，下部有合文符号，读为"淳于"。《玺汇》4023 至 4034 作"敦于"，文献中一般写作"淳于"，例如：《孟子·离娄上》有"淳于髡"，《史记·秦本纪》有"齐人淳于越"。第三字"飢"又见于珍秦斋藏印"肖飢"，施谢捷读为"簠"（《汇考》221 页）。《说文》收录"簠"字古文"匬""匬"或"朹"，《汗简》以及《古文四声韵》均收录"簠"字古文"匬"或"匬"（《研究》41 页），"飢"读为"簠"是可信的。《清华简（四）·筮法》53 号简有"飢"字，作""形，整理者读为"醴"，[2] 李春桃认为即"簠"字（《研究》42 页）。"淳于"原为国名，战国时属齐，其后人以国为氏。

（1）李春桃《古文异体关系整理与研究》，中华书局，2016 年。简称《研究》。

（2）清华大学出土文献研究与保护中心编、李学勤主编《清华大学藏战国竹简（四）》，中西书局，2013 年，120 页、161 页。

M8　喝（唐）遧（适）

首字"喝"，为《说文》所收"唐"字古文，又见于《玺汇》147与3142。第二字，小林斗盦无释（《玺类》[1]42页），根据影印和清晰图片，我们摹写作"遧"，从辵从昏。"昏"应是"昏"字，《说文》："昏，塞口也，从口，氒省声。昏，古文从甘。"古文字多作"昏"形（《战典》907页）。可见"遧"字应释"遧"。"遧"字后世隶变为"适"，《说文》段注云："凡昏声字，隶变皆为舌。如括、刮之类。""遧"字又见于齐玺，作"遧"形（《玺汇》5677），与该玺"遧"字写法近似。《玺汇》"遧"字径释"适"，可从。《玺类》"遧"字无释（8页），亦应释"遧（适）"。

喝（唐）遧（适）(M8)

M9　长匡

第二字作"匡"形，又见于《玺汇》2502，《玺汇》无释。施谢捷释为"寿"字声符"旨"之异构，即"畴"字（《汇考》281-282页）。季旭升以齐玺"旨"为"韦"字省形（《新证》[2]489页）。黄德宽认为"匡"字从匸韦省声，即《说文》"帷"字古文"匡"（《疏证》[3]2873-2874页）之省。不知孰是，在此仅作隶定。古玺中，从匡的字尚有"遧"字（《玺征》附录53页）、"遦"字（"公孙遦"，《玺类》58页）等。

长匡 (M9)

---

(1)　[日]小林斗盦《中国玺印类编》，二玄社，1996年。简称《玺类》。

(2)　季旭升《说文新证》，福建人民出版社，2010年。简称《新证》。

(3)　黄德宽《古文字谱系疏证》，商务印书馆，2007年。简称《疏证》。

M10 亳亥

亳亥（M10）

首字，我们摹写作"亳"，刘钊以及广濑薰雄均向我们指出该字应是从龟的字[1]，即常见于商代晚期至西周时期金文的"亳"字。金文中作"亳（《虢叔钟》）""亳（《匋簋》）"等形（《金文编》682 页）[2]，多用为国名、地名，例如《遹方鼎》（《集成》2709）中的"亳师（次）"、《善鼎》（《集成》2820）中的"亳侯"、《师西簋》（《集成》4288）中的"亳尸（夷）"等，还用作形容钟声的形容词，"数＝亳＝"一般读作"旁旁薄薄或蓬蓬勃勃"（《疏证》1475 页）。《说文》收录从龟的"彙"字，云"读若薄"。西周金文中的"亳"字，用做国名或地名时郭沫若云"如彙读若薄"。[3]

附带说一下，传抄古文字中"亳"为"泽"字古文，三体石经作"亳"《汗简》作"亳"形（《研究》178 页）。黄锡全认为古文字形从龟从泉，"泉"的外框与"龟"的腿形有借笔关系。[4]李春桃认为亦有可能是从水龟声之字，即"泽"字声符"睪"换成音近的"龟"，属于声符替换（《研究》178 页）。

（1）广濑薰雄先生向我们指出该字"似是金文中比较多见的这个字（《金文编》682 页）"（2017 年 11 月 27 日电子邮件）；刘钊先生也向我们指出该字"应该是从'龟'的一个字"。（2017 年 11 月 30 日电子邮件）。

（2）容庚《金文编》，中华书局，1985 年。

（3）郭沫若《金文丛考》，人民出版社，1954 年，391-392 页。

（4）黄锡全《汗简注释》，武汉大学出版社，1990 年，391 页。

M11 盟（明）訓（训）

"盟"读为"明"，《侯马盟书》"明亟"又作"盟亟"可证（《战典》724页）。第二字作"訓"形，吴振武释"訢"（《校订》33页），不确。刘钊指出楚文字中"训"字声符"川"多省一竖画作"‖"形，如《玺汇》3130"訓"、3131"訓"、包山简"訓"等，所以"訓"为"训"字（《丛稿》[1]179页）。此说可从。"明训"一词见《国语·晋语八》"图在明训，明训在威权"，集解云"训，教也"，意为"明教"。

盟（明）訓（训）(M11)

M12 郢弃厶（私）坯（玺）

首字作"郢"形，隶作"郢"，又见于《玺汇》2216，作"郢"形，亦用作姓氏。"郢"左侧字印蜕不清，罗福颐（《玺征》卷三）以及小林斗盦均释"戒"字（《玺类》210页），我们仔细观察印面，发现该字实际上从厺从廾，摹写作"弃"，无疑是《说文》所载"棄"字的古文"弃"。该字又见于《玺汇》1485，作"弃"形，而下部"廾"之间加"="的"弃"字形见于《戎壹轩藏三晋古玺》089[2]。该玺字序与一般不同，应作 $\begin{smallmatrix} 2 & 1 \\ 4 & 3 \end{smallmatrix}$ 的字序读。史书亦见名弃者，例如《史记·周本纪》云周之始祖后稷名弃。

郢弃厶（私）坯（玺）(M12)

（1）刘钊《古文字考释丛稿》，岳麓书社，2005年。简称《丛稿》。
（2）张小东《戎壹轩藏三晋古玺》，西泠印社出版社，2017年，186-187页。

高迲（去）痝（忧）(M13)

M13　高迲（去）痝（忧）

第三字"痝"从疒从百，百亦声。陈汉平读为"忧"（《屠龙》[1] 277-278 页），可从。《说文》有"悬"字，训"愁也"，"痝"应为该字异体。"去忧"为先秦时期常见人名，例如：《梦庵》"石迲（去）痝（忧）"（M24）、《玺汇》551"王迲（去）痝（忧）"、1062"肖迲（去）痝（忧）"等。

事（史）忎（忻）(M16)

M16　事（史）忎（忻）

第二字写法与山东出土"肖忎（忻）"的"忻"字（《汇考》235 页）以及《玺汇》4066 的"忻"字近同。

---

(1) 陈汉平《绝续屠龙》，黑龙江教育出版社，1989 年。简称《屠龙》。

M21 乔让

第二字"𧮪"右旁见于《玺汇》4132"𧮲"、3871"𧮲"、3055"𧮲"、又或作"𧮲"(《玺汇》3908)、"𧮲"(《玺汇》2326)等,均为燕玺。从糸旁字,《玺汇》旧释"緜",吴振武改释为"纕"(《校订》147页),《战典》(692页)《战国文字编》(849页)《燕文字编》(193页)均从之。那么,该玺文第二字从言,应释为"让"字,《战典》《战国文字编》《燕文字编》均未收录这类写法的"让"字。

乔让 (M21)

M23 乔雕

第二字,《玺征》作为未识字列入附录(附录56页)。该字又见于《玺汇》1508"𩿌"、3188"𩿌"、3952"𩿌",均释"雕"字。该玺第二字亦是这种写法的"雕"字。

乔雕 (M23)

M25　长㞢（此？）

第二字"㞢"又见于《玺汇》1670"易㞢"，亦用作人名，陈汉平释"世"（《屠龙》282页）。何琳仪隶定为"吒"，作为未识字列入附录（《战典》1530页）。施谢捷仅隶定为"㞢"（《汇考》261页）。徐在国在《谈齐陶文中的"陈贺"》一文中释"加"（以下简称徐文）。[1]

这类"㞢"形的字应是"此"字。[2]燕、三晋等北方诸系古玺文字中，"止"与"心"作偏旁时，写法往往混同。例如：《玺汇》3146"悒（连）"的"止"旁与3447"省（虑）"的"心"旁；《玺汇》4944"愻（慎）"与4316"愻（慎）行"的"心"旁、3030"悒"字"心"旁、2340"庆"字"心"旁等均与"岁"字"㞢（《玺汇》4425）""㞢（《玺汇》4426）"所从"止"旁的写法接近。汉代碑刻文字中，"耻"又作"耻"，这亦是受偏旁"心"与"止"写法混同影响所致。

战国玺印文字中常有共享笔画的现象，例如"忌"字"己"旁与"心"旁共享横画作"㞢"形，其例甚多[3]，何琳仪称这类共享笔画现象为"借用笔画"，他举出"司"作"㕑""匠"作"㔷"等例子（《通

长㞢（此？）（M25）

（1）徐在国《谈齐陶文中的"陈贺"》，《安徽大学学报（哲学社会科学版）》2013年第1期。

（2）国学数典网友tjsdxl先生曾向我们提示该字或许是"此"字（2017年1月1日），我们认为该说可从，在此谨致感谢。

（3）故宫博物院《古玺文编》，文物出版社，1981年，263页。

论》⁽¹⁾ 259-260 页）。上述与"心"写法近似的"止"旁与"匕"旁共享一个横画，就成了作"屮"形的"此"字。"此"字在齐系金文《叔之仲子平钟》（《集成》177）中作"屮"形，黄德宽说"东周文字'此'所从止或讹作屮，或作屮，与匕共享笔画"。（《疏证》2068-2069 页）上引燕玺中这种写法的"此"字部首"匕"与"止"共享一个横画，而且"匕"旁的共享横画下部多加一个小点。

燕玺中还有一个从贝从该字的字，一般作"賕"形，见《玺汇》2724、2792、3440、3816 等，陈光田疑释"赀"（《分域》⁽²⁾ 106-122 页）。燕系金文的"賕"（《集成》11286 号）与"賕"（《集成》11541），张亚初《引得》释"赀"⁽³⁾，《集成》与吴镇烽《铭图》⁽⁴⁾均从之。齐系陶文中多见"赀"字，例如《陶图》2·203-205，战国文字中作为偏旁的"弋"与"戈"多有形近讹混，齐系陶文的"赀"字无疑与燕系陶文的"賕"、燕系玺印文字的"賕"、燕系金文的"賕""賕"字是同一字，均为"赀"字。

三晋古玺中还有一个从疒的"疕"字，《玺汇》1036"肖（赵）疕"，根据我们的上述考释，"疕"当是"疵"字。"疵"，《说文》训"病也"，以"疵"为名者亦多见于战国秦汉，古玺中以"疵"为名者又见《玺汇》5654"侯疵"、《珍秦斋》"事（史）疵"。《战国策·赵策》有人名"李疵""郄疵"，名疵者亦多见于汉印。

此外，齐陶文中尚有"邔"字，"陈邔"见于《陶图》2·18·1。该字从邑，此声，是《玉篇》训为"谷口"的"邔"字。《玉篇》又有"鄑"字，训"谷名"。《集韵》云"邔，谷名，在西海，亦县名。或作鄑"。可见，"邔"与"鄑"互为异体。那么，"邔"字结构是"从邑，赀省声"，而"鄑"字则声符不省形。附带说一下，《清华简（六）·郑文公问太伯》有地名"邔"，整理者读为"訾"，地在今河南巩县（121 页）。

（1）何琳仪《战国文字通论》（订补），上海古籍出版社，2017 年。简称《通论》。
（2）陈光田《战国玺印分域研究》，岳麓书社，2009 年。简称《分域》。
（3）张亚初《殷周金文集成引得》，中华书局，2001 年，723 页。
（4）吴镇烽《商周青铜器铭文暨图像集成》第 32 卷，上海古籍出版社，2012 年，153 页。简称《铭图》。

长毇（M27）

M27 长毇

第二字，施谢捷隶定为"勓"（《汇考》283 页），未见考释。通过仔细观察印面和照片放大处理，我们把该字摹写为"累"，右旁明显从"又"而不从"力"。《玺汇》2776 有"累"字，左旁"果"从禾，与该印文第二字左旁相同。"累"字，黄德宽云"从力，果声。果旁从禾。或疑毇之异文"（《疏证》2251 页）。战国文字从又与从攴多有混同，例多不烦举（参见《通论》282 页），所以印文"累"即"毇"字，《说文》："毇，研治也。从攴，果声。舜女弟名毇首。"黄德宽《疏证》所云"累"疑"毇"之异文是可信的。

肖胜（胜—羞）（M30）

M30 肖胜（胜—羞）

第二字作"羞"形，罗福颐《玺征》作为未识字列入附录（附录 33 页），施谢捷隶定为"胜"，无考释（《汇考》208 页）。该字与《玺汇》2258"羞"、3588"羞"、包山简"羞"字（《楚系简帛文字编》[1] 415 页）《玺汇》1020"羞"字、《陶汇》[2] 3·1317"羞"字应为同一字，这些字均用作人名。"羞""羞""羞"字，何琳仪释"脁"，认为是"胖"字繁文（《战典》673 页）。"羞"与"羞"一般释"胜"字（《疏证》668 页）。我们认为，该印文"羞"应释"胜"，或是用为"膳羞"的"羞"字繁文，《玉篇》"胜，或作羞字"。

(1) 滕壬生《楚系简帛文字编》，湖北教育出版社，2008 年。
(2) 高明《古陶文汇编》，中华书局，1990 年，335 页。简称《陶汇》。

M31　肖瘑（疝）

第二字作"悮"形，施谢捷隶定为"瘑"，括读为"疝"（《汇考》208页）。暂从之。古玺又有"犴"字（《玺汇》2670，吴振武据《阳狐戈》之狐作"犴"释为"疝"（《校订》104页）。"瘑"或即"犴"繁文，《玉篇》云"疝，疮也"。

肖瘑（疝）（M31）

M32　肖㤅（仁）

第二字印蜕不太清晰，施谢捷隶定为"㤅"，括读为"仁"（《汇考》208页）。"㤅"字在楚简中多读作"仁"（《通假汇纂》[1]854-856页），施先生说可从。

肖㤅（仁）（M32）

（1）白於蓝《战国秦汉简帛古书通假字汇纂》，福建人民出版社，2012年。简称《通假汇纂》。

畋（田）疝（M35）

王肻（脆）（M36）

M35　畋（田）疝

首字"畋"用作姓氏时，读如"田"（《战典》1124 页）。第二字又见于《玺汇》470、1591，《文编》释"瘣"（190 页），《战国文字编》隶定为"疝"[1]。刘钊指出战国文字"目"多讹作"⊕"（《丛稿》177 页），田炜释该字为"疝"（《探研》[2] 174 页），今暂从之。

M36　王肻（脆）

第二字作"肻"形。田炜根据楚文字"徃（跪）"作"恋"形，把古玺文字"盫"的偏旁"足"分析为从卩从厂的"产"（《探研》218-219 页），此说可信。可知古玺文字中"卩"或作"乎"形，该玺"肻"字上部"乎"亦应是"卩"，那么该字可隶定为"肻"。玺文"肻"应分析为从肉产声，"产"为"危"之本字，则"肻"应释为"脆"。

其他近似字形尚有《玺汇》416"王肻"（《玺征》摹作"肻"）的"肻"字以及 2401 的"肻"字。《玺汇》416"王肻"第二字，丁佛言摹作"肻"，释"胥"（《补补》[3] 19 页），徐在国释"薛"[4]，刘钊释"胜"（《丛稿》

（1）汤余惠《战国文字编》，福建人民出版社，2001 年，525 页。

（2）田炜《古玺探研》，华东师范大学出版社，2010 年。简称《探研》。

（3）丁佛言《说文古籀补补》，中华书局，1988 年。简称《补补》。

（4）徐在国《古玺文字八释》，《吉林大学古籍整理研究所建所十五周年纪念文集》，吉林大学出版社，1998 年，117 页。

166 页）。我们认为这两字与上述"![字]"为同一字，应释"脃"字，同样用作人名。

《说文》无"脃"字，而收录"脆"字，释"小堅易断也。从肉从绝省"。"脃"字始见于《玉篇》，"脃，同脆，俗"。据此，学者一般认为"脃"字出现较晚，是"脆"字的讹写俗体。古文字中，"脃"字见于齐陶文，用做人名，作"![字]"形（《陶图》[1]2·538·1）。北大本《老子》"脃"字，郭店简本作"霓"，河上公本等传世本均作"脃"。[2] 古玺的"觠（脃）"字与《说文》"脆"以及后世"脃"字的关系值得进一步研究。

M37 王猏

"猏"字多见于先秦古玺，犬在易旁的左右不定（《战典》669 页）。古玺中均用作人名或姓氏，未见于其他类出土文献，尚不明应读为后世何字。

王猏（M37）

（1）王恩田《陶文图录》，齐鲁书社，2006 年。简称《陶图》。

（2）北京大学出土文献研究所《北京大学藏西汉竹书（贰）》，上海古籍出版社，2012 年，185 页。

王生瘒（痊）(M38)

M38　王生瘒（痊）

第三字印蜕不清，看照片可知与《玺汇》2402
"瘒"字同，隶定作"瘒"。何琳仪云："从疒，坦声，
疑坦之繁文（《战典》1273页）。"黄德宽云："从疒，皇
声，疑瘝之异文……或释瘒。"（《疏证》3125页）朱德熙、
裘锡圭两学者释为"痊"[1]，今暂从之。"痊"字见于《广
韵·屑韵》："痊，疾病。"

椁（郭）萃 (M42)

M42　椁（郭）萃

首字从木，从享省声，朱德熙云："应释为椁，读
作郭。"[2] 今从之。

（1）朱德熙、裘锡圭《战国文字研究六种》，《朱德熙文集》第5卷，
　　 商务印书馆，1999年，46页。
（2）朱德熙《古文字考释四篇·释椁》，《古文字研究》第8辑，
　　 中华书局，1983年，20页。

M43　奐（管）匜

根据印蜕以及对古玺实物的观察，首字可摹写为"𤲃"，上部作左右各有两个短横的"田"形。我们认为该字上部是"田"，下部为"廾"省形，宜隶定为"奐"。"廾"字，《说文》廾部作"𦥑"，楚简中作"𦥑""𦥑""𦥑"等形[1]，在玺文中"廾"上部减省作两横画。"𤲃"上部偏旁"田"的左右两个短横表示笔画的省略，何琳仪称之为"省形符号"（《通论》305 页），"田"应是《古文四声韵》所收"贯"字古文"田"（《研究》332-333 页），即"田"字，《说文》云"穿物持之也。从一横贯，象宝货之形"。用作偏旁时，早期字形中间横划突出两侧竖画之外，到东周时期写法演变近同于"田"字。如西周晚期《默簋》（《集成》4317）的"实"字作"𤲃"形，到东周时代《国差𦉜》（《集成》10361）则作"𤲃"形。"奐"为双声符字，上古音中"廾""田"均为见母元部。"𦥑（廾）"形见于《郭店楚墓竹简·穷达以时》6 号简，"𦥑（廾）寺虐"读作"管夷吾"[2]。《清华简（六）·管仲》篇"管"字多作"𥱼"形，从竹，廾声。[3]所以，我们认为该玺中姓氏"奐"字应读作"管"。

三晋系古玺又有"𤲃"字（《玺汇》3140），《玺汇》

（管）匜（M43）

（1）滕壬生《楚系简帛文字编（增订本）》，湖北教育出版社，2008 年，235 页。

（2）荆门市博物馆《郭店楚墓竹简》，文物出版社，1998 年，146 页。

（3）清华大学出土文献研究与保护中心编、李学勤主编《清华大学藏战国竹简（六）》，中西书局，2016 年，174 页。

隶定作"畁",《战国文字编》（166 页）、《三晋文字编》（351 页）均收入"异"字头下，我们认为释"异"不可信。罗福颐《玺征》又收录"𦥑""𦥑"两玺，"畁"作为未识字列入附录（附录 28 页），该字亦应隶定作"畁"，读为"管"。

三晋古玺中又有"箅"字，从竹从畁（《玺类》389 页 𥴬），用作姓氏，该字下部所从"廾"写法与《郭店简》"廾"近似，亦应读为"管"。

献（鲜）邘（于）夏（鞭）（M44）

M44　献（鲜）邘（于）夏（鞭）

前两字又见于《玺汇》4022，吴振武释复姓"献（鲜）于"。[1]古玺中复姓"献邘"又作"鲜于"，见《玺汇》4015—4021。文献中一般作"鲜虞"，为春秋时期白狄人所建国名，其后人以国为氏。第三字作"夏"，为手持鞭形，罗福颐释"鞭"字（《玺征》卷三），即《说文》所收"鞭"字古文，又见于《玺汇》399。

（1）吴振武《古玺姓氏考（复姓十五篇）》，《出土文献研究（第三辑）》，中华书局，1998 年，83-84 页。

M46　屏（庰）沱（池）

屏（庰）沱（池）（M46）

首字又见于《玺汇》2871-2874 号三晋系古玺，何琳仪疑"弄"字之繁文（《战典》416 页）。三晋古玺中又有"𡘳"字（《玺汇》3144-3145），《古玺文编》隶定为"弄"字，亦用为姓氏。汤余惠据《古文四声韵》"弄"字作"𢍋"、汉金文"筭"字作"𥮥"，释古玺"𡘳"字为"弄"，刘钊进一步释"屏"为《集韵》《广韵》训"厦、屏"的"屏"字（《丛稿》160 页）。今暂从之。

M47　釆（番）中

釆（番）中（M47）

第二字作"🀀"形，是楚系文字的"中"字。首字作"釆"形，在楚系文字中是"釆"字，与"米"字写法混同，一般读作从"番"的字（《疏证》2801 页）。古玺以及传抄古文中，"釆"用作偏旁时，有时亦写作"米"，例如：《玺汇》2290"悉"字作"🀀"形、《汗简》"审"字古文作"🀀"（《研究》313 页）。"釆"作为姓氏时，一般读为"番"，为殷汤支庶封番者，或吴干支庶食采于番者（《疏证》2803 页）。

青（精）中（忠）（M49）

M49　青（精）中（忠）

吴振武读为"精忠"，属成语玺。[1] 又见于《玺汇》4643-4652。

詎氏（？）（M50）

M50　詎氏（？）

首字右旁不清，参照实物和照片摹写作"詎"形。《玺汇》3416"詎"字，《文编》[2]无释（56页），刘钊释"治"（《丛稿》162页）。"詎"字又见于先秦封泥，孙慰祖隶定为"詎"[3]。"詎"，施谢捷释"詎"（《汇考》286页）。该玺"詎"字右旁"訁"比"詎"字右旁""上下各多出一横画，或应隶定作"詎"。第二字似是"氏"字。

（1）吴振武《古玺合文考（十八篇）》，《古文字研究》第17辑，中华书局，1989年，280-281页。

（2）罗福颐《古玺文编》，文物出版社，1981年。简称《文编》。

（3）孙慰祖《古封泥集成》，上海书店，1994年，4页。

M51　寋犹

印蜕不清，经仔细观察实物以及照片放大处理，首字应隶定为"寋"字。该字又见于《玺汇》3060，作"𡧛"形，丁佛言隶定为"寋"（《补补》[1] 69页），何琳仪云"从宀，羑声。疑羑之繁文"（《战典》674页），在三晋玺中用为姓氏。第二字从犭从酉，为"犹"字。

寋犹（M51）

M52　釆（采）覓

首字又见于《玺汇》1907-1911，均用作姓氏，吴振武云"应即典籍和汉印中习见的采氏之采的异体"（《校订》38页），此说可信。《集韵》："采，臣食邑谓之采。或省。"可证。采氏为黄帝子夷鼓之后（《战典》97页）。

第二字"覓"从百从几，罗福颐《玺征》作为未识字列入附录（附录36页）。从汉字构造通例分析，该字应是从"百""几"声的形声字。据《说文》，"首"为"百"之古文。"覓"字不见于字书，亦未见于其他古文字资料，暂不识，仅作隶定。

釆（采）覓（M52）

（1）丁佛言《说文古籀补补》，中华书局，1988年。简称《补补》。

匋（陶）冬（终）弜（古）（M54）

M54　匋（陶）冬（终）弜（古）

首字又见于《玺汇》2732-2734，作""形，字形与《汗简》所收"陶"字古文""近似（《研究》27 页）。何琳仪云"读陶，姓氏。陶唐氏之后。见《姓苑》"（《战典》246 页），今从之。

第三字，《玺征》卷十二隶定为"弜"，《古玺文编》隶定为"弜"（301 页），吴振武隶定为"弜"（《校订》144 页），玺文中读为"古"。《玺汇》1332"臧冬古"，何琳仪云"古玺'冬古'，读'终古'，人名"（《战典》270 页）。《史记·建元以来侯者年表》有人名"辕终古""刘终古"等，可见"终古"为战国秦汉时期常见人名。刘钊指出，"终古"乃夏太史令之名，后世"以'终古'为名者乃仰慕夏太史令终古之人品而取古人名以命名"（《丛稿》376 页）。

文是＝（文适）鸯（M55）

M55　文是＝（文适）鸯

首字"文"下有表示复姓的"＝"符号，复姓"文是"又见于《玺汇》2890-2894 等。如 M133"马帝＝（马适-嫡）南"的"马帝"读作"马适"一样，"文是"应读作"文适"，文氏之嫡子别其族曰"文是（适）"。第三字作""形，旧释"鹮"，裘锡圭据楚文字"央"旁写法改释"鸯"[1]，可从。偏旁"鸟"的近似写法又见于温县盟书的"焉"字偏旁，作""""形（《三晋文字编》539-540 页）。"鸯"字又见于《玺汇》533"王鸯"，作""形。

（1）裘锡圭《战国货币考（十二篇）》，《裘锡圭学术文集》第 3 卷，复旦大学出版社，2012 年，212 页。

M56　酓（鄭—齐）康

该印首字印蜕不清，经仔细观察实物，字形与《玺汇》1601"酓"字近似，又见于 1602-1610，《玺汇》均隶定为"鄭"，吴振武认为即典籍和汉印中习见的齐氏之齐的异体（《校订》80 页），可从。第二字"康"写法近同与《玺汇》887 号"肖康"的"康"字。

酓（鄭—齐）康（M56）

M57　邻（徐）突

印文首字右旁上半有损，仔细观察印面，尚留有笔画痕迹，应是"邻"字，即《汗简》《古文四声韵》所收"徐"字古文（《研究》76 页）。作姓氏时读为"徐"，多见于古玺（见《玺汇》1940-1957）。

第二字从宀从犬，罗福颐《玺征》作为未识字列入附录（附录 27 页），裘锡圭释为"突"字[1]，今从之。犬旁为燕文字特有的写法，例如《玺汇》2513"翁（猲）"字偏旁。先秦名"突"者私玺多见（《玺类》254 页）。

邻（徐）突（M57）

（1）裘锡圭《战国玺印文字考释三篇》，《裘锡圭学术文集》第 3 卷，复旦大学出版社，2012 年，276 页。

硻（岑）鄥（M59）

M59　硻（岑）鄥

首字从石，金声，又见于《玺汇》2319-2321，作"鑫"（2319）。《玺汇》释"阴"，丁佛言释"崟"（《补补》43 页），吴振武从之（《校订》163-164 页）。《集韵·侵韵》中"硻""崟""岑"互为异体。何琳仪云"崟之异文。《集韵》崟或从石。燕玺硻，读岑，姓氏，周文王异母弟耀之子岑子之后。见《通志·氏族略》（《战典》1395 页），今从之。

第二字印蜕笔画不清，观察实物和照片知是从刀罟声的"鏂"，又见于《玺汇》562、2826、5686，均用作人名（参见《战典》477-478 页）。

尚善明昌（M63）

M63　向善明昌

该玺文字与《玺汇》4880 极为近似。第二字作"鏂"形，《玺汇》无释。《玺汇》5323"鏂"字无释，吴振武释"（苟）"，读如"敬"，认为左右两侧小点应是饰笔（《校订》245 页）。施谢捷指出吴先生所据"鏂"字形笔画有残缺，笔画无损者作"鏂"（《赫连泉馆古印续存》），应释"善"（《汇考》15-16 页）。此说可从。该玺文字施谢捷释"向善明昌"（《汇考》16 页），可从。

M81　千万（丂－万）

第二字作"丂"或"丂"等形,林义光曾据金文"丂"字偏旁释该字为"丂"字古体,并认为"丂"双声旁转可读为"万"。[1]裘锡圭支持林说,并云:"以'万'为千萬之'萬',早在战国文字里就已如此。千萬之'萬'是微母元部字,'万'（丂）为明母元部字。古代微母读如明母,二字古音极近,所以可以借'万'为'萬'。"[2]今从之。

千万（丂－万）(M81)

M90　悊（悊－慎）上

印蜕首字下部偏旁"心"残损,观察印面可知是"悊"字。该字旧释"悊",楚简大量出土后,学者们才知道此字从心,所省声,读为"慎"[3]。湖南省博物馆亦收藏一颗"悊（悊－慎）上"古玺,[4]"慎上"即言"慎于事上"。

悊（悊－慎）上 (M90)

---

(1) 林义光《文源》,中西书局,2012年,171页。
(2) 裘锡圭《甲骨文中的几种乐器名称—释"庸""丰""鼗"—附:释"万"》,《裘锡圭学术文集》第1卷,复旦大学出版社,2012年,50页。
(3) 陈剑《说慎》,氏著《甲骨金文考释论集》,线装书局,2007年,39-53页。
(4) 湖南省博物馆《湖南省博物馆藏古玺印集》,上海书店,1991年,10页。

必正（M98）

龏（恭）（M99）

M98　必正

罗福颐《玺征》作为未识字列入附录（附录 54 页），同样玺文又见于《玺汇》5221-5224、《集粹》[1] 347，均无释。裘锡圭释"必正"[2]，可从。《三晋文字编》作为"必正"合文收录（2048 页）。

M99　龏（恭）

该字又见于《玺汇》3390，从龙省从廾，吴振武认为是"龏"字繁文，"𦥑"为"龙"之省（《校订》35 页）。何琳仪读为"恭"（《战典》428 页）。《玺汇》5147"𦱤"、5150"𦵩"均从共从土，即"共"字繁文，读为"恭"（《战典》417 页）。《古文四声韵》引古《孝经》"恭"字古文作"𦸊"（《研究》272 页），可见玺文"龏"确应读为"恭"。

（1）菅原石庐《中国古玺印集粹》，东京二玄社，1996 年。简称《集粹》。

（2）裘锡圭《释"柲"》，《裘锡圭学术文集》第 1 卷，复旦大学出版社，2012 年，55 页。

M114　羕

该玺又为《玺类》所著录，释"善"（79 页）。菅原石庐《集粹》302 号古玺印蜕作"羕"，释"善"，又收录于《三晋文字编》（1554 页，但误作《集粹》888 号），释"羕"。《集粹》302 号字印蜕不清，我们参照印面照片摹作"羕"，与该玺"羕"字形相同，下部偏旁中央加一小点作饰笔。字形下部"甘"应是"心"旁，《十四年陈侯午敦》（《集成》4646）"忘"字作"忘"形，下部心旁中央亦有一小点，所以"羕"字释"羕"为是。鉴于三晋文字中未见"心"旁中央加饰笔的写法，这种写法的"羕"字应看作是齐系文字。战国简帛文字中，"羕"多读为"祥"（《大系》[1] 1038 页）。

羕（M114）

M118　禾

该玺文字与出土于湖北省荆门罗坡岗七号战国楚墓的"禾"字古玺近似，只是书写方向相反，两者均有双层框线，而钮部稍有不同，罗坡岗楚墓古玺为单层坛钮[2]，该玺为多层坛钮。该玺或为楚玺。同文双框线古玺又见于《玺汇》5113-5117、《集粹》278-279，"禾"字单层框线者见《玺汇》5118-5119。

禾（M118）

（1）白於蓝《简帛古书通假字大系》，福建人民出版社，2017 年。
　　简称《大系》。
（2）湖北省文物考古研究所、荆门市博物馆《荆门罗坡岗与子陵岗》，科学出版社，2004 年，55-56 页。

詹（M119）

宇（宇）(M120)

M119　詹

字作""形,《玺征》作为未识字列入附录（附录 47 页）。该字又见于《玺汇》5455-5457,《玺汇》无释。徐在国释"詹"。[1]古文字中,"詹"字见于《十三年少府矛》(《集成》11550),作""形,作为偏旁见于"（担）"""等字[2]。战国燕系文字中偏旁"口"常讹变作"山"[3],例如《玺汇》5308"各"字作""形,今暂从徐先生说。

M120　宇（宇）

又见于《玺汇》5438-5441、《集粹》304,《玺汇》《集粹》均无释。施谢捷释"禹"。[4]徐畅亦释"禹",读为"龋"。[5]《玺汇》5125 以及香港中文大学文物馆藏印有从宀从禹玺印、[6],我们认为该字应隶定为"宇",即"宇"字古文。《古文四声韵》收录"宇"字古文作""或""形,与该玺字形相近。作为声符的"于"与"禹"上古音均属匣母鱼部,李春桃云"宇"字古文"从禹作属声符换用"(《研究》98 页),此说可信。

---

(1) 徐在国《战国成语玺考释四则》,《中国古文字研究》第 1 辑,吉林大学出版社,1999 年,149 页。
(2) 参见季旭升《说文新证》,福建人民出版社,2010 年,80-81 页。
(3) 黄德宽等《古文字发展论》,中华书局,2014 年,第 394-395 页。
(4) 施谢捷《〈古玺汇编〉释文校定》,《容庚先生百年诞辰纪念文集》,广东人民出版社,1998 年,651 页。
(5) 徐畅《先秦玺印图说》,文物出版社,2009 年,343-344 页。
(6) 转引自徐畅《先秦玺印图说》,344 页。

"寓"字又见于西周金文《瘨钟》(《集成》256)、《大克鼎》(《集成》2836)等,均读为"宇"。汉代碑刻中亦有一些用作"宇"的"寓"字(参见《秦汉魏晋篆隶字形表》[1] 499页)。

日敬毋治(怠)(M125)

M125　日敬毋治(怠)

同文古玺又见于《玺汇》4884-4888、《集粹》352-353及369,《玺汇》《集粹》释"日敬毋治"。王人聪读"治"为"怠",[2]"治"字在秦汉出土文献中一般读如"怠"或"笞"(《大系》20-21页),王氏说可从。

王寿(M131)

M131　王寿

第二字写法与《玺汇》1889"𤔲(寿)"与5630"𤔲(寿)"字相近,释"寿"应无可疑。

---

(1) 汉语大字典字形组《秦汉魏晋篆隶字形表》,四川辞书出版社,1985年。
(2) 王人聪《战国吉语、箴言玺考释》,《故宫博物院院刊》1997年第4期。

宜士和众（M132）

马帝＝（马適）南（M133）

M132 宜士和众

印蜕不清。首字，我们根据清晰照片摹写作"⊞"，显是"宜"字。相同玺文"宜士和众"又见于《玺汇》4878以及《集粹》365，四字写法均与该玺较为近似。"宜"字写法与出土于山西省的三晋系《宜安戈》（《集成》11329）的写法"⊞"近同。"宜民和众"玺见于《集粹》354-355。

M133 马帝＝（马適）南

前两字为合文，下有合文符号，释为复姓"马帝"。"马帝"复姓私玺多见，例如《玺汇》4079-4088等诸玺。第三字印蜕不清楚，我们参考印面照片摹写为"米"，此字应为三晋文字中的"南"字，近似字形见《玺汇》93"南宫将行"，首字裘锡圭释"南"[1]，今从之。或作"南"形，见"佲（昝－皋）郎（狼）鄠（县）南望（府）"（《汇考》95页），两玺均属三晋的赵国。[2]

古玺中的复姓"马帝"，一般读为"马適"。复姓"马適"亦多见于汉印[3]及文献，《汉书》中有执金吾马適建、巨鹿男子马適求，《后汉书》有大姓马適匡，《三国志》有功曹从事马適议，又见于《通志·氏族略·复姓》[4]。

（1）裘锡圭《战国货币考（十二篇）》，《裘锡圭学术文集（第三卷）》，复旦大学出版社，2012年，209-211页。
（2）汤志彪《三晋文字编》，作家出版社，2013年，860页。
（3）罗福颐《汉印文字征》卷2，文物出版社，1978年，11页。
（4）郑樵撰《通志》，中华书局，1987年，479页。

陈直指出《隶释》卷十二杨震碑阴有常山马适□题名，"可证东汉时尚有此姓，并知为巨鹿著姓"。[1]可知古玺中的复姓"马帝"读作"马适"是没有问题的，已经为汉印以及文献所证明。何琳仪引《姓氏考略》云"马之适子，别其族为马适氏"（《战典》1488-1489页）。先秦至秦汉文献中多见"适"与"嫡"通假，例如《仪礼·士冠礼》"适子冠于阼"，《经典释文》曰"适子本又作嫡"，例多不再繁举。[2]所以，我们认为复姓"马适"应读作"马嫡"。

　　三晋古玺中又有复姓"马是"，见《玺汇》4075-4078等，有学者则认为"马是"是单字姓氏，读作"马氏"[3]。我们认为先秦古玺所见"马是"均为复姓，下部多有"＝"符号，表示两字为不可拆分的一个词或一个复姓，刘钊即认为合文"基本上都限于专有名词"[4]。李家浩亦认为"'＝'号在战国文字中有多种功能，除了大家熟悉的表示合文、重文外，还有一种功能，即两字的地名、职官、姓氏和习惯用的名字等的标记"。[5]所以，带"＝"符号的"马是"读为由两个词组成的词组"马氏"是不可信的。我们认为"马是"当读作复姓"马适"，出土文献中"是"通"适"，例如：今本《周易·姤》"羸豕孚蹢躅"的"蹢"，上博简本作"是"，马王堆帛书本作"适"；今本《诗经·小雅·鹿鸣之什·伐木》"宁适不来，微我有咎"的"适"字，阜阳汉简作"是"（《通假汇纂》[6]283页）。另一方面，以"商"为声符的"镝"字异体作以"是"为声符的"鍉"字，《汗简》以及《古文四声韵》收录"镝"字古文作"鍉"（《古文字诂林（十）》[7]594页），上引段注亦云镝"古亦作鍉"。又，镝字声符为啇，《说文》云："啇，语时不啇也。从口帝声。一曰啇，諟也。读若鞮。"可知"啇（商）"与"是"上古音相近。所以，复姓"马是"读作"马适（嫡）"应无问题。

　　古人姓名用字多有不同，即使同一人在不同器铭中也有可能使用不同的字。例如：战

（1）陈直《汉书新证》，天津人民出版社，1959年，486页。

（2）高亨《古字通假会典》，齐鲁书社，1989年，464-465页。

（3）刘乐贤《古玺文字考释（十则）》，《古文字研究》第21辑，中华书局，2001年，287-289页。

（4）刘钊《古文字中的合文、借笔、借字》，《古文字研究》第21辑，中华书局，2001年，402页。

（5）李家浩《十一年皋落戈铭文释文商榷》，《考古》1993年第8期。

（6）白於蓝《战国秦汉简帛古书通假字汇纂》，福建人民出版社，2012年。简称《通假汇纂》。

（7）李圃《古文字诂林》，上海教育出版社，2004年。

国中山国器铭中，中山王的名字在圆壶（《集成》9734）铭文作"盗"，而在中山侯钺（《集成》11758）中写作"恣"。《史记·田敬仲完世家》中的齐威王"因齐"在陈侯戈（《集成》11081、11129）中名"因脊"，而在其他陈侯戈（《集成》11260）中名"因咨"。再如：近年山西大河口墓地出土的霸国青铜器铭文中，国名"霸"也写作"格"，同一国名有两种不同写法。[1] 因此，文献中的复姓"马适"在古玺中作"马帝"，或作"马是"，这是很正常的现象。

M236　王壮（？）

第二字又见于《玺汇》454-455、1843、2337 等，在先秦古玺中是一个较为常见的人名。《玺汇》无释。康殷等《印典》[2] 释"壮"（75 页），小林斗盫（《玺类》8 页）、何琳仪亦释"壮"（《战典》701 页）。高明《古陶文汇编》收录陶文"　"（九·九四），隶定为"壯"。[3] 该陶文又见于《新编季木藏陶》（0892），李零疑释为"廷"。[4] 施谢捷《汇考》著录三晋系古玺"肖（赵）壯（廷）"，从李零释"廷"（《汇考》224 页）。今暂从康殷等说，释为"壮"。

王壮（？）（M236）

（1）李建生《佣、霸国家性质辩证》，复旦大学出土文献与古文字研究中心网站 2014 年 12 月 10 日（http://www.gwz.fudan.edu.cn/SrcShow.asp?Src_ID=2395）。

（2）康殷、任兆凤《印典》，河北美术出版社，1989 年。

（3）高明《古陶文汇编》，中华书局，1990 年，释文 104 页、图版 634 页。

（4）周进集藏、周绍良整理、李零分类考释《新编季木藏陶》，中华书局，1998 年，243 页。

巴蜀图形玺 （M425）

M425 巴蜀图形玺

太田梦庵认为该玺从印纽等形制看与传殷墟出土三玺相近，至少可以上溯到西周时代。[1] 该玺实为巴蜀图形玺，性质大概与古玺中的图像印相近，时代上限为战国时期（《玺通》[2] 49 页）。孙慰祖先生告知上海博物馆收藏一枚图形极为接近的巴蜀图形玺。[3]

附记：本文主体部分原载《中国出土资料研究》第 22 号，2018 年 7 月，45—78 页。录入本书时，有所修改和删节。

（1）［日］太田梦庵《中国古印概说》，名著普及会《定本书道全集·印谱篇》，河出书房新社，1956 年，138 页。
（2）曹锦炎《古玺通论（修订本）》，浙江大学出版社，2017 年版。简称《玺通》。
（3）2017 年 6 月 16 日孙先生来岩手县立博物馆考察太田旧藏玺印，承蒙面告。在此谨致感谢！

第四节 《枫园集古印谱》所收古玺研究

　　《枫园集古印谱》十册是太田孝太郎（1881-1967，号梦庵）藏印的印谱，发行于1929年，共收录589颗古印，包括先秦古玺69颗、汉魏六朝官私印244颗、隋代以后官私印276颗。[1]1932年，梦庵又发行《枫园集古印谱续集》二册，收录汉代以后古印77颗。《枫园集古印谱》所收69颗古玺之中，除两颗玉印转让给小林斗盦之外，其余67颗现藏日本岩手县立博物馆。这些古玺又部分著录于《定本书道全集·印谱篇》[2]《古玺汇编》[3]《中国古印》[4]《中国玺印类编》[5]《古玺汇考》[6]和《太田梦庵藏印选》[7]等。2020年，上海书画出版社出版了《日本岩手县立博物馆藏太田梦庵旧藏古代玺印》（以下简称《岩博藏印》），公布了该馆所藏古玺印1091颗的印蜕、印面、印钮照片以及详细尺寸、重量等详细信息。[8]

　　我们曾在《日本岩手县立博物馆藏古玺印的学术价值》一文中指出，《枫园集古印谱》中H1"轉叁"、H10的"敢"、H12的"强梁"、H21的"屋"、H26"灉臣"、H67"慎"等古玺字形较为罕见。[9]因古玺文字大多没有文义可循，其研究较为困难，所幸的是最近数十年来战国时期的简牍、金文等同时代文字资料多有发现，为古玺文字研究带来了新的

（1）［日］太田孝太郎编著、陈进整理《古铜印谱举隅》，天津人民美术出版社，2017年，236页。
（2）［日］名著普及会《定本书道全集·印谱篇》，河出书房新社，1956年。
（3）罗福颐《古玺汇编》，文物出版社，1981年。简称《玺汇》。
（4）［日］岩手县立博物馆《太田孝太郎コレクション－中國古印》，1990年。
（5）［日］小林斗盦《中国玺印类编》，二玄社，1996年。
（6）施谢捷《古玺汇考》，安徽大学博士学位论文，指导教师：黄德宽教授，2006年5月。简称《汇考》。
（7）［日］富山县篆刻研究会刻心社《太田梦庵藏印选》，平成二十四年（2012）十月。
（8）刘海宇、［日］玉泽友基《日本岩手县立博物馆藏太田梦庵旧藏古代玺印》，上海书画出版社，2020年。
（9）刘海宇、［日］玉泽友基《日本岩手县立博物馆藏古玺印的学术价值》，《书法》2022年第2期，62-69页；又见《岩博藏印》1-30页。

契机。本文以《枫园集古印谱》所收古玺为对象，[1]结合近年来战国文字最新研究成果以及调查所得详尽资料对相关部分古玺文的释读进行探讨。

信埜医（Y1）

Y1　信埜医[2]

玉印。著录于《玺汇》323，释"信埜医"，分类为官玺。何琳仪改释"信城厌（侯）"[3]。施谢捷归类为私玺，以"信城"（亦作"信成"）为复姓，又认为私名"医"或当读为"翳"（《汇考》311页）。或认为"翳"是盾牌之类的兵器，是翳类机构之官玺。[4]"埜"字多见于楚简，徐在国认为是"型"字异体，楚简中一般读为"刑罚"之"刑"。[5]"医"字，数见于最近公布的清华简中，《治政之道》篇中作医、医，[6]用为发语词"繄"，《治邦之道》篇中作医，[7]用为句首表示选择的连词"抑"。今暂从施先生说，归类为私玺。古代典籍中，多见名"翳"者，施先生读私名"医"为"翳"亦可从。

（1）本文中的印蜕和印钮照片，除两颗玉印之外，均取自《岩博藏印》。两颗玉印的印蜕取自《枫园集古印谱》。古玺的序号除两颗玉印为Y1和Y2之外，其余均为岩手县立博物馆藏品顺序号，亦同于《岩博藏印》序号。

（2）该印钮照片取自岩手县立博物馆《太田孝太郎コレクション－中国古印》，1990年，44页。

（3）何琳仪《战国文字通论（订补）》，上海古籍出版社，2017年，360-361页。

（4）肖毅《古玺文分类研究》，崇文书局，2018年，355-356页。

（5）徐在国《上博楚简文字声系》，安徽大学出版社，2013年，1938-1939页。

（6）清华大学出土文献研究与保护中心编、黄德宽主编《清华大学藏战国竹简（玖）》，中西书局，2019年，265页。

（7）清华大学出土文献研究与保护中心编、李学勤主编《清华大学藏战国竹简（捌）》，中西书局，2019年，233页。

陈忑（Y2）

Y2　陈忑[1]

玉印。著录于《玺汇》1472，第二字无释，而在1326、3570 中则隶定同一字形为忑，《古玺文编》注云"中山王鼎顺字作此"[2]。该字多见于战国文字，《郭店楚墓竹简·缁衣》12 简作"𢗘"，整理者隶定为"忑"[3]。该字在中山王三器铭文中凡八见（《集成》2840、9734、9735）[4]，七例读为"顺"，一例读为"训"（辞例"纯德遗忑"）。又多见于楚简文献，或用作"顺"，文例："两君之弗忑（顺）"与"君之忑（顺）之"（上博七《吴命》3）、四方忑（顺）之（郭店《缁衣》12），徐在国认为"是顺字异体"。[5]又有时读为"训"，文例：清华简《芮良夫》"疋（胥）忑（训）疋（胥）孝（教）"、清华简《三寿》"敢聑（问）先王之遗忑（训）""聑（问）孝（教）忑（训），舍（余）敬羕（养）"[6]等。

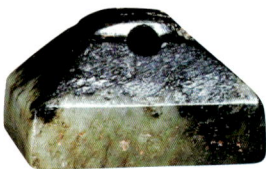

作为人名用字，"顺"比"训"更符合人们追求万事顺利的美好愿望，所以我们认为该玺"陈忑"应读为"陈顺"。

（1）该印钮照片取自施谢捷《新见古代玉印选续》，日本艺文书院，2017 年，5 页。

（2）罗福颐《古玺文编》，文物出版社，1981 年，266 页。

（3）荆门市博物馆《郭店楚墓竹简》，文物出版社，1998 年，129 页。

（4）中国社会科学考古研究所《殷周金文集成（修订本）》，中华书局，2007 年。简称《集成》。

（5）徐在国《上博楚简文字声系》，安徽大学出版社，2013 年，2536 页。

（6）白於蓝《简帛古书通假字大系》，福建人民出版社，2017 年，1336 页。

H3　倝（韩）厌（侯）戳之

著录于《玺汇》4062。“倝（韩）厌（侯）”为复姓，多见于三晋私玺，或加合文符号“=”，如“倝（韩）厌（侯）=（韩侯）匜”（《汇考》324 页）。“戳之”是古玺中常见人名，或加符号“=”，如“长（张）戳之=”（《玺汇》865）、“高戳之”（《玺汇》1138）。又作“释之”，如“事（史）释之”（《玺汇》1863）、“鄣释之”（《玺汇》1873），又或作“睪之”，如“肖睪之=”（《玺汇》1065）、“郘睪之=”（《玺汇》3184）、“恋睪之=”（《玺汇》2676）等。汉印中或作“泽之”，有“徐泽之”“王泽之”“孟泽之”等。[1] 刘钊指出先秦两汉人名常无定字，多用假借，“戳之”“释之”“睪之”“泽之”属于同声符字假借。[2]

倝（韩）厌（侯）戳之（H3）

H4　牛脽

著录于《玺汇》1208，第二字无释，又见于 1730、2659 等玺。林沄释“脊”[3]，我们在《岩博藏印》释文中从之。最近读到李家浩《谈古玺文字中特殊写法的“隹”》一文，他在文中以详尽的资料证明第二字上部为特殊写法的“隹”，改释为“脽”，[4] 今从李先生所释。

牛脽（H4）

(1) 罗福颐《汉印文字征》，文物出版社，1978 年，第 11 • 8。
(2) 刘钊《古文字考释丛稿》，岳麓书社，2005 年，373 页。
(3) 林沄《释古玺中从“朿”的两个字》，《古文字研究》第十九辑，中华书局，1992 年，468-469 页。
(4) 李家浩《谈古玺文字中特殊写法的“隹”》，吕金成主编《印学研究》第十辑，文物出版社，2017 年，36-49 页。

事謠（H8）

长敆（敢）(H10)

H8　事謠

著录于《玺汇》1803。第二字作 𤿡，《玺汇》无释，又见于 987、1704 等，均用为人名。西周金文有从土从人的"𡈼"字，刘钊释"尧"[1]，汤余惠释古玺"𤿡"字为"謠"[2]，均正确可从。

H10　长敆（敢）

著录于《玺汇》848，第二字无释。施谢捷隶定为"敆"，括释"敢"（《汇考》272 页）。印蜕笔画有残，我们根据清晰照片和印面观察，摹写为"𣀟"，左旁与《玺汇》3404 的"敢"字"𣀟"形左旁近同。由此可知，施先生释"敢"无疑是正确的。

（1）刘钊《古文字构形学（修订本）》，福建人民出版社，2011 年，203 页。

（2）汤余惠《略论战国文字形体研究中的几个问题》，《古文字研究》第十五辑，中华书局，1986 年，16-19 页。

　　H11　长餡（馅）

　　著录于《玺汇》810，第二字多见于古玺，如：《玺汇》503、1347、1826、4018 等，均用为人名。何琳仪先认为字从臼，饮声。[1]曾侯乙墓编磬有"𢁢"字，裘锡圭、李家浩认为右旁"备"为"臽"的变体，"臽""欠"古音极近，"臽"的"人"旁作"欠"是有意声化，他们同时认为古玺"餡"字当释为"馅"，是"脂"或"啗"的异体。[2]此说可信。

长餡（馅）（H11）

　　H12　长＝弜（勥－强）梁（强梁）

　　著录于《玺汇》865。印面笔画有残损，导致印蜕不清。《玺汇》865 后两字无释。施谢捷释"长□＝弭（强）梁"（《汇考》305 页）。我们仔细观察印面文字，发现第二字"弭"下尚有"力"旁，应隶定为"弜"。字数见于三晋私玺人名，例如：《玺汇》526"王弜"、5662"牛弜"等，裘锡圭释为见于《说文》的"勥"

（1）何琳仪《战国古文字典》，中华书局，1998 年，1453 页。
（2）裘锡圭、李家浩《曾侯乙墓钟、磬铭文释文与考释》，湖北省博物馆《曾侯乙墓》，文物出版社，1989 年，553-554 页。

长弜=（弜—强）梁（强梁）(H12)

字[1]。侯马盟书中亦有近似字形，也用为人名[2]。又见于《玺汇》96"邩（代）弜（强）弩后牁（将）"，曹锦炎谓"强弩"是专职射弩的兵种[3]。"弜"字又多见于楚简，多用为"强"[4]。三晋古玺的"弜"字无疑为《说文》"弜"字省体，应读"强"。该玺"弜"字右下部有符号"="，表示"强梁"是不可拆分的一个词，李家浩认为"="符可用为"两字的地名、职官、姓氏和习惯用的名字等的标记"[5]。

　　"强梁"在古文献中是一个常用词，例如：《庄子·山木篇》"从其强梁"，陆德明《释文》云："强梁，多力也。"《墨子·鲁问》："其子强梁不材。"《释名·释宫室》："梁，彊梁也。"文献中亦见古人有名"强梁"者，例如：《通志·氏族略》引《世本》云："卫将军文子生慎子会生强梁。"裘锡圭认为"强梁"一词在古代并不一定用为贬义[6]，其说较为合理。

（1）裘锡圭《甲骨文字考释（续）·释"弘""强"》，氏著《裘锡圭学术文集（第一卷）》，复旦大学出版社，2012 年，187 页（初见于《古文字论集》，中华书局，1992 年）。

（2）曾志雄《侯马盟书中的人名问题》，《容庚先生百年诞辰纪念文集》，广东人民出版社，1998 年，497-532 页。

（3）曹锦炎《古玺通论（修订本）》，浙江大学出版社，2017 年，201 页。

（4）徐在国《上博楚简文字声系》，安徽大学出版社，2013 年，1649-1650 页。

（5）李家浩《十一年皋落戈铭文释文商榷》，《考古》1993 年 8 期。

（6）裘锡圭《甲骨文字考释（续）·释"弘""强"》，《裘锡圭学术文集（第一卷）》，187 页。

H13　肖邋（？）

著录于《汇考》（208 页），第二字无释。该玺的第二字印蜕字形笔画稍残，仔细观察印面可知左旁"勹"上部实有两个斜笔，整体字形近作。刘钊向我们指出字疑释"邋"[1]。"邋"字，甲骨文作，从夂从象，认为是于邋野捕野猪之会意，西周金文字形""再加"辵"，并加"田"为声符。[2] 东周金文作、、，西周金文"邋"或省"夂"作、等形。[3] 该玺第二字与"邋"字的西周金文""形极为近似，所以我们认为释"邋"的观点正确可从。

肖邋（？）（H13）

H14　肖夠（胜）

著录于《玺汇》947，第二字隶定为"勜"。此字多见于古玺，例如：《玺汇》948、1186、1910、2180、2898 等。该字可严格隶定作"夠"，从力，"夗"省声，"夗"为《说文》"乘"字古文。晋玺合文中"夗"或省"几"，例如：复姓"乘马"作"""乘齿"作"""公乘"作""。[4] 楚文字中，"胜"多记作"（夠）""（夠）"或"（夗）"等形。[5] 晋玺中的人名"夠"亦应读为"胜"。

肖夠（胜）（H14）

（1）2019 年 4 月 9 日刘钊先生邮件。在此谨致衷心感谢。
（2）刘钊《〈金文编〉附录存疑字考释（十篇）》，《人文杂志》1995 年 2 期。转引自季旭升《说文新证（二版）》，151 页。
（3）董莲池《新金文编》，作家出版社，2012 年，192-193 页。
（4）汤志彪《三晋文字编》，作家出版社，2013 年，2045、2066 页。
（5）禤健聪《战国楚系简帛用字习惯研究》，科学出版社，2018 年，283-284 页。

臺（屋）猷 (H21)

邘犴 (H22)

H21　臺（屋）猷

著录于《玺汇》3143，首字径释为"屋"。字形作"🔲"，宜隶定为"臺"。传抄古文字中，"臺"为"屋"字古文。该字又见于望山楚简，作"🔲"形。[1] 燕玺🔲、🔲字以及清华简🔲字均读为"屋"，孟蓬生认为字从室，鹿声。[2] 古玺"臺"字释"屋"殆无疑义。

H22　邘犴

著录于《玺汇》2043，首字无释。"邘"又见于《玺汇》2044-2049，左偏旁"于"上均加"//"笔画，何琳仪认为是复笔装饰符号，纯属赘笔[3]。第二字又见于《玺汇》1016、2071，《文编》释"豻"。刘钊指出《集韵》"犴"异体作"犴"，古玺字形从犬从开省，当释"犴"，[4] 说当可从。

（1）李春桃《古文异体关系整理与研究》，中华书局，2016 年，173-174 页。

（2）孟蓬生《清华简（三）"屋"字补释》，简帛网，2013 年 1 月 6 日。

（3）何琳仪《战国文字通论订补》，上海古籍出版社，2017 年，310-313 页。

（4）刘钊《古文字构形学（修订本）》，福建人民出版社，2011 年，159 页。

H23　皋（甹－平）梁

著录于《玺汇》2949。《玺汇》首字无释，又见于
2950-2968，均用为姓氏。何琳仪认为字从甹，叠加声
符平，为"甹"之繁构，晋玺中用为姓氏时读为"平"。[1]
三体石经"聘"字古文作 𡦝，即此"甹"字，或隶定
为"皋"[2]。《通志·氏族略》载韩哀侯少子食采于平邑，
因以为平氏。

皋（甹－平）梁（H23）

H24　肙（尹）梁

著录于《玺汇》2779。首字又见于《玺汇》2759-
2791，均为姓氏。"肙"，从肉，尹声，也多见于古玺之
外的燕系以及三晋文字，用为"尹"。[3]又见于最近刊
布的清华简《良臣》篇[4]和《管仲》篇[5]，字形作 𣅀 等，
均用为"尹"。

肙（尹）梁（H24）

（1）何琳仪《战国古文字典》，中华书局，1998 年，1453 页。
（2）李春桃《古文异体关系整理与研究》，中华书局，2016 年，
　　 299 页。
（3）何琳仪《战国古文字典》，中华书局，1998 年，1336-1337 页。
（4）清华大学出土文献研究与保护中心编、李学勤主编《清华大
　　 学藏战国竹简（叁）》，中西书局，2012 年，157 页、185 页。
（5）清华大学出土文献研究与保护中心编、李学勤主编《清华大
　　 学藏战国竹简（陆）》，中西书局，2016 年，112 页、165 页。

濿匠（H26）

郾峕（上 / 尚）（H29）

H26　濿匠

著录于《玺汇》3266，首字无释。侯马盟书多见写作"𧰼"形的人名[1]，朱德熙、裘锡圭认为即《说文》"鬻"字，隶变省为"鬵"。他们同时认为古玺"𤅷"字从水从鬵，可隶定为"濿"，疑是"鬵沸"（《诗经·大雅·瞻卬》，泉水涌出貌）之"鬵"的专字，又据《说文》"詩"字籀文作"𧦗"，认为"濿"也可能是"渤"字异体。[2]吴振武认为字形从水从鬵，隶定为"濿"，又认为此字也可以释为见于《广韵》《集韵》的"浡"字，也通"渤"[3]。"濿"见于《集韵》，训"泉沸也"，或省为"渌"，又或作"潬"。

H29　郾峕（上 / 尚）

著录于《玺汇》1977，释"郾□"。首字"郾"多见于燕系以及三晋文字，多用作姓氏或国名"燕"，何琳仪认为晋玺姓氏"郾"读"匽"或"偃"。[4]第二字又见于《玺汇》494、3009、3149 等。战国金文中，见于《中山王䂞方壶》（《集成》9735），文例为"则峕逆于天"，读为"上"。三晋古玺中"峕"用为人名时，应读为"上"或"尚"。

（1）山西省文物工作委员会《侯马盟书字表》，文物出版社，1976 年，353 页。

（2）朱德熙、裘锡圭《关于侯马盟书的几点补释》，《文物》1972年 8 期。又见《朱德熙古文字论集》，中华书局，1995 年，57-58 页。

（3）吴振武《〈古玺文编〉校订》，人民美术出版社，2011 年，208 页。

（4）何琳仪《战国古文字典》，中华书局，1998 年，972 页。

H30　长隋（隋）

著录于《玺汇》831，第二字仅隶定为"隋"。字作"隋"，又见于《玺汇》2769、2772，从阜、土、肉。何琳仪释"隋"，认为字形从阜，育省声，声符"育"省"月"。[1]说当可从。

长隋（隋）(H30)

H32　行彶（述－遂）

带钩印。古文字中从"彳"与从"辵"往往无别。楚简中从"辵"的"述"字多见，大多读如"遂"，用为顺遂、成功之义。[2]从"彳"的"彶"字见于银雀山汉简《晏子》篇，今本正对应"遂"字。[3]我们认为，古玺"行述"的"述"亦应读为"遂"，"行遂"理解为所行成功义，是吉语玺。

该带钩的形制与2013年出土于郑州航空港区冢刘战国墓的铜带钩近似。郑州铜带钩无文字，发掘者认为是胡人持弦鼗之形，命名为"胡人弹弦鼗铜带钩"，是"北方胡人文化与中原文化相互交流的一个印证"。[4]带钩上的人物是否胡人持乐器形象并无确证，但是两个带钩形制如此相似（"行彶"带钩长6.65厘米，郑州带钩端部稍残，残长6.5厘米），可证"行彶"带钩印

行述（遂）(H32)

（1）何琳仪《战国古文字典》，中华书局，1998年，878页。

（2）徐在国《上博楚简文字声系》，安徽大学出版社，2013年，2451页。

（3）银雀山汉墓竹简整理小组《银雀山汉墓竹简（壹）》，文物出版社，1985年，99-100页。

（4）郑州市文物考古研究院、河南省文物局南水北调文物保护办公室《郑州航空港区冢刘战国墓（2013ZZM9）发掘简报》，《文物》2016年11期。

上生（？）尔（玺）(H52)

确为三晋遗物。郑州冢刘战国墓棺木腐朽，填土疏松，出土器物只有三件：陶罐、陶钵、铜带钩，整理者定为平民墓葬，时代为战国晚期。佩带这件铜带钩墓主的身份也可作为佩带"行伏"带钩印者身份的参考。秦始皇兵马俑所佩戴带钩中亦有近似形制的带钩，钩首作人头形，带钩通长 8.8 厘米、人形高 3.1 厘米，发掘报告称"作武士持矛击刺形"，钩首人头为被刺的对象，"寓意奋勇杀敌"。[1]我们认为，"行伏"带钩与郑州铜带钩的造型均应是披甲武士持长柄兵器搏击之形。[2]

H52　上生（？）尔（玺）

相同玺文又见于《玺汇》4752-4755，《玺汇》释"上口钵"。日本奈良宁乐美术馆亦收藏一枚同文古玺，释为"平上亦"。[3]又见于洛泉轩藏古玺印，施谢捷释"上生尔（玺）"。[4]H52 古玺上层右侧字印蜕不甚清晰，字形摹作"朱"。H53 中相同的字形摹写作"朿"。徐在国最早释该字为"生"字倒书。[5]今暂从之。

---

(1) 陕西省考古研究所、始皇陵秦俑坑考古发掘队《秦始皇陵兵马俑坑一号坑发掘报告》，文物出版社，1988 年，104-105 页，图版九五。

(2) 刘海宇、[日]玉泽友基《〈梦庵藏钩〉所收有铭铜带钩调查研究》，北京大学出土文献研究所编《青铜器与金文（第六辑）》，上海古籍出版社，2021 年，182-192 页。

(3) 名胜依水园·宁乐美术馆《宁乐美术馆の印章－方寸にあふれる美》，思文阁出版，2017 年，20 页。

(4) 施谢捷、王凯、王俊亚《洛泉轩集古玺印选萃》，日本艺文书院，2017 年，211 页。

(5) 徐在国《古玺文字八释》，《吉林大学古籍整理研究所建所十五周年纪念文集》，吉林大学出版社，1998 年，121 页。

H59 宎（天）

著录于《玺汇》5339，与5340同文，5342"天"倒书，作 形。从宀，天声。字形也见于传抄古文字，为"天"字古文。[1]亦见于战国晚期行气玉铭，于省吾释为"天"。[2]又见于上博简三《亘先》5号简，作 形，整理者认为从天声，读为"珍"，[3]学者或读为"天"。[4]玺文亦应从古文以及战国用字习惯读为"天"。

宎（天）（H59）

H61 仚（厃－尉）

字形多见于燕系、三晋系古玺，旧释"丞"，其后释读多样，例如：丁佛言释古"危"字[5]，王献唐疑释古文"危"，读为"尉"[6]，陈汉平释"詹（瞻）"[7]，何琳仪释"仙"，读为"掾"[8]，李家浩释"厃（尉）"[9]，吴振武释"监"[10]，等等。今据李家浩等学者的观点，隶定为"仚"，释为"厃"，读为"尉"。肖毅认为，燕系"仚"字中画较直，无饰笔，三晋系"仚"字则中画多为曲笔，或有饰笔。[11]该玺"仚"字中有饰笔，当是三晋玺。

仚（厃－尉）（H61）

（1）李春桃《古文异体关系整理与研究》，中华书局，2016年，342页。
（2）于省吾《双剑誃吉金文选》，中华书局，1998年，385页。
（3）马承源《上海博物馆藏战国楚竹书（三）》，上海古籍出版社，2003年，292-293页。
（4）徐在国《上博楚简文字声系》，安徽大学出版社，2013年，2207页。
（5）丁佛言《说文古籀补补》，石印本，1924年，附录十三。
（6）王献唐《国史金石志稿》，青岛出版社，2004年，3689页。
（7）陈汉平《屠龙绝绪》，黑龙江教育出版社，1989年，324-327页。
（8）何琳仪《战国古文字典》，中华书局，1998年，1048页。
（9）李家浩《战国官印考释三篇》，《出土文献研究》第六辑，2004年，12-23页。
（10）吴振武《战国玺印中所见的监官》，《中国古文字研究》第一辑，吉林大学出版社，1999年，117-121页。
（11）肖毅《古玺文分域研究》，崇文书局，2018年，649-653页。

生（H64）

敬官正下（H66）

H64　生

近似单字玺文见于《玺汇》5173-5181，"生尔（玺）"两字玺文见于《玺汇》4575-4580。字形与《梦庵藏陶》所收陶文"生"近似（见本书164页）[1]。王恩田释该陶文为"生"，断代为汉代及其以后。[2]"生"字的楚简字形或作业、屮、屮、屮等，[3]与该玺字形近似。该玺字形亦或应释"生"，与《玺汇》3945"王生𫐐"、3952"长生起"等玺的"生"字近似，国别为燕系。燕国私玺中多见"某生某"形式的人名[4]，颇具地域特色。刘钊把燕国私玺中的"生"括读为"甥"。[5]

H66　敬官正下

同文玺见《玺汇》4916，释"上□□□"。又见《中国古玺集粹》218号，释"敬上亡私"。[6]田炜改释"敬官正下"，意为恭敬事君，匡正下民。[7]其说可从。

附记：本文原载《印学研究》第18集，文物出版社，2022年，103-112页。

---

(1) [日]太田孝太郎《梦庵藏陶》，1922年，19页。
(2) 王恩田《陶文图录》，齐鲁书社，2006年，2487页。此点承蒙日本篆刻美术馆原馆长松村一德先生指出（2019年4月5日电子邮件），谨致感谢。
(3) 徐在国等《战国文字字形表》，上海古籍出版社，2017年，819页。
(4) 曹锦炎《古玺通论（修订本）》，浙江大学出版社，2017年，102-103页。
(5) 刘钊《古文字考释丛稿》，岳麓书社，2005年，178页。
(6) [日]菅原石庐《中国玺印集粹》卷三，二玄社，1998年，199页。
(7) 田炜《古玺探研》，华东师范大学出版社，2010年，231-232页。

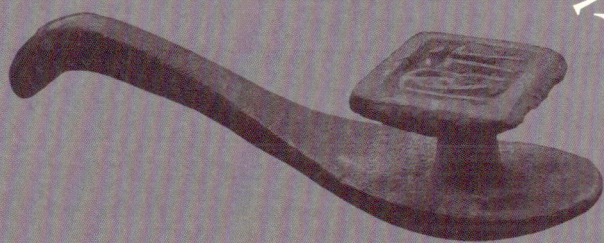

第二章

第二部分

有铭铜带钩收藏
与藏品著录

《梦庵藏钩》是太田梦庵（1881—1967）自藏铜带钩的拓本集（见图一），收录战国至汉代的青铜带钩21件，其中19件有铭文。这些藏品的拓本又收录于1949年发行的拓本集《梦庵金石小品》。《梦庵藏钩》拓本集发行数不明，笔者仅见收藏于岩手县立博物馆一册，《梦庵金石小品》发行量也极少，所收资料很少为人所知。这些铜带钩均现藏日本岩手县立博物馆。今据调查所得资料，公布这19件有铭带钩资料的详细情况，并做初步分析研究。

一 《梦庵藏钩》所收有铭铜带钩

　　《梦庵藏钩》的具体发行年不详，但应早于《梦庵金石小品》发行的1949年。每页一器，没有页码，每器均收录器形和铭文的拓本，共收21件铜带钩，其中19件为有铭铜带钩，2件为肖形印带钩[1]。为方便研究，今按《梦庵藏钩》所收顺序进行编号。

　　关于带钩各部位的名称，学界称呼尚不统一。王仁湘在《善自约束——古代带钩与带扣》一书中将带钩各部分称为钩首、钩颈、钩体、钩面、钩尾、钩柱、钩钮、钮面、钩背（见图二），并将带钩的型式分为Ⅰ式水禽形、Ⅱ式兽面形、Ⅲ式耜形、Ⅳ式曲棒形、Ⅴ式琵琶形、Ⅵ式长牌形、Ⅶ式全兽形、Ⅷ式异形等八式，[2]今俱从之。绝大多数带钩都有钩首、钩体和钩钮三部分，个别异形带钩无钩首和钩钮。此外，带钩并不仅仅用于钩系束腰的革带，又或用于系挂佩饰等。[3]

（1）这两件肖形印带钩分别著录于《枫园集古印谱》，编号为H299和H302号，见《岩博藏印》，414-415页。
（2）王仁湘《善自约束——古代带钩与带扣》，上海古籍出版社，2012年，4页。
（3）王仁湘《带钩的用途考实》，《文物》1982年第10期，75-81页。

图一　《梦庵藏钩》封面

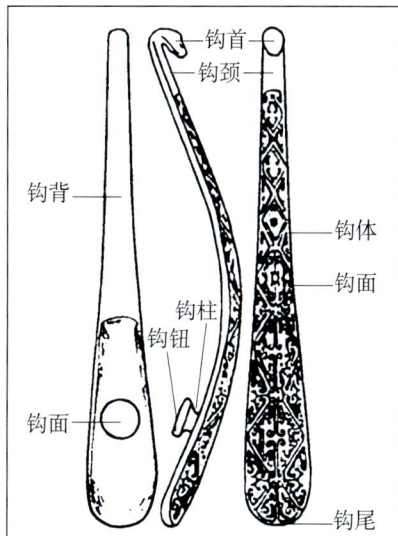

图二　带钩各部分名称

　　《梦庵藏钩》所收 19 件有铭铜带钩的铭文中，既有铸铭，又有刻铭，铭文或位于钮面，又或位于钩身以及钩背等处。钮面文字与古玺印文字同样为反字（镜像文字）的带钩，在古玺印研究著作中一般称为"带钩钮"[1]玺印或"带钩状玺"[2]，在金文类著录中或称"某某印钩"[3]。为方便研究，无论铭文为反字还是正字，本文统一按照铭文内容命名为"某某"带钩。

　　带钩中有一类可以左右分开为两半的带钩，形制犹如流行于战国秦汉时期的兵符等合符。因这类带钩的传世品多以左半、或右半等单体存世，故清中期学者多称"半钩"[4]，清末陈介祺始改称"合符钩"[5]。今学者或称为"合符双钩"[6]，又或称为"合符带钩"[7]，本文从后者，并注明左半或右半。这类带钩在钩身相合部内面左右或合铸铭文，一半为阳文，另一半为阴文，又铸榫卯或扣齿以用于扣合，详细讨论见下节。

（1）孙慰祖《中国玺印篆刻通史》，中国出版集团东方出版中心，2016 年，119 页。

（2）曹锦炎《古玺通论》（修订本），浙江大学出版社，2017 年，46 页。

（3）孙慰祖、徐谷福《秦汉金文汇编》，上海书店出版社，1997 年，389 页。

（4）阮元《积古斋钟鼎彝器款识》，王云五主编《丛书集成初编》，商务印书馆，1937 年，554-555 页。

（5）陈介祺著、陈继揆整理《簠斋鉴古与传古》，文物出版社，2004 年，23 页。

（6）南京博物院《长毋相忘——读盱眙大云山江都王陵》，译林出版社，2013 年，349 页。

（7）练春海《武士斗豹带钩》，《中国艺术时空》2017 年第 6 期，89 页。

1. "成□"带钩

汉代带钩。钩首已残，残长 4.98、最宽 3.8、高 1.8 厘米，钮面直径约 3.9 厘米，重 37.6 克。钮面正中刻一方框，框内刻篆书"成□"，第二字不清。从铭文字体看，当属汉代。钩身下半部呈浮雕兽面形，两侧犄角彰显，富有张力，属于 II 式兽面形带钩。著录于《枫园集古印谱》，岩手县立博物馆藏品编号 H108（《岩博藏印》[1] 第 302 页）。

（1）刘海宇、［日］玉泽友基《日本岩手县立博物馆藏太田梦庵旧藏古代玺印》，上海书画出版社，2020 年。后简称《岩博藏印》。

郑州战国墓出土带钩   秦俑所佩带钩

2. "行述" 带钩

战国晚期带钩。钩首内弯部稍残，长 6.65、最宽 3.68、高 1.1 厘米，钮面 1.03 厘米见方，重 23 克。钮面铸有反字"行述"，为常见战国三晋文字，"述"应读为"遂"。"行述"或可理解为所行遂愿，吉语。整体又可看作带钩形式的古玺，即带钩印。既可用作带钩，又可用为印章。造型富有情趣，钩身整体为一披甲武士执长柄武器形，属于 VIII 式异形中的人形带钩。著录于《枫园集古印谱》，岩手县立博物馆藏品编号 H32（《岩博藏印》第 264 页）。

这件带钩的形制与 2013 年出土于郑州航空港区冢刘战国墓的铜带钩酷似（见上图）。郑州铜带钩钮呈圆形，无文字，发掘者认为整体造型是胡人持弦鼗之形，命名为"胡人弹弦鼗铜带钩"，是"北方胡人文化与中原文化相互交流的一个印证"。[1] 带钩上的人物是否胡人持乐器形象尚无确证，但是两个带钩形制如此相似（郑州带钩钩首稍残，残长 6.5 厘米），可证"行述（遂）"带钩印确为三晋遗物。郑州冢刘战国墓棺木腐朽，填土疏松，出土器物只有三件：陶罐、陶钵、铜带钩，整理者定为平民墓葬，时代为战国晚期。佩带这件铜带钩墓主的身份也可作为佩带"行述（遂）"带钩印者身份的参考。

秦始皇兵马俑所佩戴带钩中亦有近似形制的带钩，钩首作人头形，带钩通长 8.8、人形高 3.1 厘米，发掘报告称"作武士持矛击刺形"，钩首人头为被刺的对象，"寓意奋勇杀敌"（见上图）。[2] 我们认为，"行述"带钩与郑州铜带钩的造型均应是披甲武士持长柄兵器搏击之形。

（1）郑州市文物考古研究院、河南省文物局南水北调文物保护办公室《郑州航空港区冢刘战国墓（2013ZZM9）发掘简报》，《文物》2016 年第 11 期。

（2）陕西省考古研究所、始皇陵秦俑坑考古发掘队《秦始皇陵兵马俑坑一号坑发掘报告》，文物出版社，1988 年，104-105 页，图版九五。

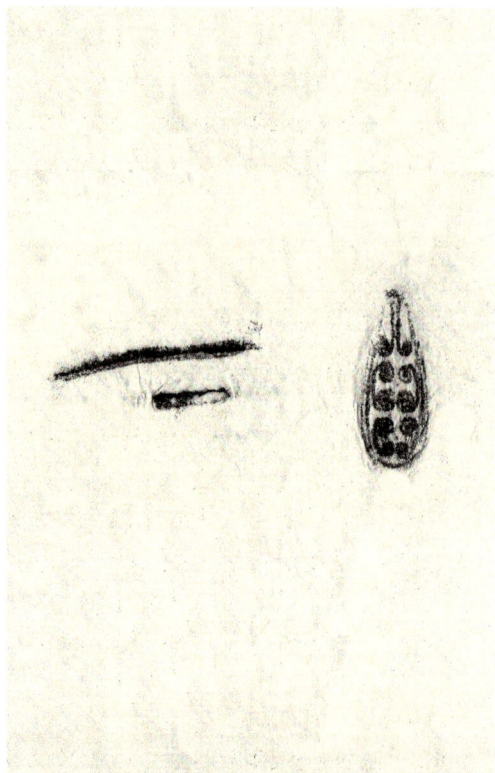

3. "中身"带钩

战国晚期带钩。钩首残，残长 3.08、最宽 1.2、高 0.88 厘米，钩钮长 1.19、宽 1.01 厘米，重 6.4 克。钮面铸有反字"中身"，为战国三晋文字，应读为"忠信"，这类吉语多见于古玺[1]。钩身施卷云纹，属于 V 式琵琶形带钩。著录于《枫园集古印谱》，岩手县立博物馆藏品编号 H48（《岩博藏印》第 272 页）。

（1）罗福颐《古玺汇编》，文物出版社，1981 年，422 页。

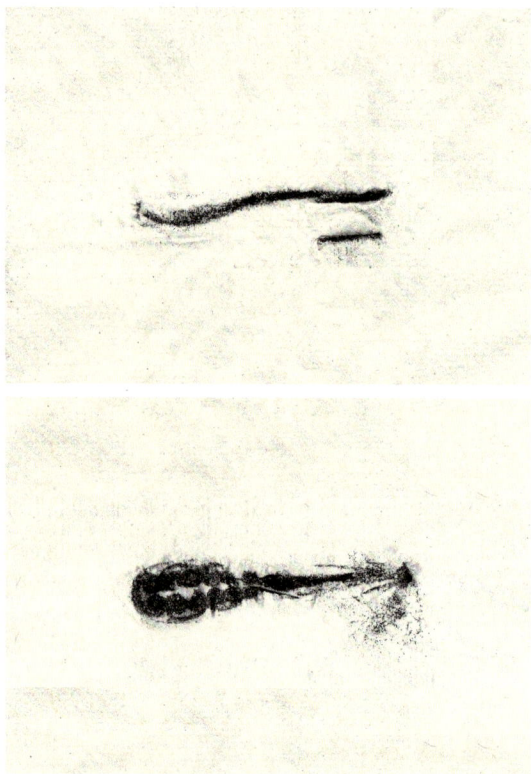

4. "宜行" 带钩

战国晚期带钩。钩首稍残，通长 5.1、最宽 1.09、高 0.87 厘米，钩钮 1 厘米见方，重 5 克。钮面铸有反字"宜行"，为战国三晋文字，吉语。钩身施卷云纹，属于 V 式琵琶形带钩。著录于《梦庵藏印》，岩手县立博物馆藏品编号 M72（《岩博藏印》第 38 页）。

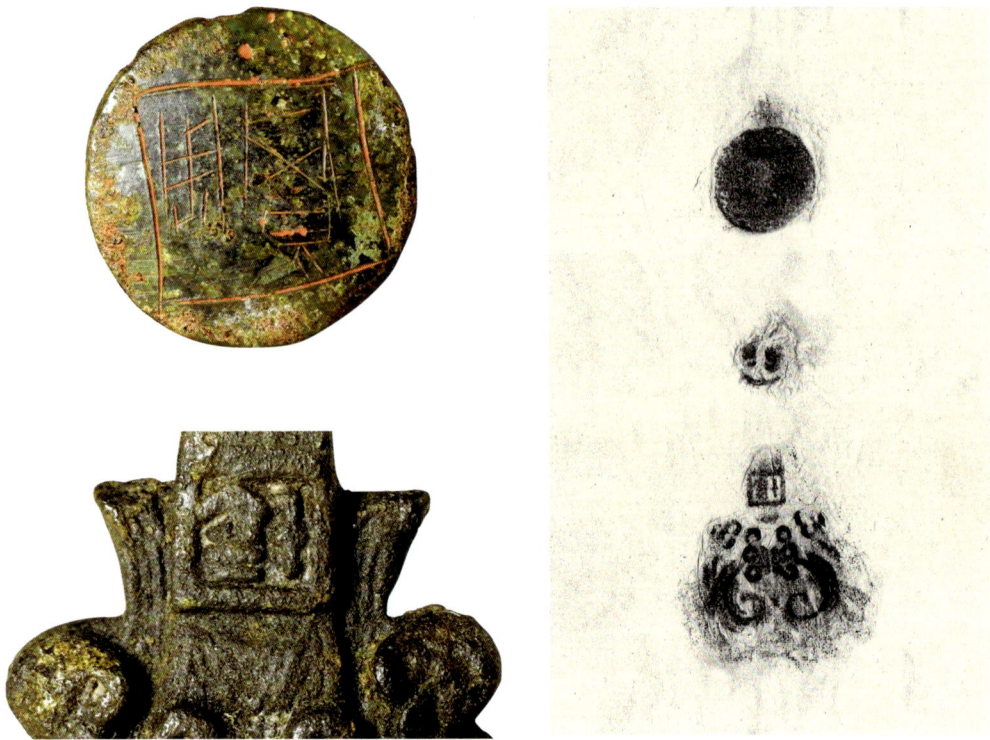

5. "千金""周买"带钩

战国晚期秦国带钩。通长 4.4、最宽 1.75、钮部通高 1.01
厘米，钩钮直径 1.45 厘米，重 11 克。"千金"二字铸于钩面
中部，位于方框之内，阳文正字篆书，吉语。钩钮刻正字篆书
"周买"二字，似为人名，因是刻铭，笔画较细，难以制作拓
本，我们摹写作"⬛"，"买"字与战国晚期秦文字"⬛""⬛"
近似[1]，是典型的秦系文字写法。从字体判断，应属战国晚期秦国
带钩。钩首呈兽面形，钩身下部呈两条卷身龙形，龙首相对，龙
首外侧左右各有一兽头，属于 VIII 式异形带钩。

<hr>

（1）汤余惠《战国文字编》，福建人民出版社，2001 年，402 页。

6. "庄功"带钩

汉代带钩。通长 5.24、最宽 3.08、通高 1.78 厘米，钩钮约 1.7 厘米见方，重 30 克。钮面有反字"庄功"二字，或为人名。钩身下部两侧为卷身龙形，龙首向背，属于 VIII 式异形带钩。从文字字体看，应属汉代。著录于《枫园集古印谱》，岩手县立博物馆藏品编号 H144（《岩博藏印》第 320 页）。此带钩的形制与兖州徐家营墓地 M51 东汉早期墓葬所出 B 型带钩近似。[1]

（1）山东省文物考古研究所《鲁中南汉墓》，文物出版社，2009 年，504-526 页。

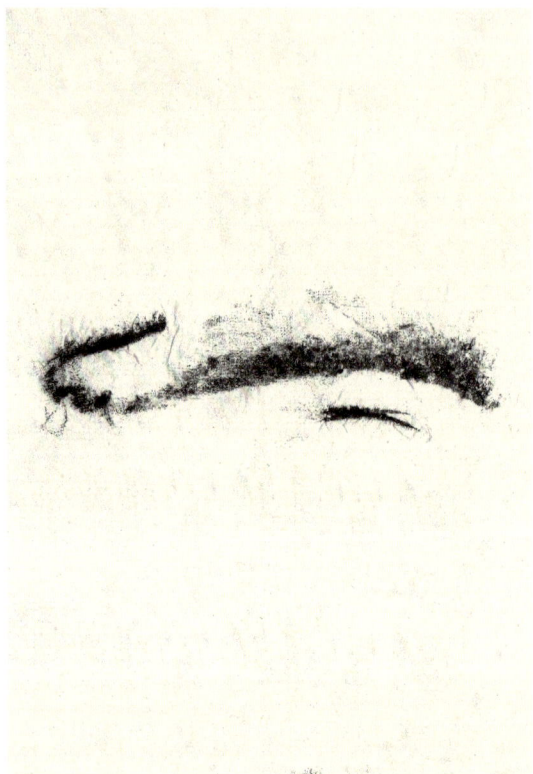

7. "莫补"印带钩

汉代带钩。通长 6.8、最宽 1.97、通高 1.52 厘米，钩钮直径约 2.0 厘米，重 39.7 克。钮面方框内有反字篆书"莫补"二字，或为人名。从字体看，应属汉代。钩身素面无纹，属于 I 式水禽形带钩。著录于《枫园集古印谱》，岩手县立博物馆藏品编号 H200（《岩博藏印》第 348 页）。

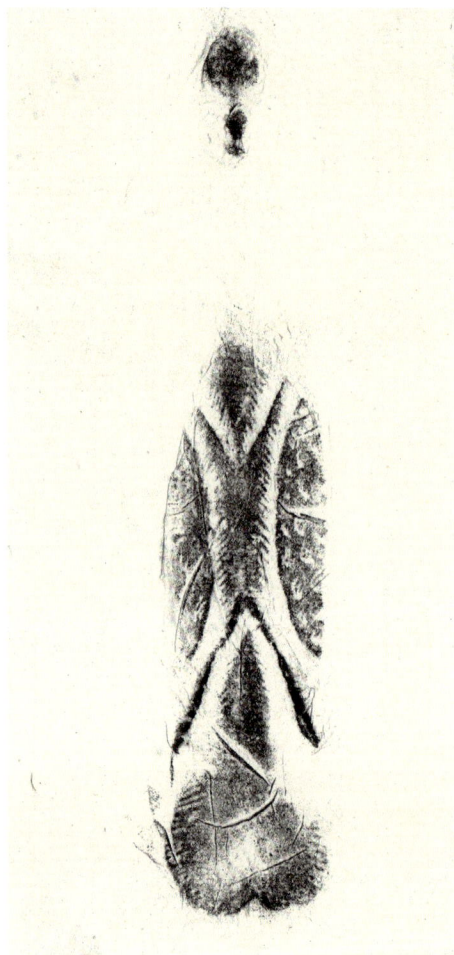

8. "常双"印带钩

汉代带钩。通长 12.5、最宽 2.19、通高 2.02 厘米，钩钮直径约 1.9 厘米，重 66 克。钮面方框内有反字篆书"常双"二字，应是人名。从字体看，应属汉代。带钩整体呈雁形，钩身铸有羽毛纹，属于 I 式水禽形带钩。

清末刘体智《小校经阁金石文字》著录一件"常双"印带钩，称为"汉常双印带钩"，[1]又著录于《秦汉金文汇编》，称"常双印钩"[2]。从拓本看，文字与该器近似，但钩身与钩尾形制完全不同，不是同一器物。

（1）刘体智《小校经阁金石文字（引得本）》，台湾大通书局，1979 年，2561 页。

（2）孙慰祖、徐谷福《秦汉金文汇编》，389 页。

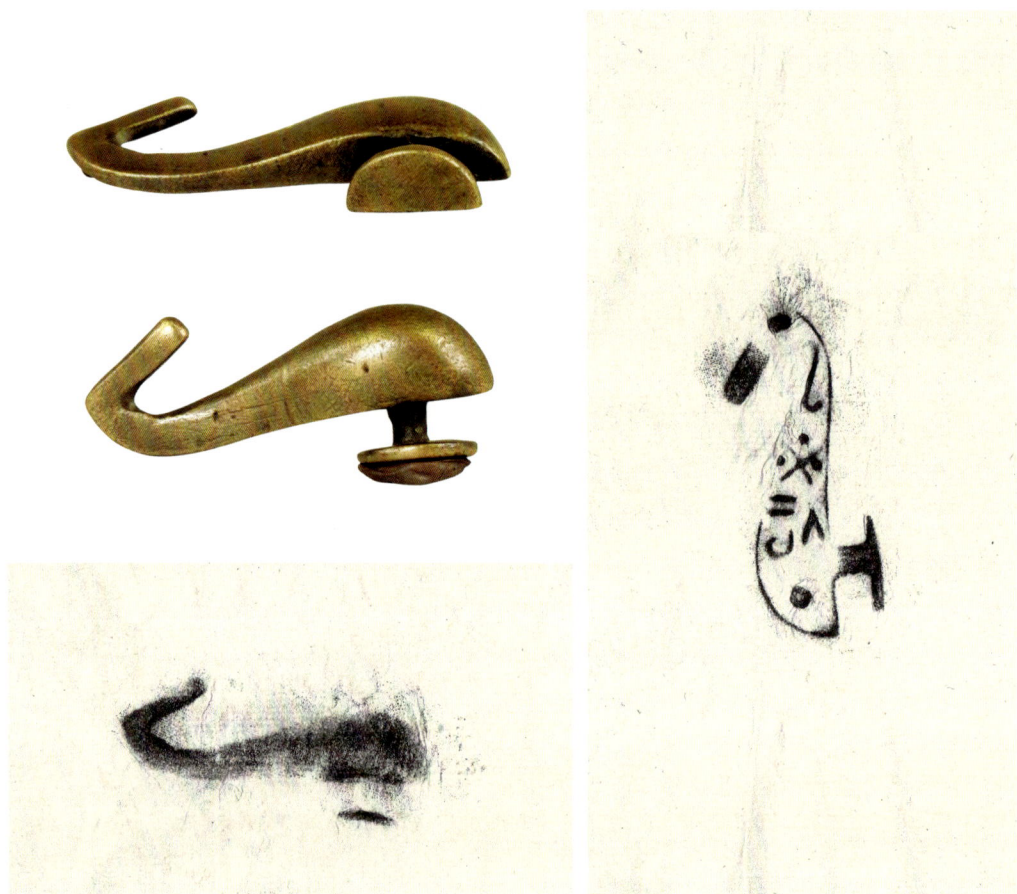

9. "□□□" 合符带钩左半

汉代合符带钩左半。通长 4.35、最宽 6.4、通高 1.68 厘米，钩钮半圆形，直径约 1.28 厘米，重 12 克。铭文为阳文，难以释读。钩身通体素面无纹，形制属于 I 式水禽形带钩。钩喙较长，似为汉代形制。

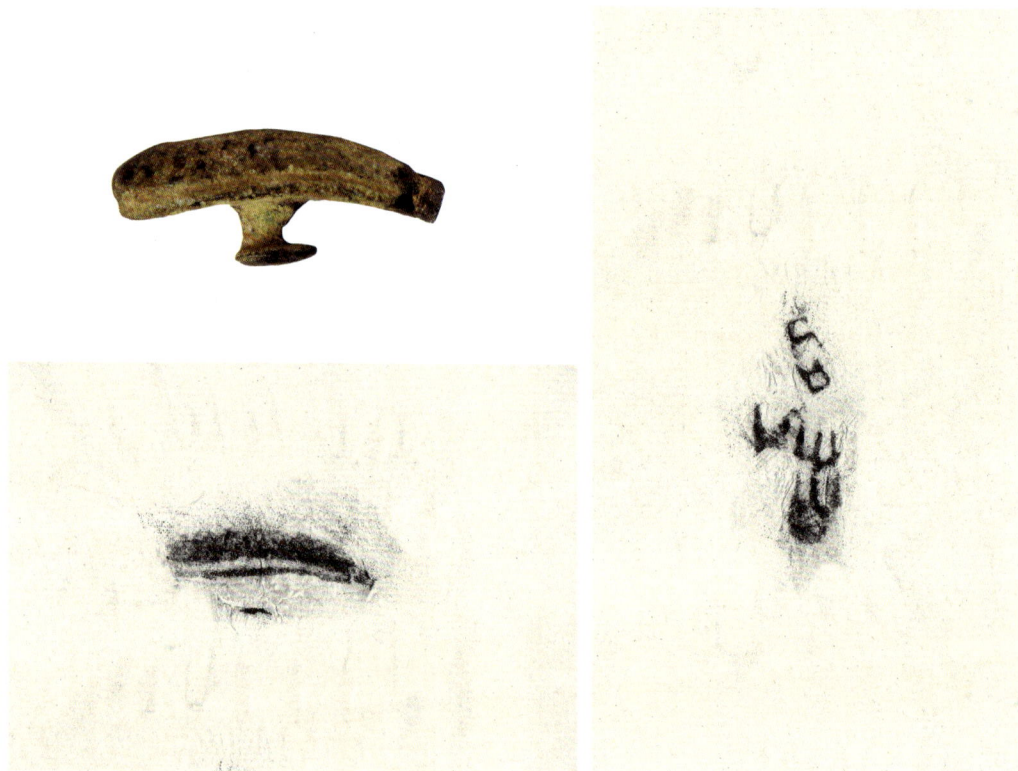

10. "同心" 合符带钩右半

　　战国时期合符带钩之右半，钩首残。残长 3.22、最宽 0.77、
通高 1.22 厘米，近半圆形钮，直径约 0.75 厘米，重 8 克。铭文
为阳文篆书二字，似可释为"同心"。从字体看，或属战国时期。
钩身表面似有花纹，腐蚀不清，形制似属于 I 式水禽形带钩。

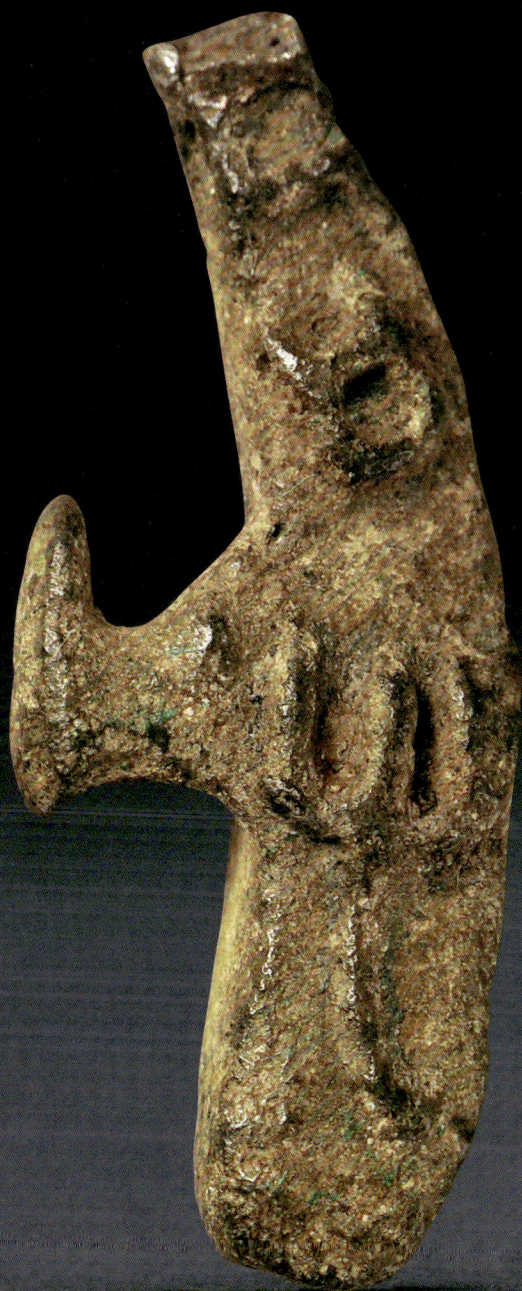

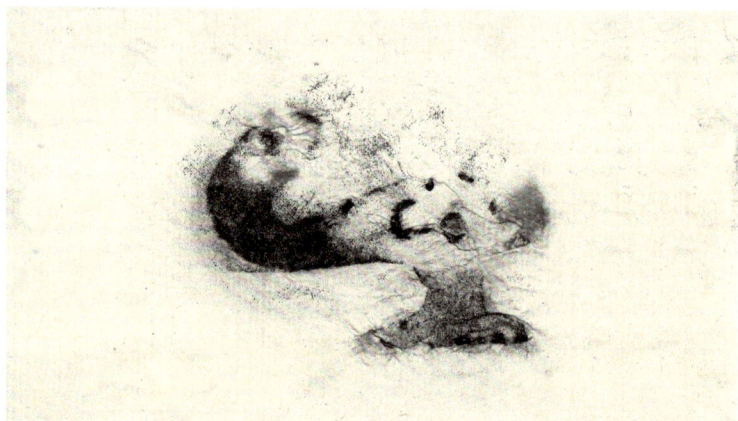

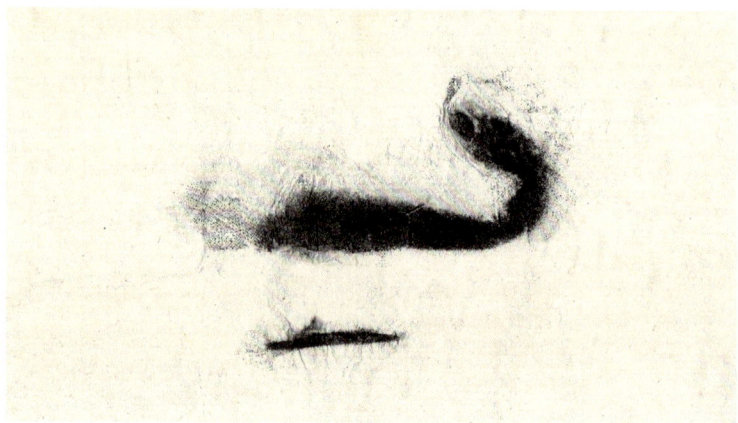

11. "巳" 合符带钩右半

战国时期合符带钩之右半，形状完整。通长 4.18、最宽 1.15、通高 2.83 厘米，半圆形钮，直径 2.2 厘米，重 24 克。铭文为阳文篆书 "🪝"，似可释为 "巳"。从字体看，或属战国时期。钩身素面无纹，钩首做回望龙首形，形制属于 V 式琵琶形带钩。带钩边缘有扣合用的小齿。

12. "圭" 合符带钩右半

战国时期合符带钩之右半，钩首残。残长 6.32、最宽 0.73、
通高 2.06 厘米，近半圆形钮，稍残，直径约 1.11 厘米，重 21 克。
铭文为阴文篆书 "圭"，似应释为 "圭"。从字体看，或属战国时期。
钩身素面无纹，或属 V 式琵琶形带钩。

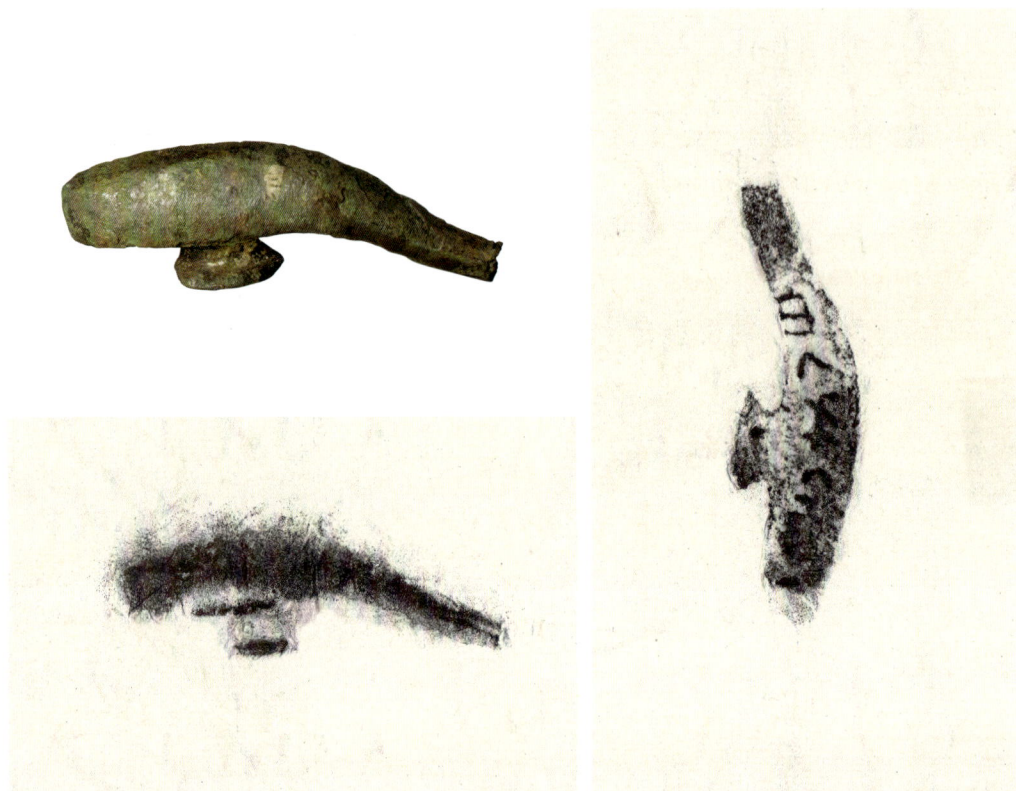

13. "日入千金" 合符带钩右半

汉代合符带钩之右半，钩首残。残长 5.51、最宽 0.89、通高 1.75 厘米，钮近半圆形，直径约 1.4 厘米，重 23 克。铭文为阳文篆书 "日入千金"，吉语。从字体看，应属汉代。钩身素面无纹，或属 V 式琵琶形带钩。

14. "千斤金"合符带钩左半

汉代合符带钩之左半，形状完整。通长 4.93、最宽 0.75、通高 1.45 厘米，半圆形钮，直径 1.2 厘米，重 13 克。铭文为阳文篆书"千斤金"，吉语。从字体看，应属汉代。钩身素面无纹，钩首做回望龙首形，属于 V 式琵琶形带钩。清末刘体智《小校经阁金石文字》著录一件"千斤金"铭合符带钩，称"汉千斤金合符钩"。[1]罗振玉《贞松堂集古遗文》卷十四亦收录一件同铭器物，称为"千斤金半钩"，云"延鸿阁藏"。[2]在其他著录中又或称"千斤金合符钩"。[3]文献中有赏赐"千斤金"的记载，例如：《史记·燕王刘泽世家》载吕后赏赐宠臣张卿"千斤金"。

（1）刘体智《小校经阁金石文字（引得本）》，2568 页。
（2）罗振玉《贞松堂集古遗文》，《罗雪堂合集》第 13 函第 2 册，西泠印社出版社，2005 年，32 页。
（3）牟华林等《汉金文辑校》，光明日报出版社，2017 年，238 页。

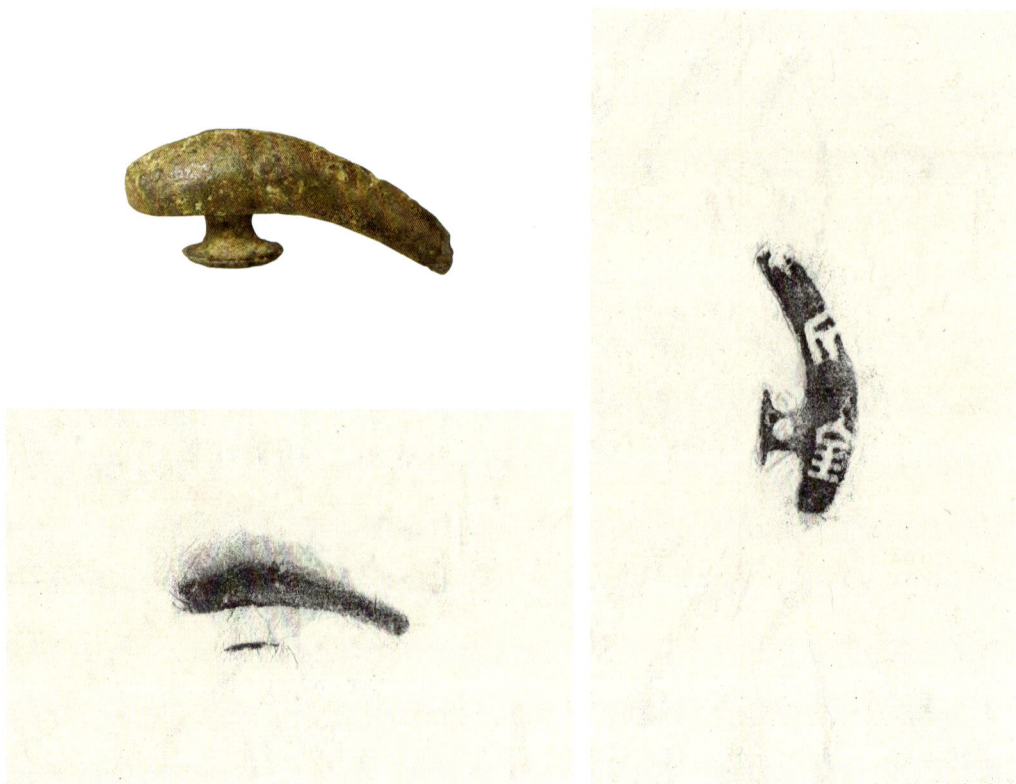

15. "田斤金" 合符带钩右半

汉代合符带钩之右半，钩首残。残长 3.59、最宽 0.58、通高 1.43 厘米，钮近半圆形，直径约 1.1 厘米，重 8 克。铭文为阴文篆书 "千斤金"，首字仅存下部笔画，吉语。从字体看，应属汉代。钩身素面无纹，或属 V 式琵琶形带钩。

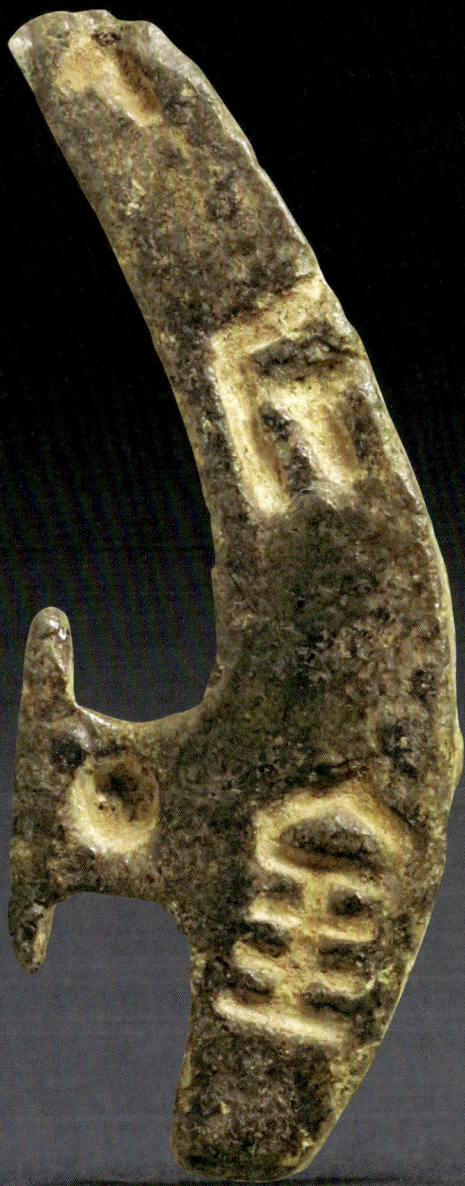

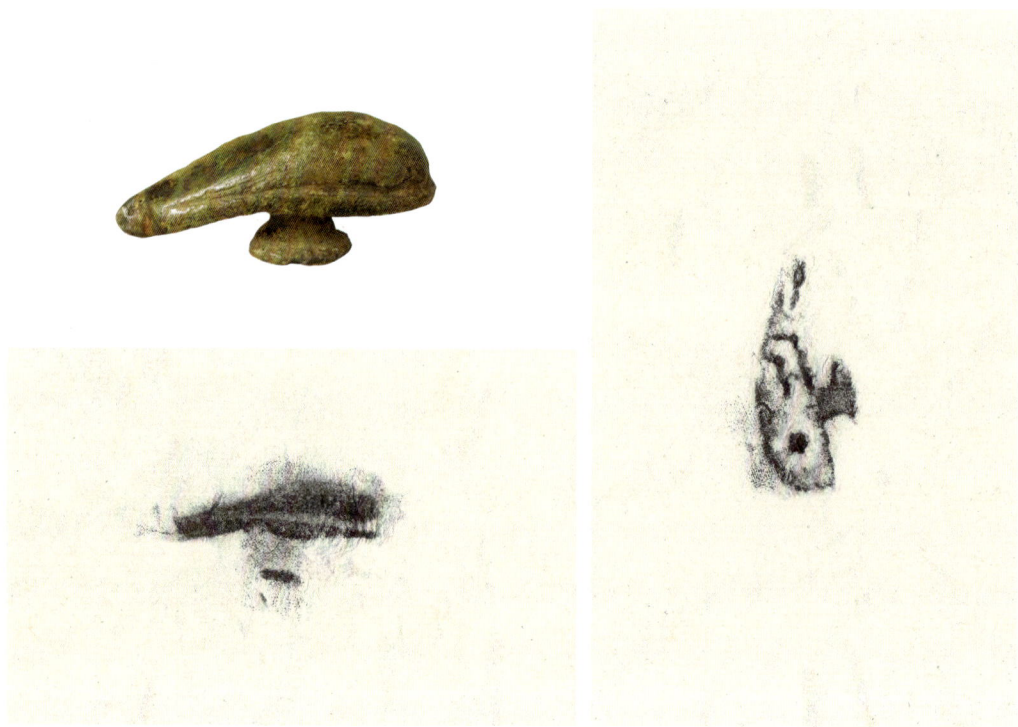

16. "丩（钩）"合符带钩左半

战国时期合符带钩之左半，钩首残。残长 3.38、最宽 0.95、通高 1.48 厘米，钮近半圆形，直径约 1.1 厘米，重 12 克。铭文为阳文篆书""，应释"丩"，读为"钩"，器物自铭。从字体看，或属战国时期。"吴王光带钩"铭文中亦自铭"丩"，字形作""，[1] 两者字形近似，只是左右方向不同。钩身素面无纹，或属 V 式琵琶形带钩。

（1）董珊《吴越题铭研究》，科学出版社，2014 年，32-34 页，图 35-40；吴镇烽《商周青铜器铭文暨图像集成续集》第四卷，上海古籍出版社，2016 年，384-385 页。

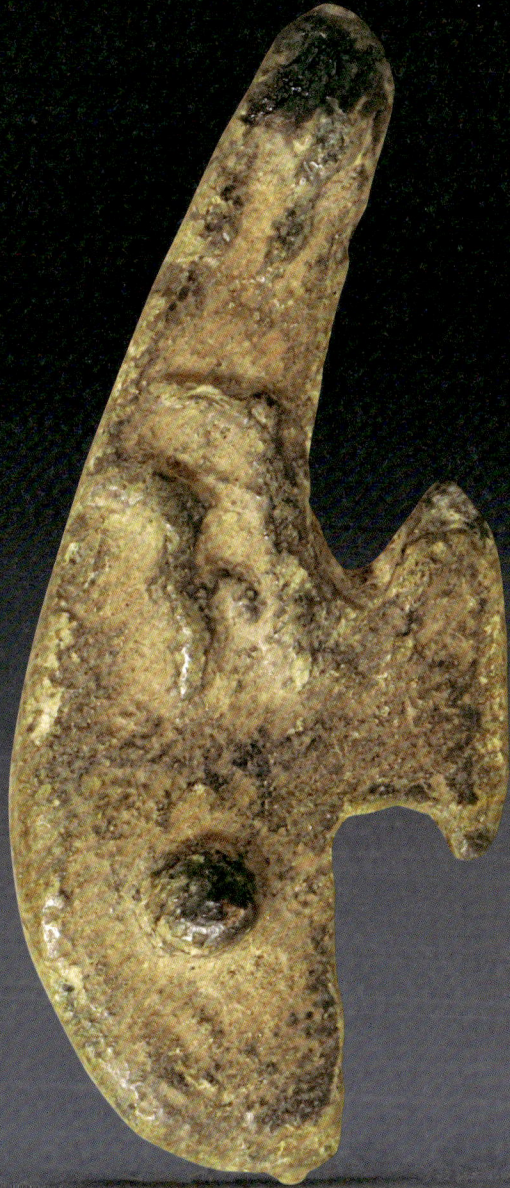

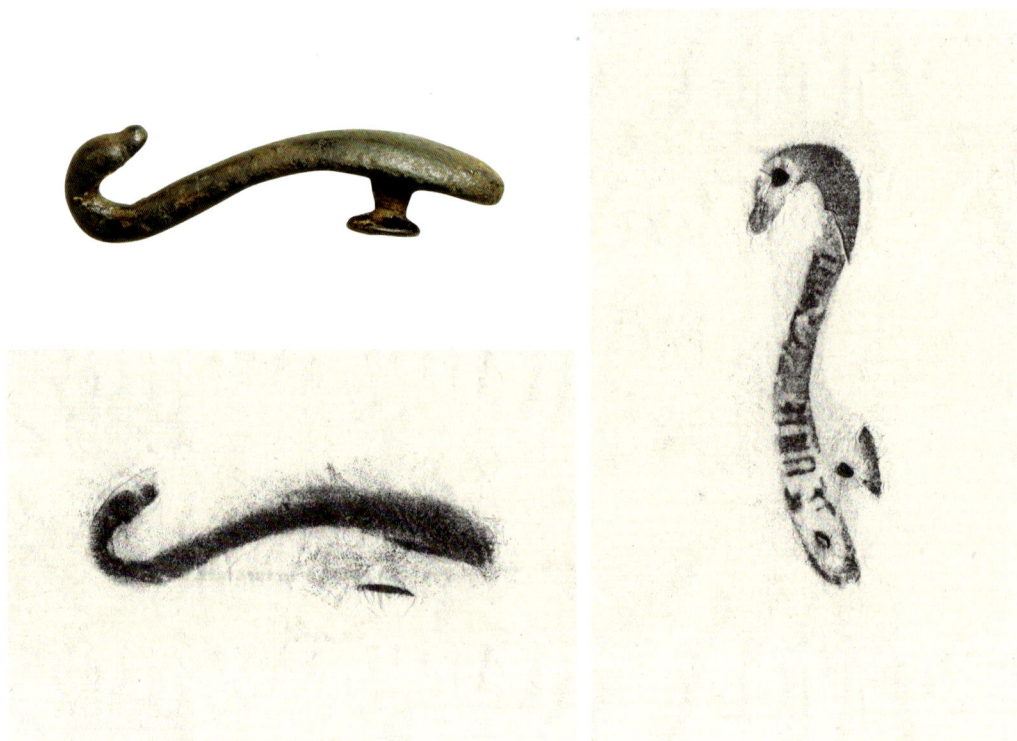

17. "长寿"合符带钩左半

汉代合符带钩之左半，形状完整。通长 5.88、最宽 0.76、通高 1.47 厘米，半圆形钮，直径 1.0 厘米，重 12 克。铭文为阳文篆书"长寿"，吉语。从字体看，应属汉代。钩身素面无纹，钩首做回望龙首形，属于 V 式琵琶形带钩。

清代阮元旧藏一件阴文"长寿"合符带钩。[1] 清末刘体智《小校经阁金石文字》著录四件"长寿"铭合符带钩，其中两件阴文，两件阳文，均称"汉长寿合符钩"。[2] 同铭带钩又多见于其他著录。[3]

（1）阮元《积古斋钟鼎彝器款识》，554-555 页。
（2）刘体智《小校经阁金石文字（引得本）》，2566 页。
（3）福开森《历代著录吉金目》，江苏广陵古籍刻印社，1990 年，1156 页。

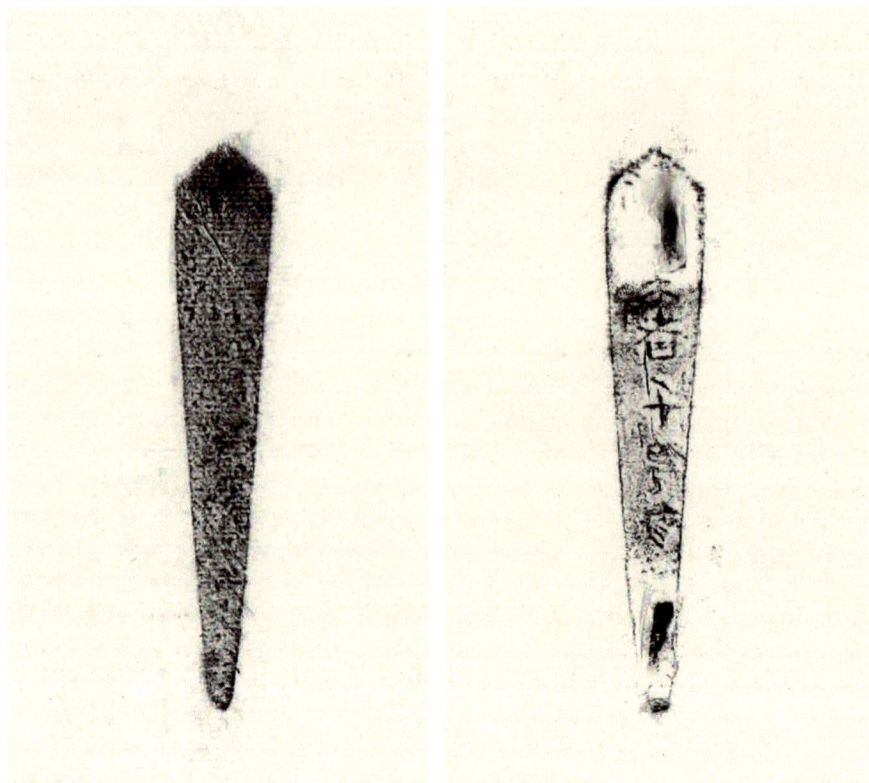

18."大者千万家"异形带钩

汉代带钩。通长 8.43、最宽 1.54、通高 0.63 厘米，重 11 克。通体素面无纹，钩背两端各设一个鼻纽，用于穿带。钩背铸阳文篆书"大者千万家"五字。从字体看，应属汉代。整体呈上窄下宽略带弧度的平板形，属于无钩首的 VIII 式异形带钩。清末刘体智《小校经阁金石文字》著录两件"大者千万家"铭带钩，[1] 从拓本看，形状与该器近似。

(1) 刘体智《小校经阁金石文字（引得本）》，2575 页。

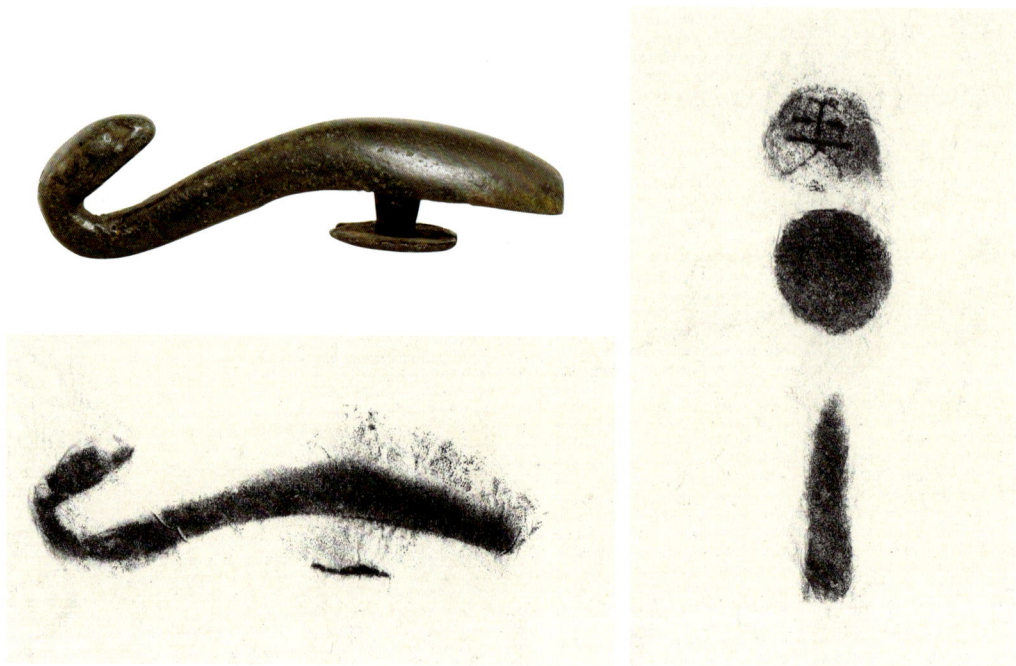

19. "千万" 带钩

汉代带钩。通长 6.86、最宽 1.68、通高 1.64 厘米，钩钮直径 1.61 厘米，重 42 克。钩尾内侧铸阳文"千万"二字合文，汉印中多见这种合文写法的"千万"[1]，吉语。从铭文字体看，带钩应属汉代。钩身素面无纹，钩首做回望龙首形，属于 V 式琵琶形带钩。清末刘体智《小校经阁金石文字》著录一件"千万"合文铭带钩，称"汉千万钩"[2]，从拓本看，钩钮有残，与该器应不是一器。

上述这些有铭铜带钩的型式多为 I 式水禽形带钩和 V 式琵琶形带钩，这两类型式带钩的存续时间跨度均从春秋时期至东汉时期[3]，仅从形制上难以准确断代。我们根据铭文字体，结合历代著录，进行了初步断代，战国时期的部分带钩可以判断出国别。

（1）施谢捷、王凯、王俊亚《洛泉轩集古玺印选萃》，日本艺文书院，2017 年，288-289 页。

（2）刘体智《小校经阁金石文字（引得本）》，2565 页。

（3）王仁湘《善自约束——古代带钩与带扣》，18 页。

20. 肖形印带钩

著录于《枫园集古印谱》，岩手县立博物馆藏印 H299（《岩博藏印》第 414 页）。

21. 肖形印带钩

著录于《枫园集古印谱》，岩手县立博物馆藏印 H302（《岩博藏印》第 415 页）。

二　合符带钩

有铭合符带钩迄今发现和著录较少，似未引起学者的足够注意。《梦庵藏钩》所收这批有铭铜带钩中有 8 件合符带钩，比较有特色。已知发掘出土的有铭合符带钩有：1958 年山东诸城市昌城镇巴山村王绪祖墓出土一件，赖非在《山东新出土古玺印》一书中未作释文，[1]我们经过与容庚《汉金文录》所著录正字"愿君毋相忘钩"[2]相比较，认为王绪祖墓所出亦应释"愿君毋相忘钩"，最后一字实为带钩之图形，今从容庚直接读为"钩"。王绪祖墓所出带钩本来的正字钤印之后成为反字，反而增加了释读的难度。近年江苏盱眙县大云山西汉江都王陵陪葬墓 M12 出土"长毋相忘"铭合符银带钩。[3]

历代金石著录中，尚可见一些有铭合符带钩。例如：清末刘体智《小校经阁金石文字》中著录十余件合符带钩，[4]罗振玉《三代吉金文存》著录两件有铭合符带钩，一件称"公口钩"，另一件称"中信钩"，[5]前者又见于吴镇烽《商周青铜器铭文暨图像集成》，称"公带钩"[6]。此外，容庚所撰《汉金文录》亦收录十余件有铭合符带钩，[7]福开森所撰《历代著录吉金目》收录了一些有铭合符钩的著录目[8]。

关于这类合符带钩的命名，最初称为"半钩"。清代著名学者阮元曾藏一件"长寿"合符带钩，他在成书于嘉庆九年（1804）的《积古斋钟鼎彝器款识》中说：

> 长寿半钩，铭二字。元所藏器，据拓本摹入。案铭作阴款，揣其制当更有一钩，文必阳识，古人合以当符券也。[9]

（1）赖非主《山东新出土古玺印》，齐鲁书社，1998 年，137 页。

（2）容庚《汉金文录》，《容庚学术著作全集》第六册，中华书局，2011 年，660 页。

（3）南京博物院等《江苏盱眙县大云山西汉江都王陵北区陪葬墓》，《考古》2014 年第 3 期，41 页

（4）刘体智《小校经阁金石文字（引得本）》，2563-2576 页。

（5）罗振玉《三代吉金文存》，中华书局，1983 年，1891 页。

（6）吴镇烽《商周青铜器铭文暨图像集成》第 35 卷，上海古籍出版社，2012 年，77 页。

（7）容庚《汉金文录》，649-660 页。

（8）福开森《历代著录吉金目》，1154-1158 页。

（9）阮元《积古斋钟鼎彝器款识》，《续修四库全书》第 901 册，上海古籍出版社，2002 年，554-555 页。

阮元已经认识到这类带钩由阴文和阳文两半组成，与合符用的符券性质近同。吴式芬在《攈古录》卷四著录一件"长寿半钩"，他承阮元说："此钩正与阮说合，惟字画曲折，与阮摹尚未恰符，或非一时所制。"[1]其后，陈介祺改称为"合符钩"，他在《十钟山房印举事记》中云："半钩，余曰，合符钩。"[2]光绪八年（1882）他又在致王懿荣信中于"圭、斤三代合符钩拓"下以双行小字自注云："钩名始于愚，前人曰半钩。"[3]其后，学者多沿袭"合符钩"之称。

从现有资料看，合符带钩始见于东周时期，上引陈介祺断定"圭、斤"铭"合符钩"属于三代，这应是正确的。《梦庵藏钩》所收"圭""屮"合符带钩是否即陈介祺旧藏，尚无确证。但从太田梦庵旧藏古玺印中有陈介祺旧藏玉印"宋婴"看（《岩博藏印》第 26 页），亦不能排除"圭""屮"合符带钩为陈介祺旧藏的可能性。《梦庵藏钩》所收合符带钩中不少属于战国时期。合符本是用于合验的信物，学者或认为合符带钩也具有作为信物的功能[4]。

如上文所指出的那样，合符带钩的铭文大多位于钩身相合部内面左右，一半为阳文，另一半为阴文。有的合符带钩在钩身中内藏玺印，构思精巧，造型复杂[5]。

三 结 语

本文所论 6 件带钩著录于《梦庵藏印》或《枫园集古印谱》，另 13 件似不见于以前的其他著录。这些带钩的铭文既有铸铭，又有刻铭，铭文或位于钮面，亦或位于合符带钩的钩身内面，又或位于钩身以及钩背。既有铭文为反字的带钩印，又有铭文为正字的有铭带

（1）吴式芬《攈古录》卷四，光绪二十一年（1895）刻本，36 页。
（2）陈介祺著、陈继揆整理《簠斋鉴古与传古》，文物出版社，2004 年，23 页。
（3）陈介祺《秦前文字之语》，齐鲁书社，1991 年，126 页；陈介祺撰、陈敬第辑《簠斋尺牍》第七册，上海商务印书馆景印本，1919 年。
（4）练春海《武士斗豹带钩》，《中国艺术时空》2017 年第 6 期，89 页。
（5）该带钩为私人藏品，见《盛世收藏网》，http://bbs.sssc.cn/forum.php。

钩。我们根据铭文字体或形制，结合历代著录或出土器物等材料，进行了初步断代，其中汉代带钩 11 件，战国带钩 8 件，战国时期的部分带钩可以判断出国别。最后就学界较少注意的合符带钩进行了文献梳理，指出山东诸城市昌城镇巴山村王绪祖墓出土合符带钩铭文应释为"愿君毋相忘钩"。

附记：本文主体部分原载北京大学出土文献研究所编《青铜器与金文》第六辑，上海古籍出版社，2021 年，182-192 页。铜带钩的摄影由笔者与松村一德先生合作完成。

第二章 古陶文收藏与藏品著录

第一节 《梦庵藏陶》概述

陶文是刻划、戳印或书写在陶器上的文字。自商周时期至秦汉以及其后的各个朝代均有陶文，古陶文一般指商周至秦汉时期的陶文。清末以来，陈介祺开创古陶文的收集和研究领域，数次发行自藏古陶文拓本集，但这些墨迹拓本数量极少，流传不广。[1] 其后，收藏和著录陶文的知名学者有：端方《陶斋藏陶》、徐同柏《齐鲁古陶文字》、周霖《三代古陶文字》、方若《藏匋拓本》等。[2] 刊印的古陶文专书以《铁云藏陶》[3] 为最早，发行于清光绪三十年（1904）。

《梦庵藏陶》是太田梦庵刊印于1922年9月的自藏陶文拓本集，方若（药雨）题署，罗振玉作序，正文42页，共收录陶文225方，京都小林写真制版所印刷。[4]《梦庵藏陶》是历史上第二本刊印的古陶文专书，这在中国陶文收藏和著录史上具有重要意义，受到研究学者们的重视，其后的陶文著录以及陶文字典大多收录了《梦庵藏陶》的内容。[5] 梦庵去世后，这批陶文下落不明。今就《梦庵藏陶》刊本的体例、内容以及所收陶文的学术价值等方面加以概述，请同好学者指正。

（1）高明《古陶文汇编序》，氏编著《古陶文汇编》，中华书局，1990年，9-10页。

（2）徐在国《古陶文著录与研究综述》，《贵州师范大学学报（社会科学版）》2016年第2期，103-110页。

（3）刘鹗辑《铁云藏陶》（1904年石印本），贾贵荣、张爱芳选辑《历代陶文研究资料选刊续编》（中册），国家图书馆出版社，2009年，1-370页。

（4）［日］太田孝太郎编纂兼发行《梦庵藏陶》，日本京都小林写真制版所印刷，大正十一年（1922）九月。在此之前，梦庵还发行过其他版本的《梦庵藏陶》拓本集，我们曾见到的另一种版本分上下两册，每页一件拓本，共收录陶文拓本110种，无罗振玉序，未注明发行年月。本文的探讨以1922年9月印刷版为准。

（5）［日］松村一德《〈梦庵藏陶〉—梦庵と陶文》，刘海宇、［日］玉泽友基、松村一德编《风雅好古—太田梦庵の金石收藏研究と文人の世界》，太田梦庵显彰会发行，东京藤树社印刷，2019年，57-66页。

1.《梦庵藏陶》封面　　　　　2.方若题署《梦厂藏匋》　　　　3.罗振玉《梦庵藏陶序》

图一　《梦庵藏陶》封面、题署及序言

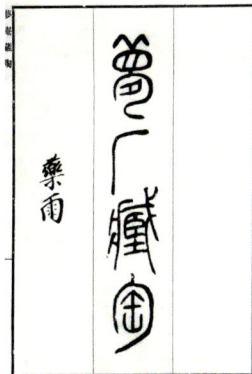

一　罗振玉《梦庵藏陶序》

罗序作于 1922 年 4 月，其内容如下（异体字照录）：

古代陶器始著录于天水之世，然其器乃在汉两京以后，且无铭识，又仅一二器而止耳。逮我朝同光间，山左之临菑古陶器之有三代文字者，始出邱垄间，其器登与量二者，间有炎汉文字，则水瓮为多。其最先得而且富者，为潍县陈寿卿太史，已而福山王文敏公、吴县潘文勤公、吴愙斋中丞等并有藏蓄。愙斋且采其遗文，入所著《说文古籀补》，为陶文著录之始。文敏所藏，庚子京畿之变，归丹徒刘氏，又有增益，辑其墨本为《铁云藏陶》，此陶文之有专书之始。光绪初元，近畿之易州亦出古陶，有三代文字者，与齐器颇相似，然其文，齐器多记某某里，易州所出则多记匋攻（即工）某，齐器不记年月，易州所出则有八年、十年、十四年者，此其大别也。予往昔尝与刘铁云观察言，陶文为古文之异体，与古鉨、古货弊（币）文字，并与习用之古文不同。愙斋与古彝器文并列，实未尽合。其文多省畧变异，不可强为说解。拟集三者文字，分别部居，合为一书，以流传之。铁云题予说，顾以人事阻牵，尚未写定。而吾友太田梦庵，集其所藏，制《梦庵藏陶》，征序于予，顿触往事，爰书陶文传世之始，并述予所素蓄，与良友所期望，先后二十余年，竟不果成就，为可愧也。壬戌四月朔，抱残翁罗振玉书于津沽寓齐（斋）。

罗振玉在序言中首先简要叙述古陶文的研究史和著录史，指出齐陶文和燕陶文的区别，认为陶文、古玺文、古货币文字并为古文之异体，而皆与习用之古文不同，陶文字形多有省简，不可强为说解。这固然有一定的道理，但一百年来，随着战国文字的新发现日益增多，研究成果日渐积累，这种情况有了很大的改变，大多数陶文已经可以得到合理的释读。我们在所作《梦庵藏陶》的释文中，尽可能地利用同一时代其他出土文字材料，考察战国陶文字形的释读问题。

二　《梦庵藏陶》体例与内容

《梦庵藏陶》正文共计42页，收录陶文225方，无目录、无释文，第一页标注书名《梦庵藏陶》和"盛冈太田孝太郎鉴藏"字样（图二）。这些陶文的时代上自战国下至汉代及其后，首先收录戳印陶文194方（1-27页），其中前149方为先秦戳印陶文，基本按照齐、燕、邹、三晋两周、秦国的顺序排列，150至194的45方主要为秦汉及以后的戳印陶文，最后195至225的31方为刻划陶文，基本按照先秦至汉代及其以后的时代顺序排列。

从上述体例和内容，可以总结出太田梦庵对古陶文的认识：一是首先将陶文分为戳印和刻划两大类，二是对齐、燕、邹、三晋两周、秦国等地域的陶文已经基本具备了辨别能力，三是对先秦、秦汉以及汉代以后等不同时代的陶文基本掌握了断代能力，四是所收伪品及可疑者不多，基本具备了辨别陶文真伪的能力。

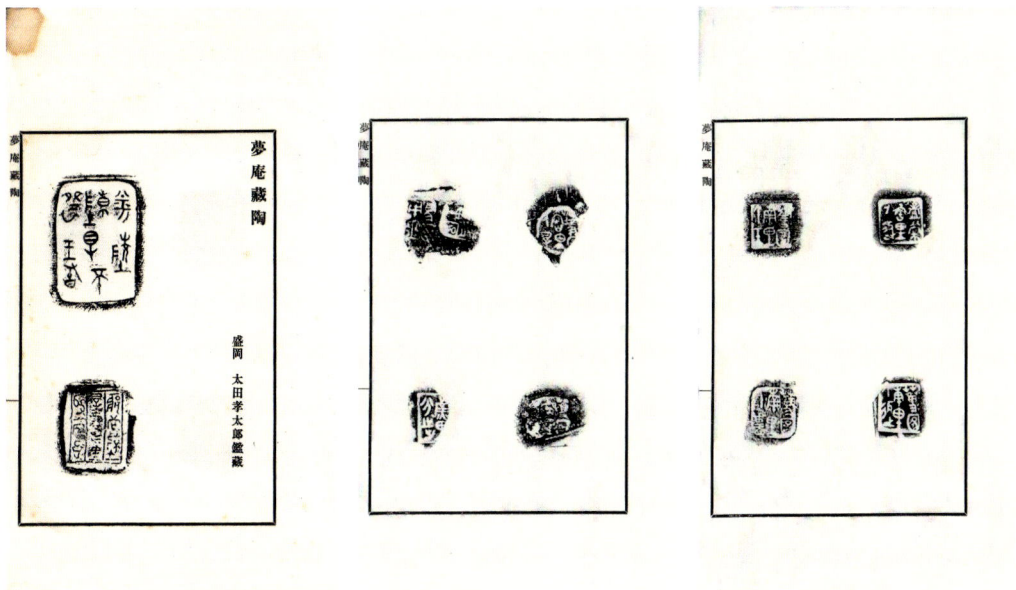

图二 《梦庵藏陶》内页

三 《梦庵藏陶》为各类陶文著录的收录情况

据松村一德的研究,顾廷龙《古匋文香录》(1936)、金祥恒《陶文编》(1964)、王恩田《陶文字典》《陶文图录》(2007)等均收录了《梦庵藏陶》的资料。其中王恩田在《陶文图录》中收录了《梦庵藏陶》的所有材料,只是其中小部分使用了同样文字的不同拓本,将所收录《梦庵藏陶》194 方戳印陶文分为齐国 48 方、邹国 45 方、燕国 22 方、三晋与两周 7 方、秦国与秦代 17 方、国别待考者 7 方、汉代及其后 35 方、参考 2 方、伪品及可疑 11 方。[1]

王恩田编撰《陶文图录》时,曾计划出版陶文拓本的来源与著录表,但最终未能实现。上引松村一德论文费时费力地统计了《梦庵藏陶》194 方戳印陶文在《陶文图录》中的收录情况。今就《梦庵藏陶》所收戳印陶文之外的 31 方刻划陶文,我们也已经确认均收录于《陶文图录》,包括齐国 1 方、燕国 1 方、秦国 2 方、汉代及其以后 27 方。松村一德说《陶文

---

(1)〔日〕松村一德《〈梦庵藏陶〉——梦庵と陶文》,刘海宇、〔日〕玉泽友基、松村一德《风雅好古一太田梦庵の金石收藏研究と文人の世界》,太田梦庵显彰会发行,东京藤树社印刷,2019 年,57-66 页。

图录》所收《梦庵藏陶》的一小部分使用了同样文字的不同拓本，经我们翻检确认，具体指《梦庵藏陶》的 001 号"平陵陈寻（得）不𢀩王釜（釜）"、006 号"緢衢（巷）东匋（陶）里璋"、109 号"鼉"、114 号"□丑（？）"等 4 方。此外，《梦庵藏陶》的 041 号拓本不清，我们未能在《陶文图录》中翻检到，有可能未收录。

四　《梦庵藏陶》的学术意义

在《梦庵藏陶》中，梦庵首先将陶文分为戳印和刻划两大类，然后基本按照时代和国别顺序进行排列，战国戳印陶文按照齐国、燕国、邹国、三晋两周、秦国的顺序排列，整体所收伪品及可疑品也不多，这表明他对各系文字已经具备了基本的辨别能力，对先秦、秦汉以及汉代以后等不同时代的陶文基本掌握了断代能力，对伪品及可疑陶文基本具备了辨别能力。

《梦庵藏陶》所收陶文总量虽然不多，但戳印、刻划两种均有，地域种类基本齐全，时代涵盖跨度较大，基本包括古陶文的各个方面，可以说是中国古陶文史的一个缩影。在民国初年那个时代，梦庵的陶文收藏与著录处于当时的学术前沿。

我们知道战国至汉代的陶文既有戳印的，又有刻划的，其分别仅仅是陶工按照实际操作情况随意施为，并没有深刻的含义。《梦庵藏陶》人为地将陶文分为戳印和刻划两大类的做法并不可取，割裂了同一时代陶文的必然联系。《陶文图录》已经改正了这一做法，不管戳印还是刻划，均按照时代顺序统一排列，这是比较合理的配列方式。

第二节 《梦庵藏陶》⁽¹⁾转录

001 齐⁽²⁾

平陵陈旻（得）不𢀳⁽³⁾王𩰲（釜）

002 齐（可疑）⁽⁴⁾

疕者陈旻（得）再左里敀（伯）⁽⁵⁾亭豆

（1）原书没有页码，所收陶文没有序号，也没有释文。为检索和阅读的方便，今按照原书所收陶文排列顺序加以编号，战国陶文注明所属国别，秦汉时期及其以后注明时代，并做释文。

（2）同文陶文见王恩田《陶文图录》2·14（齐鲁书社，2006 年，102 页，以下简称《陶录》），释为"平陵陈得丕□王釜"。

（3）此字，孙刚作为未识字列入《齐文字编》附录（福建人民出版社，2010 年，428 页），徐在国释"强"（《新出齐陶文图录》，学苑出版社，2015 年，457 页）。

（4）收录于《陶录》10·19·2，列入"伪品及可疑"类，同文陶文见 2·15·1—2·15·2，释为"疕尚陈得再左里敀亳豆"。

（5）敀，多见于齐陶文，又见于包山 142、143 号简以及郭店简《穷达以时》7 号简，读为"伯"，上博简五《季康子问于孔子》11 号简中读为"博"（参曾宪通等主编《出土战国文献字词集释》，中华书局，2018 年，1716-1717 页），在陶文中多应读为"伯"。

003⁽¹⁾齐（可疑）　　　　　　　　004⁽²⁾齐（可疑）

昌檜□北左里□□□　　　右敀（伯）□衙（巷）⁽³⁾尚毕□季髗⁽⁴⁾

005 齐⁽⁵⁾　　　　　　　　　　006 齐⁽⁸⁾

左南亭（郭）衙（巷）辛匋（陶）⁽⁶⁾里鼓（固）⁽⁷⁾　　緜⁽⁹⁾衙（巷）东匋（陶）里璋

（1）收录于《陶录》10·19·3，列入"伪品及可疑"类。

（2）收录于《陶录》10·19·1，列入"伪品及可疑"类。同文陶文又藏于日本出光美术馆、书道博物馆各一件，
　　徐在国释为"左敀（轨）□巷尚毕里季髗"（参徐在国《新出齐陶文图录》，520-521 页）。

（3）此字多见于齐陶文，或释"乡""巷"等（参孙刚《东周齐系题铭研究》，上海古籍出版社，2019 年
　　37-38 页），我们倾向释"巷"。

（4）此字多释为"贾"字异体（参《出土战国文献字词集释》3821 页），可信。此处用为人名。

（5）收录于《陶录》2·667·1，释为"左南郭乡辛甄里固"。

（6）齐系文字的'匋'写法多有变化，参《战国文字字形表》703 页。

（7）此字多见于齐陶文，"固"字繁体，加声符"芈"（参《出土战国文献字词集释》3033-3034 页）。

（8）同文陶文又见于《陶录》2·155·1-2·156·3，释为"陶乡东鎗里璋"。

（9）该字，何琳仪《战典》隶定为"脵"（220 页），偏旁"肉"下有"口"，古文字中偏旁"口"或可与"言"
　　替换，即"譣"字异体，典籍中多作"緜"，今直接记作"緜"。齐陶文中用作地名。

007 齐(1)

繇衢（巷）大匋（陶）里□

008 齐(2)

繇衢（巷）大匋（陶）里□

009　齐(3)

中蒦圆（阳）(4)里司马敏（？）旨

010 齐(5)

中蒦圆（阳）里匋（陶）癊(6)

（1）收录于《陶录》2·656·1，释为"陶乡大蟾里□"。

（2）收录于《陶录》2·110·3，释为"陶乡大蟾里鼇"。

（3）收录于《陶录》2·660·4，释为"中蒦阳里司马敏旨"。

（4）此字多见于齐陶文，读为"阳"（何琳仪《战国古文字典》，中华书局，1998年，668页）。

（5）收录于《陶录》2·660·3，释为"中蒦阳里瓵𤭯"。同文陶又见于《陶文图录》2·170。

（6）此字《战国文字字形表》隶定为癊（徐在国等编著，上海古籍出版社，2017年，1103页），今从之。

011 齐[1]

葰圆（阳）匋（陶）里人逛

012 齐[2]

葰圆（阳）匋（陶）里□□[3]

013 齐[4]

中葰圆（阳）里人苍（？）

014 齐[5]

葰圆（阳）匋（陶）里王俭[6]

（1）收录于《陶录》2·659·1，释为"葰阳甄里人逛"。

（2）收录于《陶录》2·656·3，释为"葰阳甄里□□"。

（3）此陶文似为反文。此类反文陶文亦见于《陶录》，例如："葰阳匋里奠"（147页）等。

（4）收录于《陶录》2·171·1，释为"中葰阳里人苍"。最后一字释读多样（参成颖春《齐陶文集成》，齐鲁书社，2019年，362页）。

（5）收录于《陶录》2·659·3，释为"葰阳甄里王佣"。

（6）该字，孙刚作为未识字列入《齐文字编》附录（436页）。我们认为，字形从人从念，"人"旁内包于"念"旁下，可释"俭"。

015　齐[1]

孟棠（尝）匋（陶）里人逗

016　齐[2]

蒦圆（阳）南里人逗

017　齐[3]

蒦圆（阳）南里人壬

018　齐[4]

蒦圆（阳）南里人晋（瞤）[5]

---

[1] 收录于《陶录》2·667·3，释为"孟常甄里人逗"。

[2] 收录于《陶录》2·660·1，释为"蒦阳南里人逗"。

[3] 收录于《陶录》2·660·2，释为"蒦阳南里人壬"。

[4] 收录于《陶录》2·662·2，释为"蒦阳南里人🔲"。

[5] 该字作🔲，可隶定为晋，或释"眄"（何琳仪《古陶杂识》，《考古与文物》1992 年第 4 期），或隶定为眘（《战国文字字形表》479 页）。我们认为，字形可看作从目从巢省形，"巢"字安大简作🔲等形（黄德宽、徐在国主编《安徽大学藏战国竹简（一）》，中西书局，2019 年，255 页），🔲中部两横画为省形符号，古文字中常见，则该字可释为"瞤"。

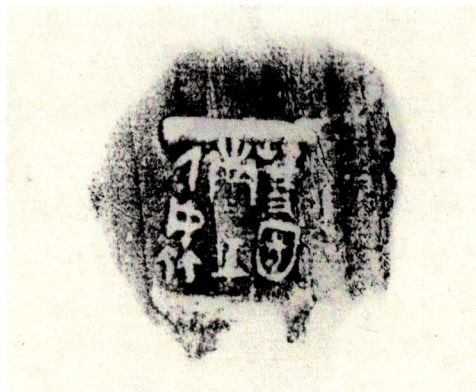

019 齐[1]

蒦圝（阳）南里人盍

020 齐[2]

东酷里匋（陶）禺

021 齐[3]

繇衢（巷）大匋（陶）里□

022 齐[4]

东蒦圝（阳）匋（陶）分□[5]

（1）收录于《陶录》2·662·1，释为"蒦阳南里人盍"。

（2）收录于《陶录》2·553·1，释为"东酷里□□"。最后一字应是"禺"（参成颖春《齐陶文集成》373页）。

（3）收录于《陶录》2·656·2，释为"陶乡大蟾里逛"。

（4）收录于《陶录》2·180·1，释为"东蒦阳蟾分□"。

（5）该字或释为"前"（参成颖春《齐陶文集成》364页）。

023 齐(1)

蒦圆（阳）匋（陶）里人寻（得）

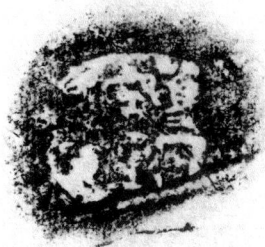

024 齐(2)

蒦圆（阳）匋（陶）里人□

025 齐(3)

1. 蒦圆（阳）□里□□

2. 蒦圆（阳）南里□□

026 齐(4)

□□南(5)里分步

（1）收录于《陶录》2·249·1，释为"蒦阳瓺里人得"。

（2）收录于《陶录》2·659·4，释为"蒦阳瓺里□□"。

（3）收录于《陶录》2·659·2，释为"蒦阳南里□□"。

（4）收录于《陶录》2·656·4，释为"□□鱼里分步"。

（5）该字应释"南"。战国文字中，"南"字异体较多，有作![字形]、![字形]等形者（参裘锡圭《裘锡圭学术文集》第三卷，复旦大学出版社，2012年，210-211页），与该陶文字形比较接近。

027 齐(1)

塙（高）闬（间）(2) 棋里朧

028 齐(3)

塙（高）闬（间）棋里曰臧（臧）

029 齐(4)

左南鄠（郭）衢（巷）辛匋（陶）里□

030 齐(5)

子褰(6)子里曰夋乘

（1）收录于《陶录》2·670·1，释为"高间棋里曰腈"。

（2）闬字为"间"字异体，春秋晚期《闬丘为鹃造戈》（《殷周金文集成》11073）的"闬丘"即间丘。

（3）收录于《陶录》2·669·2，释为"高间棋里曰臧"。

（4）收录于《陶录》2·667·2，释为"左南郭乡辛甀里□"。

（5）收录于《陶录》2·537·1，释为"子裟子里曰夋乘"，又见于《陶录》2·534·1-2·537·1。

（6）此字从夅从衣省形，夅亦声，可严格隶定作裵，齐陶文中亦可见从衣从丰的写法，均为"缝"字异体，
    安大简《诗经·葛屦》篇中作 🔲 形，正用为"缝裳"之"缝"（参《安徽大学藏战国竹简（一）》，269页）。

031 齐[1]

楚章（郭）衢（巷）蘆[2]里郍（？）

032 齐[3]

戜（城）圈（阳）藗里坅[4]

033 齐[5]

楚章（郭）衢（巷）蘆里赘[6]

034 齐[7]

戜（城）圈（阳）藗里淖（朝）[8]豆

（1）收录于《陶录》2·683·1，释为"楚郭乡蘆里郍"。

（2）蘆，亦见于楚简，读为"徂""阻"等（参白於蓝《简帛古书通假字大系》，福建人民出版社，2017 年，319 页。）

（3）收录于《陶录》2·687·3，释为"城阳櫹里宝"。

（4）该字多见于齐陶文及齐玺，或读为"畿"或读为"祈"（参《出土战国文献字词集释》卷十三，6788 页）。

（5）收录于《陶录》2·683·3，释为"楚郭乡蘆里赘"。

（6）该字见于上博简五《三德》13 号简，读为"赇"（《简帛古书通假字大系》184 页）。

（7）收录于《陶录》2·686·1，释为"城阳櫹里潮豆"。

（8）该字又见于《十年陈侯午敦》（《集成》4648）、《陈侯因资敦》（《集成》4649）等，均读为"朝"。

035　齐⁽¹⁾

楚覃（郭）衢（巷）蘆里賧（益）⁽²⁾

036　齐⁽³⁾

楚覃（郭）衢（巷）蘆里□

037　齐⁽⁴⁾

楚覃（郭）□闢（关）里旦

038　齐⁽⁵⁾

楚覃（郭）衢（巷）闢（关）里众

（1）收录于《陶录》2·683·2，释为"楚郭乡蘆里賧"。

（2）该字又见于郭店简《老子》甲和上博简《孔子诗论》，均读为"益"（《简帛古书通假字大系》751页）。

（3）收录于《陶录》2·683·4，释为"楚郭乡蘆里□"。

（4）收录于《陶录》2·682·2，释为"楚郭乡关里旦"。

（5）收录于《陶录》2·682·1，释为"楚郭乡关里众"。

039 齐⁽¹⁾

王戠□里导（得）

040 齐⁽²⁾

楚郭（郭）衢（巷）武⁽³⁾里腊（昔）⁽⁴⁾

041 国别不明

□□

042 齐⁽⁵⁾

斌（城）圆（阳）众

（1）收录于《陶录》2·670·4，释为"王敀□里得"。内容相同而较为清晰的陶文见《陶录》2·305·1，据此第三字可补"蔽"字。

（2）收录于《陶录》2·393·3，释为"楚郭乡戒里昔"。

（3）该字形与《武城戈》（《集成》10900）的"武" 近。

（4）该字形为《说文》"昔"字籀文。

（5）收录于《陶录》2·686·4，释为"城阳众"。

043 齐[1]

閈（关）里马柾

044 齐[2]

轂（城）圆（阳）瘠

045 燕[3]

左宫□

046 燕[4]

右宫□

（1）收录于《陶录》2·682·3，释为"关里马柾"。

（2）收录于《陶录》2·686·2，释为"城阳瘠"。

（3）收录于《陶录》4·207·1，释为"左宫□"。

（4）收录于《陶录》4·206·4，释为"右宫□"。

047　燕⁽¹⁾

右□母市（？）

048　燕⁽²⁾

右□□⁽³⁾

049　燕⁽⁴⁾

右□逞（得）

050　齐⁽⁵⁾

市豆

（1）收录于《陶录》4·206·1，释为"右宫母市（师）"。

（2）收录于《陶录》4·206·2，释为"右宫緜"。

（3）仔细观察图版，第三字无疑从絲，中间字形不清，或是"匋"，待考。

（4）收录于《陶录》4·206·3，释为"右宫得"。

（5）收录于《陶录》2·30·2，释为"市豆"。

051 燕[1]

左缶（陶）攻（工）□

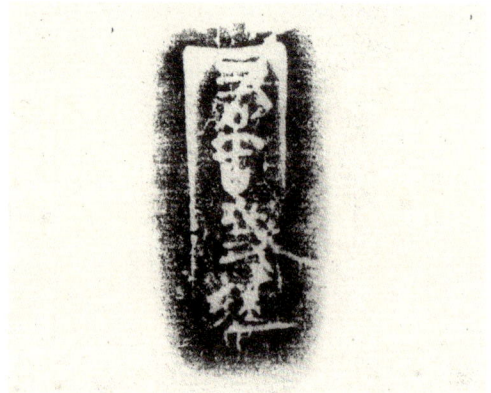

052 燕[2]

右缶（陶）攻（工）□

053 燕[3]

右缶（陶）攻（工）汤

054 燕[4]

缶（陶）攻（工）訷（？）[5]

（1）收录于《陶录》4·205·1，释为"左陶攻□"。

（2）收录于《陶录》4·205·2，释为"右陶攻□"。

（3）收录于《陶录》4·15·2，释为"右陶攻汤"。

（4）收录于《陶录》4·42·1，释为"陶攻訓"。

（5）该字《战国文字字形表》释为燕系文字"訷"（338页）。

055 燕⁽¹⁾

缶（陶）攻（工）昌

056 燕⁽²⁾

缶（陶）攻（工）牛

057 燕⁽³⁾

缶（陶）攻（工）乙（？）

058 燕⁽⁴⁾

缶（陶）攻（工）登

（1）收录于《陶录》4·208·4，释为"陶攻昌"。

（2）收录于《陶录》4·208·5，释为"陶攻□"。

（3）收录于《陶录》4·208·1，释为"陶攻乙"。

（4）收录于《陶录》4·47·3，释为"陶攻癸"。

059 燕[1]

缶（陶）攻（工）□

060 燕[2]

缶（陶）攻（工）□

061 燕[3]

上缶（陶）□

062 燕[4]

缶（陶）攻（工）□

(1) 收录于《陶录》4·205·4，释为"陶攻□"。
(2) 收录于《陶录》4·205·3，释为"陶攻□"。
(3) 收录于《陶录》4·207·4，释为"上陶□"。
(4) 收录于《陶录》4·208·3，释为"陶攻□"。

063 齐（可疑）[1]

鄣（郭）衢（巷）□姁

064 三晋[2]

□平

065 秦[3]

左（？）监（？）

066 邹[4]

蕃（？）

（1）收录于《陶录》10·43·3，认为是伪品或可疑。

（2）收录于《陶录》5·24·3，释为"□平"。

（3）收录于《陶录》7·18·1，认为国别待考，释为"左监？"。或认为属秦系（《战国文字字形表》1193页）。

（4）收录于《陶录》3·351·4，无释文。

067　齐⁽¹⁾

东酷⁽²⁾里口

068　齐⁽³⁾

閈（关）里五

069　齐

甎圆（阳）导（得）

070　齐⁽⁴⁾

高闉丁⁽⁵⁾

（1）收录于《陶录》2·557·4，释为"东酷里戒"。

（2）酷，又数见于包山楚简，辞例为"酷官""酷里"，前者为职官名，后者为里名，或以为字义与酿酒有
　　关（参朱晓雪《包山楚简综述》，福建人民出版社，2013年，427页）。

（3）收录于《陶录》2·696·2，释为"关里五"。

（4）收录于《陶录》2·696·3，释"高闉丁"，同文陶文见于《陶录》2·432·2-2·433·4，释为"高闉丁"。

（5）"闉丁"为合文。

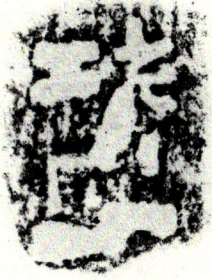

071 燕⁽¹⁾

□攻（工）乙

072 可疑⁽²⁾

073 邹⁽³⁾

敔（？）

074 燕⁽⁴⁾

□

（1）收录于《陶录》4·208·2，释为"陶攻乙"。

（2）收录于《陶录》10·42·3，认为是"伪品或可疑"。

（3）收录于《陶录》3·363·3，释为"敔"。

（4）收录于《陶录》4·187·4，无释文。

075 邹(1)

彰

076 邹(2)

羃(3)

077 燕(4)

遂(？)

078 燕(5)

歨(6)

（1）收录于《陶录》3·640·1，同文陶文又见于《陶录》3·213·4-3·213·6，释为"彰"。

（2）收录于《陶录》3·633·6，释为"羃"。

（3）羃字从羃从亜，所记录的词义待考。偏旁"羃"多见于两周金文，为"择"字异体，偏旁"亜"见战国齐
　　莒侯小子簋（《殷周金文集成》4152）、清华简《四时》篇、《三不韦》篇等，多读为"斁"。（参清华大学
　　出土文献研究与保护中心编、黄德宽主编《清华大学藏战国竹简》（十二），中西书局，2022年，118-119页。）

（4）收录于《陶录》4·207·2，释为"遂"。

（5）收录于《陶录》4·207·3，释为"步"。

（6）该字多见于战国楚简等，作 、 、 等形（参《战国文字字形表》171页），读为"之""止""等""待"
　　等（参白於蓝《简帛古书通假字大系》76-77页）。

079 邹[1]

启（？）

080 可疑[2]

缶（陶）里

081 邹[3]

公

082 邹[4]

公

（1）收录于《陶录》3·647·5，释为"启"。
（2）收录于《陶录》10·43·2，认为是"伪品或可疑"。
（3）收录于《陶录》3·638·4，同文陶文又见于《陶录》3·209·1-3·213·3，释为"期"。《战国文字字形表》释"公"，今从之。
（4）收录于《陶录》3·638·5，释为"公"。

083 邹[1]

购

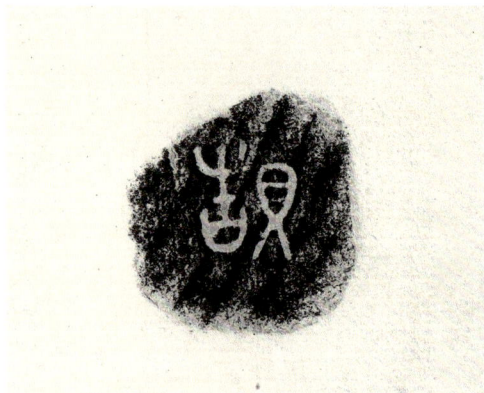

084 邹[2]

賠(造)[3]

085 邹[4]

賆(市)

086 邹[5]

□

（1）收录于《陶录》3·363·4，释为"购"。

（2）收录于《陶录》3·633·3，同文陶文著录于《陶录》3·146·1-3·148·6，释为"賠"。

（3）该字又见于曾侯乙墓竹简，《战国文字字形表》作为"造"字异体收录（193-195页），今从之。

（4）收录于《陶录》3·633·1，同文陶文又见于《陶录》3·299·3-3·307·4，释为"賆"。裘锡圭认为是"市"
　　字繁文（《裘锡圭学术文集第三卷》，复旦大学出版社，2012年，337页），可从。

（5）收录于《陶录》3·639·5，无释文。

087 邹⁽¹⁾

儹（陟）

088 邹⁽²⁾

耑

089 燕⁽³⁾

缶（陶）

090 齐⁽⁴⁾

虡

（1）收录于《陶录》3·636·1，同文陶文著录于《陶录》3·195·1-3·197·6，释为"陟"。该字为《说文》"陟"字古文。又两见于上博简九《举治王天下》，均用为"陟"（参马承源主编《上海博物馆藏战国楚竹书（九）》，上海古籍出版社，2012年，209、233页）。

（2）收录于《陶录》3·633·4，同文陶文又见于《陶录》3·74·1-3·76·5，释为"耑"。该字在战国楚简中读为"端""短"等（参白於蓝《简帛古书通假字大系》1186-1187页）。

（3）收录于《陶录》4·206·6，释为"陶"。

（4）收录于《陶录》3·639·3，同文陶文又见于《陶录》3·642·1，释为"虡"。

091 邹⁽¹⁾

覃（？）

092 邹⁽²⁾

覃（？）

093 邹⁽³⁾

萢（范）

094 邹⁽⁴⁾

鞑

（1）收录于《陶录》3·634·1，释为"覃（覃）"。

（2）收录于《陶录》3·634·2，释为"覃（覃）"。

（3）收录于《陶录》3·635·3，释为"萢"，同文陶文又见于《陶录》3·99·5-3·104·6。

（4）收录于《陶录》3·309·3，释为"鞑"。

095 邹⁽¹⁾

粻⁽²⁾

096 邹⁽³⁾

启

097 邹⁽⁴⁾

束

098 邹⁽⁵⁾

祭

（1）收录于《陶录》3·640·5，同文陶文又见于《陶录》3·85·5-3·90·6，释为"益"。

（2）该字《陶录》均横置，《战国文字字形表》将字形旋转90度，释"粻"（1014页），可从。

（3）收录于《陶录》3·91·1，释为"启"。

（4）收录于《陶录》3·140·1，释为"刺"。

（5）收录于《陶录》3·635·6，释为"祭"。

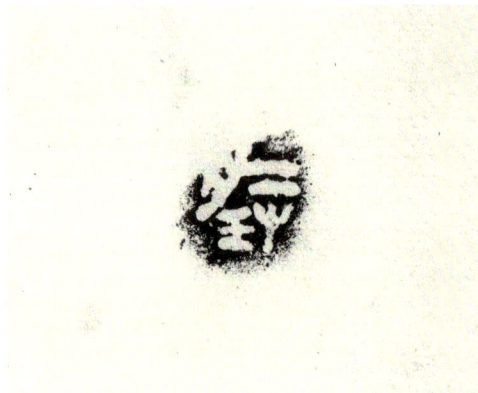

099 邹⁽¹⁾

瑗

100 邹⁽²⁾

敫（援）⁽³⁾

101 邹⁽⁴⁾

桴⁽⁵⁾

102 邹⁽⁶⁾

桴

（1）收录于《陶录》3·635·5，释为"瑗"。

（2）收录于《陶录》3·635·4，释为"敫"。

（3）该字见于清华简二《系年》，作敫、敫等形，均读为"援"（参白於蓝《简帛古书通假字大系》1247 页）。

（4）收录于《陶录》3·635·1，同文陶文又见于《陶录》3·105·1-3·112·5，释为"桴"。

（5）该字多见于战国楚简，均读为"辅"（参白於蓝《简帛古书通假字大系》275 页）。

（6）收录于《陶录》3·635·2，释为"桴"。

103 邹⁽¹⁾

疇⁽²⁾

104 邹⁽³⁾

疇

105 邹

疇

106 邹⁽⁴⁾

喜

（1）收录于《陶录》3·634·5，同文陶文著录于《陶录》3·124·1-3·131·3，释为"疇"。

（2）该字见于郭店简和上博简，读为"酬"（参《战国文字字形表》860 页）。

（3）收录于《陶录》3·634·6，释为"疇"。

（4）收录于《陶录》3·638·6，同文陶文又见于《陶录》3·43·1-3·48·6，释为"喜"。

107 邹⁽¹⁾

孝

108 邹⁽²⁾

齐

109 邹⁽³⁾

鮀

110 邹⁽⁴⁾

冢豆

（1）收录于《陶录》3·637·2，同文陶文又见于《陶录》3·220·1-3·223·6，释为"孝"。
（2）收录于《陶录》3·640·4，同文陶文又见于《陶录》3·253·1-3·253·4，释为"齐"。
（3）同文陶文著录于《陶录》3·287·6-3·289·6，释为"鮀"。
（4）收录于《陶录》3·186·5，释为"冢豆"。

111　邹(1)

作（?）

112　邹(2)

晨(3)

113　邹(4)

冢子

114　三晋(5)

□丑（?）

（1）收录于《陶录》3・363・2，同文陶文又见于《陶录》3・172・4-3・174・4，释为"作"。

（2）收录于《陶录》3・333・5，释"?"，同文陶文著录于《陶录》3・181・5-3・183・6，无释文。

（3）该字从日，辰声，"日"写在"辰"之下，此类写法又多见于楚简，何琳仪《战国古文字典》释"晨"
　　（中华书局，1998年，1333页），可从。

（4）收录于《陶录》3・293・4，释为"冢子"。

（5）同文陶文见于《陶录》5・96・6，释为"岜（魏）丑"。

115 齐[1]

弜

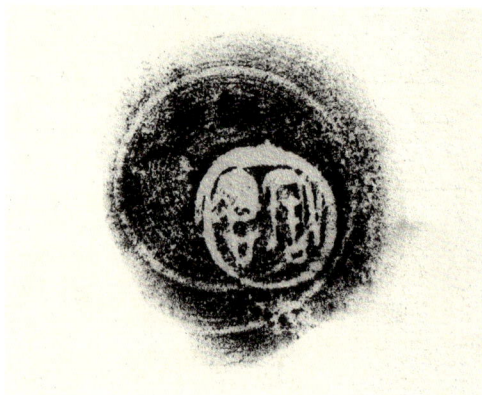

116 三晋[2]

窑（陶）□

117 齐[3]

司马玨

118 三晋[4]

肖壮

（1）收录于《陶录》3·638·2，国别归邹，释为"弜"。或是齐系文字（参《战国文字字形表》1734 页）。

（2）收录于《陶录》7·4·1，认为国别待考，释为"陶□"。此类写法的"窑"应是三晋系文字（参《战国文字字形表》703 页）。

（3）收录于《陶录》7·8·2，认为国别待考，释为"司马玨"。应属齐系（参《战国文字字形表》1651 页）。

（4）收录于《陶录》5·96·4，释为"赵壮"。

119 秦[1]

市

120 可疑[2]

央

121 齐[3]

阓（关）里马□

122 齐[4]

贽（赇）

（1）收录于《陶录》6·436·2，释为"市"。

（2）收录于《陶录》10·42·1，认为是伪品或可疑。

（3）收录于《陶录》2·358·1，释"关里马牷"。

（4）收录于《陶录》2·696·4，释"贽"，同文陶文见于《陶录》2·709·2-2·715·6，释为"贽"。该字见于上博简五《三德》13 号简，读为"赇"（《简帛古书通假字大系》184 页）。

123 邹[1]

盇

124 邹[2]

覃（？）

125 邹[3]

□

126 邹[4]

□

（1）收录于《陶录》3·638·3，同文陶文又见于《陶录》3·62·1-3·63·5，释为"盇"。
（2）收录于《陶录》3·634·3，释为"覃（覃）"。
（3）收录于《陶录》3·636·6，无释文。
（4）收录于《陶录》3·639·4，释为"映"。

127 国别待考⁽¹⁾

王□

128 齐⁽²⁾

亚□

129 邹⁽³⁾

□

130 邹⁽⁴⁾

坊

（1）收录于《陶录》7·11·2，释为"王□"。

（2）收录于《陶录》7·20·2，认为国别待考，释为"胆"。Φ字又见《莒侯小子簋》（《集成》4152）、清
华简《四时》篇以及清华简《三不韦》篇等，其中在《三不韦》篇见十余次，整理者认为是由"巨"
字改造而来的区别字，"规"字异体，多可读为"解"或"懈"等（参清华大学出土文献研究与保护
中心《清华大学藏战国竹简（十二）》，中西书局，2022年，119页）。

（3）收录于《陶录》3·636·5，无释文。

（4）收录于《陶录》3·639·1，释为"坊"。

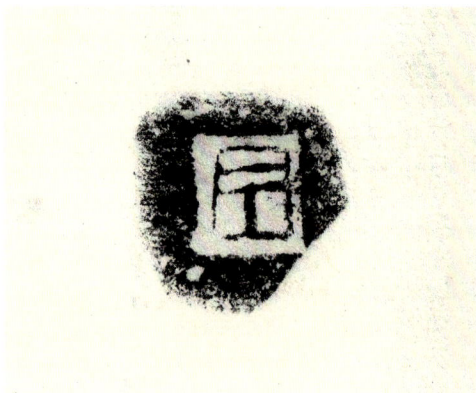

131（可疑）⁽¹⁾

□

132　邹⁽²⁾

市（？）

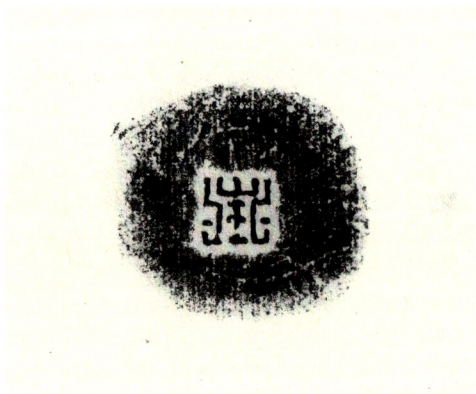

133（可疑）⁽³⁾

□

134　三晋⁽⁴⁾

文是□

（1）收录于《陶录》10·45·2，认为是伪品或可疑。

（2）收录于《陶录》3·639·2，释为"木"。

（3）收录于《陶录》10·42·2，认为是伪品或可疑。

（4）收录于《陶录》5·96·3，释为"文是□"。同文陶文又见《陶录》5·20·1-5·20·2，释为"文是齿？"。"文"字右下有"="符号，表示"文是"为复姓。

135 三晋[1]

戲魾（？）

136 三晋[2]

郘□

137 三晋[3]

司马幻

138 三晋[4]

王遻（复）

（1）收录于《陶录》5·30·4，释为"虑□"。

（2）收录于《陶录》5·96·5，释为"□□"。

（3）收录于《陶录》5·96·1，释为"司马幻"。《梦庵藏陶》误将拓本颠倒，《陶录》已经改正。

（4）收录于《陶录》5·96·2，释为"王复"。

139　三晋⁽¹⁾

倝（韩）□

140　秦⁽²⁾

满据

141　秦⁽³⁾

䇂缯

142　秦⁽⁴⁾

䇂亭

（1）收录于《陶录》6·438·4，认为属于秦国，释为"韩？□"。"倝"的这类写法应是三晋文字（参汤志彪《三晋文字编》，作家出版社，2013 年，1018 页）。

（2）收录于《陶录》6·438·4，释为"满据"。

（3）收录于《陶录》6·436·6，释为"䇂缯"。

（4）收录于《陶录》6·436·3，同文陶文又见于《陶录》6·410·1-6·413·6，释为"䇂亭"。

143　秦[1]

季苍

144　秦[2]

厖薦

145　秦[3]

亭久（？）

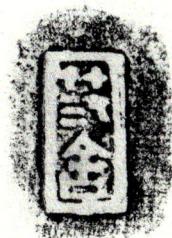

146　秦[4]

笵（范）舍

（1）收录于《陶录》6·449·3，释为"季苍"。
（2）收录于《陶录》6·448·4，释为"厖薥"。
（3）收录于《陶录》6·436·1，释为"亭久"。
（4）收录于《陶录》6·443·2，释为"范舍"。

147 三晋⁽¹⁾

尚

148 三晋（可疑）⁽²⁾

敬丌上

149 燕⁽³⁾

生、生、生

150 秦⁽⁴⁾

大安，立号为皇帝，乃

（1）收录于《陶录》7·20·6，认为国别待考，释为"尚"。应属三晋（参《战国文字字形表》114页）。

（2）收录于《陶录》10·42·4，认为是伪品或可疑。

（3）收录于《陶录》8·143·2，认为属于"汉代及其以后"，释为"生"。第一个"生"字为倒书。

（4）收录于《陶录》6·469·3，释为"大囗立号为皇帝"。

151 秦⁽¹⁾

廿六年皇……

152 秦⁽²⁾

廿六年皇帝尽并兼

153 秦⁽³⁾

为皇帝，乃诏丞……

154 秦⁽⁴⁾

绾□度量

（1）收录于《陶录》6·469·1，释为"二十六□皇"。

（2）收录于《陶录》6·469·2，释为"二十□年皇帝尽并"。

（3）收录于《陶录》6·472·1，释为"为□帝乃诏丞"。

（4）收录于《陶录》6·471·3，释为"绾□度"。

155　邹⁽¹⁾

止亓（其）

156　秦⁽²⁾

驺（邹）

157　秦⁽³⁾

咸阳安钦（？）

158　汉代及其以后⁽⁴⁾

1.师王囗

2.吏刘囗

（1）收录于《陶录》3·638·1，释为"止亓"。

（2）收录于《陶录》6·421·1，释为"邹"。

（3）收录于《陶录》6·4·2，释为"咸阳安徐"。

（4）收录于《陶录》8·142·4，释为"师王囗　吏刘囗"。

159　汉代及其以后[1]

田（？）得万石

160　汉代及其以后[2]

田收（？）万石

161　汉代及其以后[3]

宜臘（腊）[4]元吉

162　汉代及其以后[5]

大吉宜臘（腊）

[1] 收录于《陶录》8・121・2，释为"囗得万石"。

[2] 收录于《陶录》8・120・4，释为"田收万石"。

[3] 收录于《陶录》8・122・2，释为"宜囗元吉"。

[4] 该字为"腊"字的异体"臘"。汉印文字中，"葛"字或从"艮"作"茛"（赵平安等《秦汉印章封泥文字编》，中西书局 2019 年，61 页），"臘"在居延汉简中作臘、《张迁碑》中作臈形（汉语大字典字形组等《秦汉魏晋篆隶字形表》，四川辞书出版社 1985 年，279 页），《张迁碑》中用为夏历十二月之"腊"。（参石继承《汉印文字研究》，上海古籍出版社，2021 年，140-142 页）。

[5] 收录于《陶录》8・122・1，释为"宜囗元吉"。

163　汉代及其以后⁽¹⁾

富国宜臈（腊）

164　汉代及其以后⁽²⁾

宜臈（腊）万石

165　汉代及其以后⁽³⁾

宜臈（腊）

166　汉代及其以后⁽⁴⁾

耕（耕）田万石

（1）收录于《陶录》8·122·4，释为"宜□富国"。
（2）收录于《陶录》8·121·1，释为"宜□万石"。
（3）收录于《陶录》8·121·3，释为"宜□"。
（4）收录于《陶录》8·120·2，释为"耕田万石"。

167　汉代及其以后[1]

耕（耕）田万石

168　汉代及其以后[2]

耕（耕）田万石

169　汉代及其以后[3]

□□

170　汉代及其以后[4]

元吉宜取（？）

（1）收录于《陶录》8·120·1，释为"耕田万石"。
（2）收录于《陶录》8·120·3，释为"耕田万石"。
（3）收录于《陶录》8·123·2，无释文。
（4）收录于《陶录》8·122·3，释为"宜□元吉"。

171 汉代及其以后[1]

大富

172 汉代及其以后[2]

日入千金

173 汉代及其以后[3]

曹长孙

174 汉代及其以后[4]

傅□

（1）收录于《陶录》8·123·3，释为"大富"。
（2）收录于《陶录》8·123·4，释为"日入千万"。
（3）收录于《陶录》8·142·5，释为"曹长孙"。
（4）收录于《陶录》8·142·2，释为"傅□"。

175　汉代及其以后[1]

成丙私印

176　汉代及其以后[2]

□立私印

177　可疑[3]

□□

178　汉代及其以后[4]

日利

（1）收录于《陶录》8·142·3，释为"成再私印"。
（2）收录于《陶录》8·142·1，释为"□立私印"。
（3）收录于《陶录》10·42·5，列入"伪品及可疑"类。
（4）收录于《陶录》8·121·4，释为"日利"。

179　汉代及其以后⁽¹⁾

大吉

180　汉代及其以后⁽²⁾

五铢

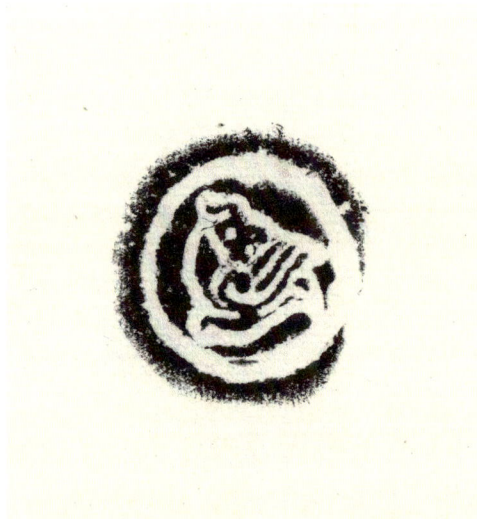

181　国别待考⁽³⁾

肖形

182　汉代及其以后⁽⁴⁾

□世

（1）收录于《陶录》8·123·1，释为"大吉"。

（2）收录于《陶录》9·24·2，列入"参考"类，认为属于"图案"。

（3）收录于《陶录》9·18·6，列入"参考"类，称为"兽形图案"。

（4）收录于《陶录》8·209·1，释为"一九世"。

183 汉代及其以后^{（1）}

赵怜

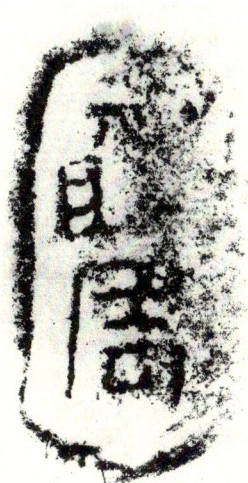

184 汉代及其以后^{（2）}

六口周

185 汉代及其以后^{（3）}

四口且

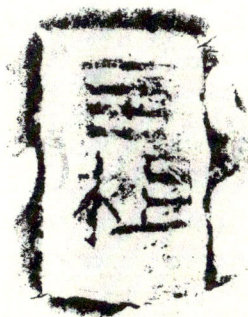

186 汉代及其以后^{（4）}

目粗

（1）收录于《陶录》8·209·1，释为"赵儜"。
（2）收录于《陶录》8·209·3，释为"六口周"。
（3）收录于《陶录》8·209·4，释为"四口且"。
（4）收录于《陶录》8·208·1，释为"四祖"。

187　汉代及其以后[1]

崔仲

188　汉代及其以后[2]

九三赵□

189　汉代及其以后[3]

六谭□

（1）收录于《陶录》8·208·2，释为"崔仲"。
（2）收录于《陶录》8·208·3，释为"九三赵□"。
（3）收录于《陶录》8·208·4，释为"六谭□"。

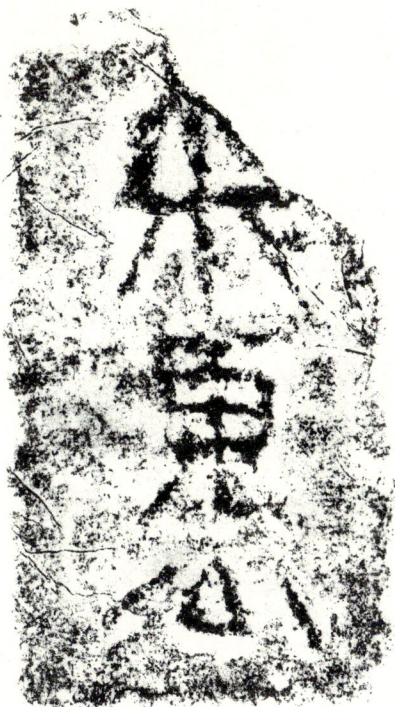

190　汉代及其以后[1]

□东公

191　汉代及共以后[2]

□城都司空

（1）收录于《陶录》8・77・3，释为"□东公"。
（2）收录于《陶录》8・95・2，释为"……保城都司空"。

192 汉代及其以后⁽¹⁾

宜子孙，饮百口

---

(1) 收录于《陶录》8 · 96 · 2，释为"宜子孙饮百口"。此类铭文多位于陶制井圈之上，例如：1982 年高
　　密大牟家镇大孙家村出土的汉代井圈上，有铭曰"常饮食百口宜孙子"（参孙俐君、范新建《潍坊文
　　化遗产（非物质文化遗产卷）》，济南出版社，2017 年，41 页）。

193　汉代及其以后[1]

□□家，宜贵富

(1) 收录于《陶录》8·95·1，释为"取□□家□□百田宜"。松村一德先生向我们指出，最后两字应释"贵富"。在此谨致衷心感谢。

194　汉代及其以后[1]

家常富贵

（1）收录于《陶录》8·97·1，释为"家常富贵"。

195 汉代及其以后[1]　　　　196 燕[2]

周　　　　　　　　　　文

（1）收录于《陶录》8·192·1，释为"周"。

（2）收录于《陶录》4·133·5，释为"文"。

197 齐⁽¹⁾

蔑丘衝（巷）

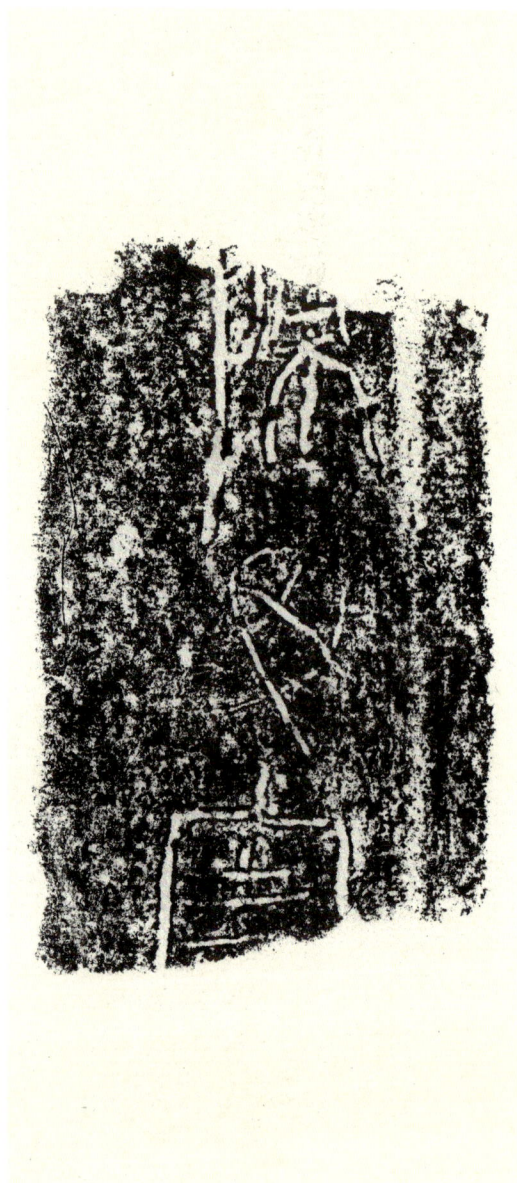

198 汉代及其以后⁽²⁾

陈毋害

（1）收录于《陶录》2·652·1，释为"肤丘乡"。首字"廿"头省形作"中"。
（2）收录于《陶录》8·188·2，释为"陈毋害"。

199 秦⁽¹⁾

左

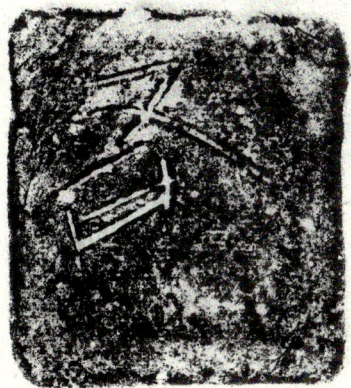

200 秦⁽²⁾

右

201 汉代及其以后⁽³⁾

才囗

（1）收录于《陶录》6·474·3，释为"左"。

（2）收录于《陶录》6·474·2，释为"右"。

（3）收录于《陶录》8·187·2，释为"才囗"。

202　汉代及其以后^{（1）}

□□□

（1）收录于《陶录》8·185·1，无释文。

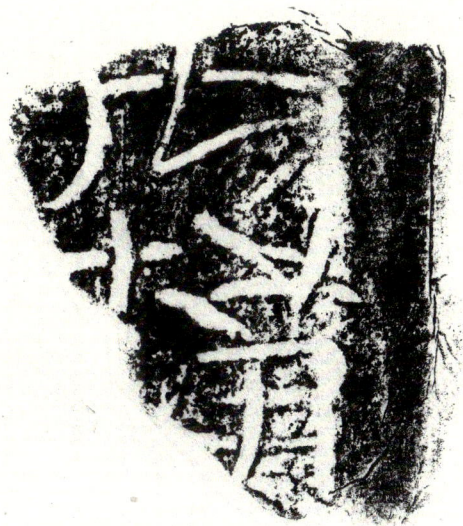

203　汉代及其以后[1]

□□

204　汉代及其以后[2]

巨展

（1）收录于《陶录》8·192·2，无释文。

（2）收录于《陶录》8·188·1，释为"巨展"。

205　汉代及其以后[1]

手扶□

（1）收录于《陶录》8·190·2，释为"手扶□"。

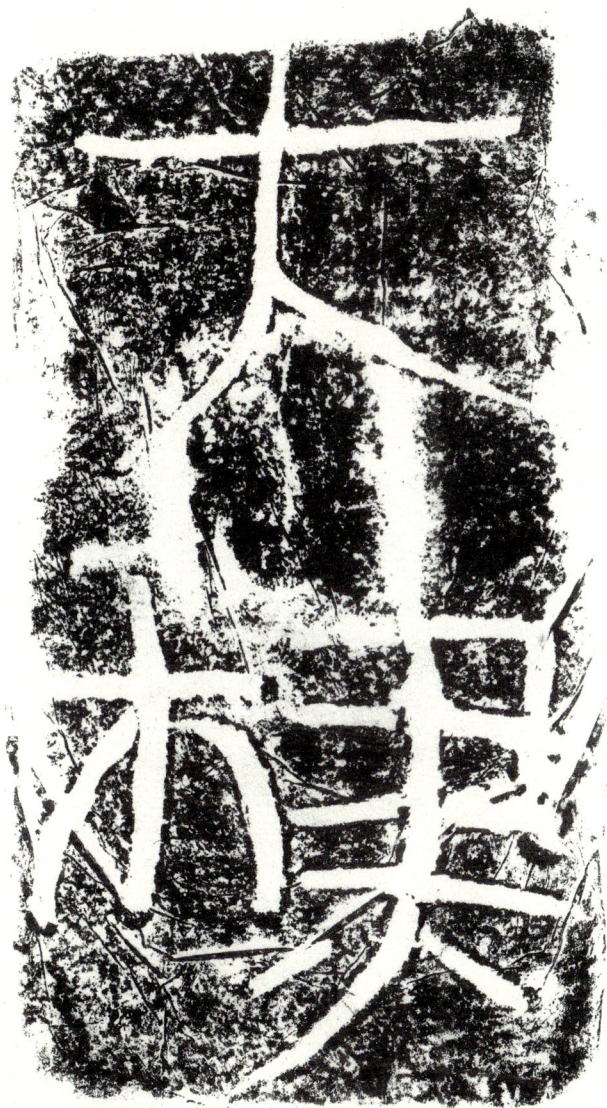

206　汉代及其以后⁽¹⁾

大棣

（1）收录于《陶录》8·186·1，释为"大口"。

207 汉代及其以后⁽¹⁾

张留

（1）收录于《陶录》8·189·2，释为"张留"。

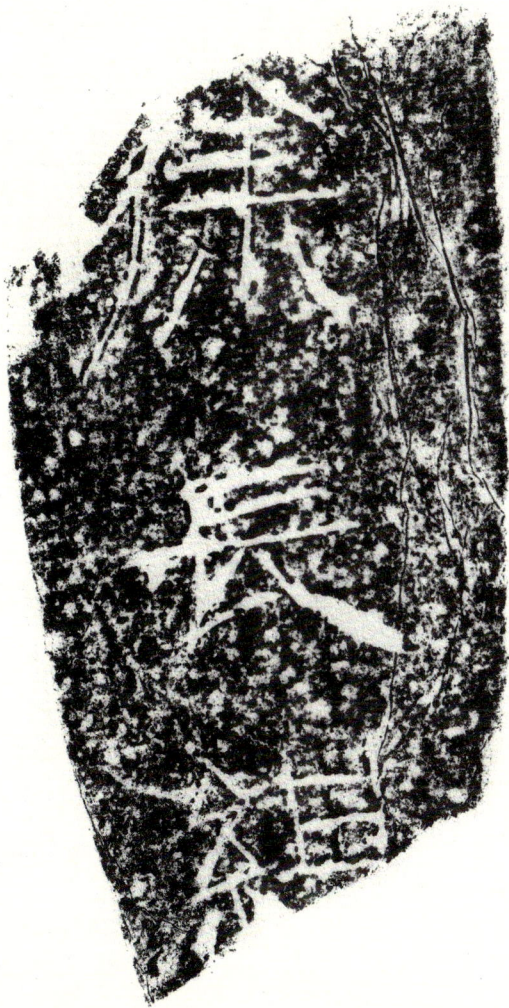

208　汉代及其以后⁽¹⁾

徐长綦

────────

（1）收录于《陶录》8·185·2，释为"徐长绐"。

209　汉代及其以后[1]

徐少□

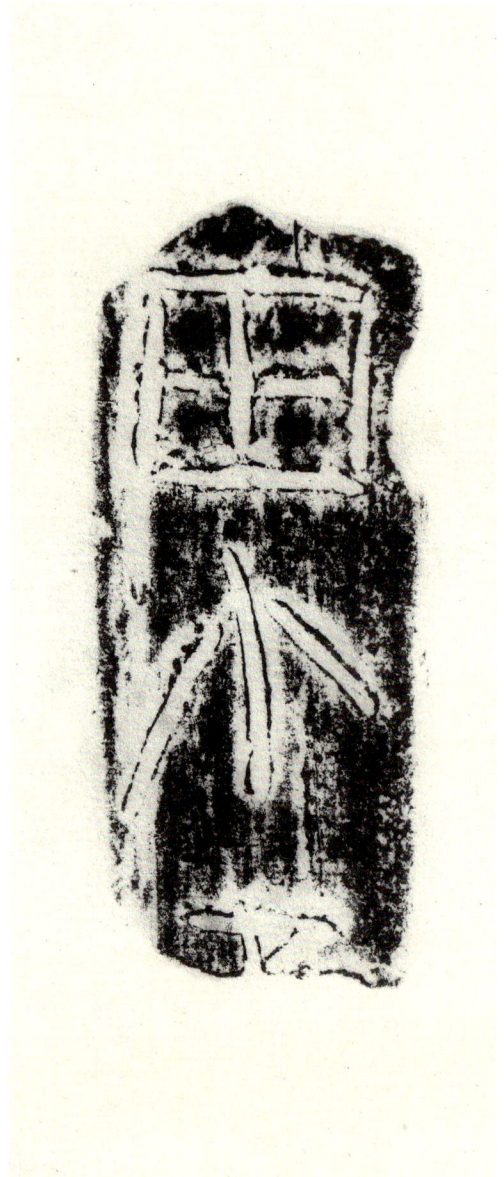

210　汉代及其以后[2]

田小□

（1）收录于《陶录》8·190·1，释为"徐少□"。
（2）收录于《陶录》8·191·2，释为"田少□"。

211 汉代及其以后[1]

宜酒

212 汉代及其以后[2]

開

（1）收录于《陶录》8·143·1，释为"宜酒"。

（2）收录于《陶录》8·189·1，释为"关"，同文陶文又见于《陶录》8·167·4-8·169·4，释为"開"。

213　汉代及其以后[1]

李真□□

（1）收录于《陶录》8·182·1，释为"□□李在□"。

214 汉代及其以后[1]

□□□□□□

——————————

（1）收录于《陶录》8·183·1，无释文。

215 汉代及其以后⁽¹⁾

□□王□

216 汉代及其以后⁽²⁾

六月廿五日焦安□削

（1）收录于《陶录》8·187·1，释为"□□王□"。
（2）收录于《陶录》8·179·2，释为"六月廿五日□州安□削"。

217　汉代及其以后[1]

八月十一日□□

218　汉代及其以后[2]

□□□□

（1）收录于《陶录》8·178·2，释为"八月十一日□□"。

（2）收录于《陶录》8·192·3，无释文。

219　汉代及其以后[1]

昆□削道□

（1）收录于《陶录》8·184·1，释为"昆□千、削道□"。

220 汉代及其以后^{（1）}

真身凤削

（1）收录于《陶录》8·180·1，释为"真身凤削"。

221 汉代及其以后⁽¹⁾

任小石削

___

（1）收录于《陶录》8·181·1，释为"任小石削"。

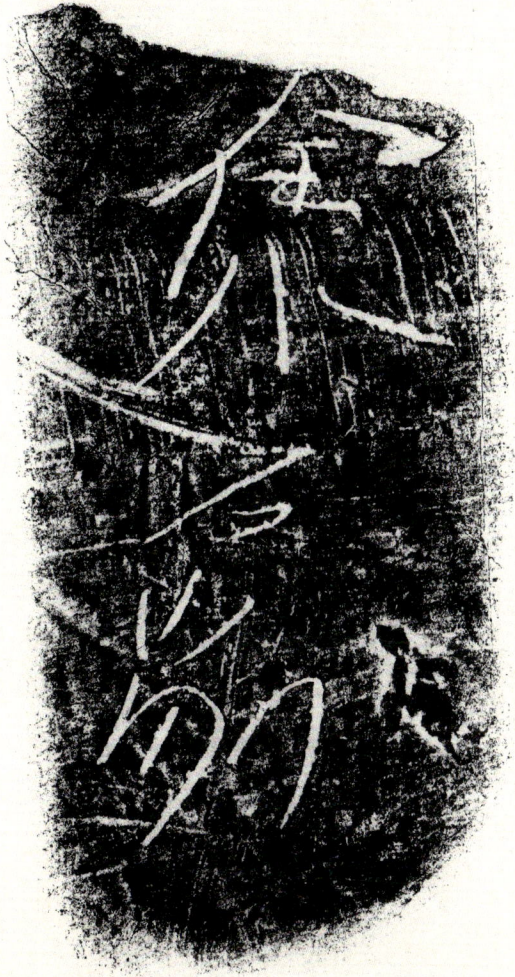

222 汉代及其以后[1]

任小石削

_____

（1）收录于《陶录》8·181·1，释为"任小石削"，与218 为同一编号，从拓本形状看，两者不似一器。

223 汉代及其以后[1]

毛（？）兴削

（1）收录于《陶录》8·178·1，释为"毛兴削"。

224　汉代及其以后[1]

李小壬、陶安

（1）收录于《陶录》8·179·1，释为"李小主、陶安"。

225 汉代及其以后⁽¹⁾

□□

（1）收录于《陶录》8·191·1，释为"景丰"。

第四章

古砖收藏及藏品著录

　　《梦庵藏砖》是梦庵发行于 1926 年的古砖拓本集，正文共收录 25 种铭文砖及画像砖的拓本，所收部分古砖曾著录于罗振玉《专志征存》和《海外贞珉录》。梦庵在该拓本集目录之后记述发行目的云："余曾住天津，购得古砖一百余枚，其中字画在平面者廿五枚，尤为希靓。不忍使泯灭之，手拓卌部以贻考古之士。大正十五年十一月。太田孝太郎记。"该拓本集发行量仅三十部，今殊不易看到。这些古砖现均不明所在，今据拓本集进行概述。

一　《梦庵藏砖》介绍

　　陶砖为建筑材料，古人或于其上制有文字或图画，制作方式有刻划、模印、范制等。《梦庵藏砖》首列所收古砖的藏品目录，包括铭文内容以及著录目等（图一），其后是自序，接着是 25 种古砖的拓本。按照铭文制作方式或内容分为刻划文字砖、模印或范制文字砖、画像砖等类别，每小类内按照时代顺序排列。

　　为便于研究，今移录目录内容如次（序号为笔者所加，括号内数字为《梦庵藏砖》对应页码）：

　　　梦庵藏专目

　　　1. 古隶专—大富（1）

　　　2. 艸隶专—宜钱（2）

　　　3. 又—□此师（3）

　　　4. 又—□□□（4）

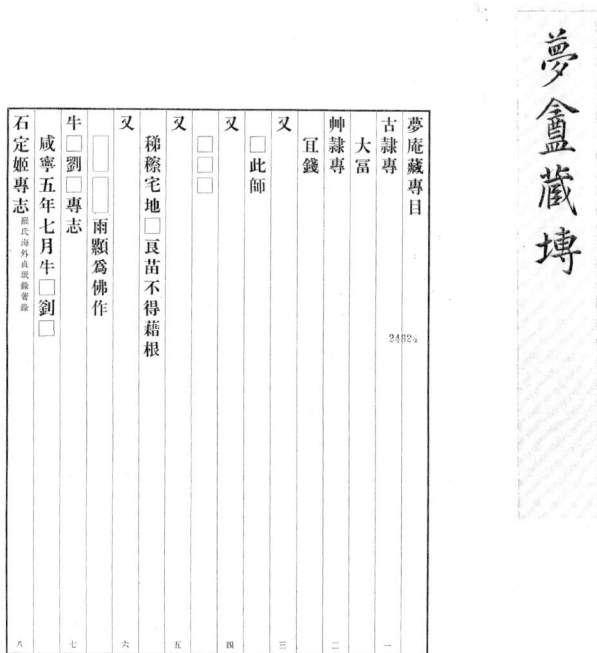

图一　《梦庵藏砖》封面及目录

5. 又—秭稑宅地□良苗不得藉根（5）

6. 又—□□　□□雨颗为佛作（6）

7. 牛□刘□专志—咸宁五年七月牛□刘□（7）

8. 石定姬专志，罗氏《海外贞珉录》著录，定州唐都，唐县固城赵阿猛□妻石定姬钏太和十九年五□□日（8）

9. 张阿兰专志，罗氏《专志征存》著录，武定三年七月五日定州常山郡颠定县王邑婕张定女阿兰（9）

10. 张□彦专志，《海外贞珉录》著录，武定四年二月廿什日临漳县民张□彦（10）

11. 高僧保专志，《专志征存》著录，天保八年二月三日记高僧保墓（11）

12. 石难陀专志，《海外贞珉录》著录，大象二年石难陀铭（12）

13. 刘懿专志，《海外贞珉录》著录，中山卢奴刘懿，中山卢奴刘（13）

14. 曾檀阿雌专志，《专志征存》著录，曾檀，阿雌弗子弟中山新市檀女（14）

15. 宋爱姿专志，《海外贞珉录》著录，任荣祖妻宋爱姿（15）

16. 刘茂妻许专志，《专志征存》著录，刘茂妻许大业三年三月亡（16）

17. 刘玄暘专志，《海外贞珉录》著录，大隋大业十二年岁次丙子闰五月丙寅朔七日壬戌高阳郡鼓城县故刘三拒孙玄暘年十二天亡九日甲子□埋于此地□元吉里□刘□□□□□（17）

18. 崔君专志，大唐故安州揔管府掾崔君神枢贞观八年十一月廿八日权殡北芒（18）

19. 大悲菩萨专，出直隶正定府龙藏寺，大悲菩萨（19）

20. 单于和亲十二字专，出归化城，单于和亲千秋万岁安乐未央（20）

21. 张普专，出北京北郊，□景元元年使□□□校幽州刺史□□□□□□□ □□□□□（21）

22. 车马画专，出河南新郑县，《海外贞珉录》著录（22）

23. 四神画专，《海外贞珉录》著录（23）

24. 画专（24）

25. 又（25）

二　《梦庵藏砖》拓本研究

"大富"砖

铭文"大富。"拓本尺寸 34×17 厘米。拓本与《中国古代砖刻铭文集》（以下简称《砖铭》）
654—655 号极为接近,《砖铭》所载两砖均为东汉时期,出土于河南洛阳,曾藏于清末端方。[1]
梦庵所藏"大富"砖也应属东汉时期，极有可能出土于洛阳。

（1）胡海帆、汤燕《中国古代砖刻铭文集》，文物出版社，2008 年，上册图版 170 页，下册说明 106 页。

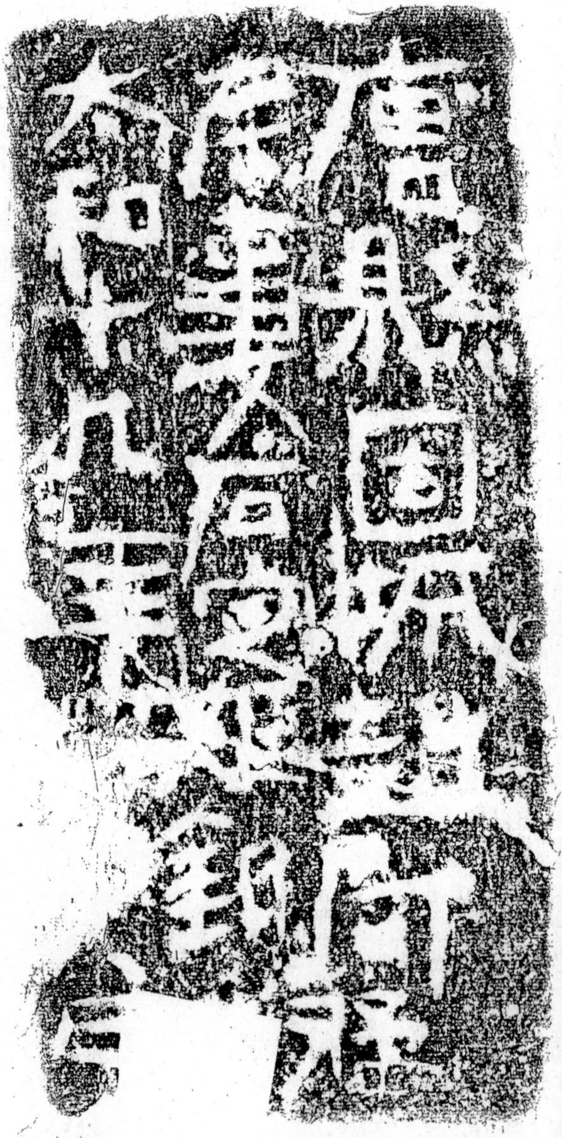

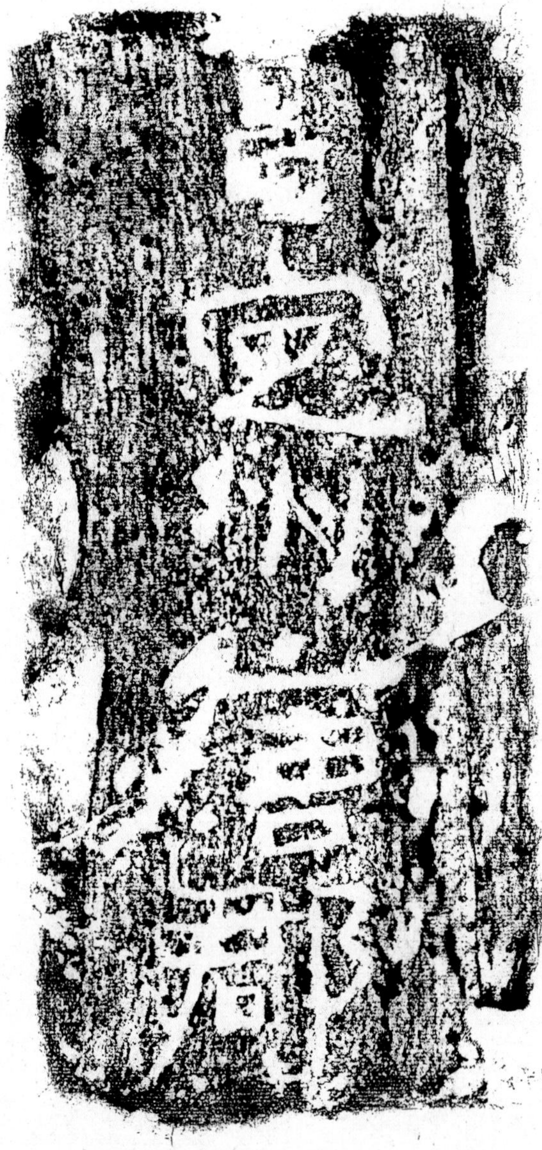

石定姬砖志

罗振玉《海外贞珉录》(以下简称《贞珉录》)云："石定姬专志。太和十九年。日本太田氏藏。"[1] 又著录于《砖铭》925 号，名为"赵阿祥妻石定姬墓记砖"，图版说明云："河北唐县出土，归天津姚贵昉。干刻铭文。正书，两面刻，正面 1 行 4 字；背面 3 行，行 7 至 9 字不等，共计 28 字。28.5×13.8 厘米。"所作释文为："正面：'定州唐郡'，背面：'唐县固城赵阿祥 / □妻石定姬□□，/ 太和十九年九□□日。'"所列著录目有：《专门名家·广仓专录》第 2 集、《蒿里遗文目录三上·专志征存目录上》2 叶、《北京图书馆藏中国历代石刻拓本汇编》册 3/24 页。

著录目可补《燕赵碑刻——先秦秦汉魏晋南北朝卷》[2]《北京大学图书馆藏历代墓志拓片目录》[3]等。砖背铭文第一行最后一字，《砖铭》等多释"祥"，梦庵释"猛"，从拓本看，似以梦庵所释为长。

---

(1) 罗振玉《海外贞珉录》，《罗振玉学术论著集》第六集，上海古籍出版社，2013 年，687-693 页。

(2) 詹文宏、李保平、邓子平《燕赵碑刻——先秦秦汉魏晋南北朝卷（下）》，天津人民出版社，2015 年，478 页。

(3) 北京大学图书馆金石组《北京大学图书馆藏历代墓志拓片目录（上）》，上海古籍出版社，2013 年，10 页。

"咸宁五年七月" 砖

　　铭文："咸宁五年七月牛口刘口。" 拓本尺寸：31×22 厘米。拓本又见阿英《从晋砖文字说到〈兰亭序〉书法》一文，该文仅选取右侧六字 "咸宁五年七月"，[1] 从拓本左侧平齐看，左侧四字因不清而被作者有意剪去。《砖铭》一书不明其故，据此仅著录右侧六字，云此砖铭文为 "1 行 6 字"（《砖铭》737 号）。今应据《梦庵藏砖》，补足此砖拓本。

（1）阿英《从晋砖文字说到〈兰亭序〉书法》，《文物》1965 年 10 期，21-28 页。

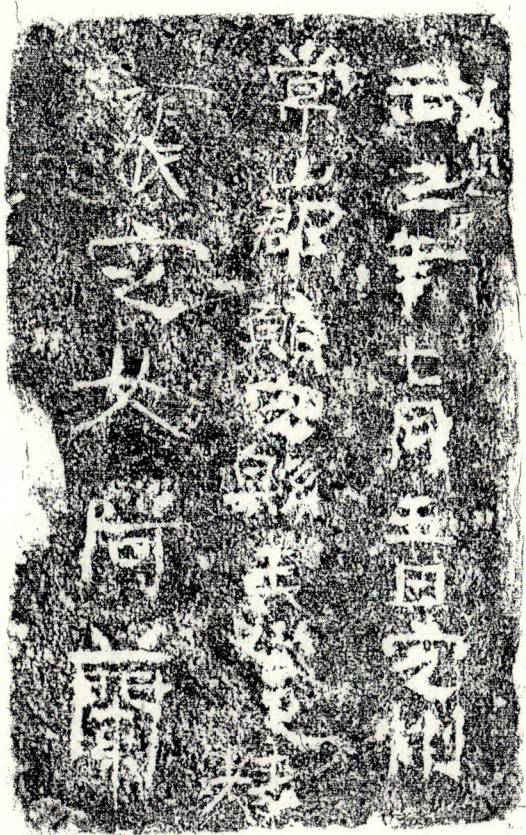

张阿兰砖志

铭文："武定三年七月五日，定州常山郡颠定县王邕婕张定女阿兰。"拓本尺寸：28×18厘米。又著录于罗振玉《专志征存》（以下简称《专志》）："张定女阿兰专。高一尺一寸九分，广七寸五分，止书三行：武定三年七月五日定州 / 常山郡颠安县王邕 / 张定女阿兰。"[1]释文中所谓"颠安"应改释为"真定"，"定"字写法与"张定女"的"定"字近似，均从宀从之。据《魏书·地形志》，北魏定州常山郡下领七县，其中有真定县。"邕"后一字，梦庵释"婕"应是可信的，"婕"为"妻"字异体。

_____

（1）罗振玉《专志征存》，《罗雪堂合集》第24函第1册，西泠印社出版社，2005年，6页。简称《专志》。

张□彦砖志

铭文："武定四年二月廿仹日临漳县民张□彦。"拓本尺寸:31×15厘米。又著录于《贞珉录》:"临漳县残专志,正书,武定四年二月,日本太田氏藏。"拓本不清楚,第1行"廿"下一字,第2行"民"下三字均不能确识。

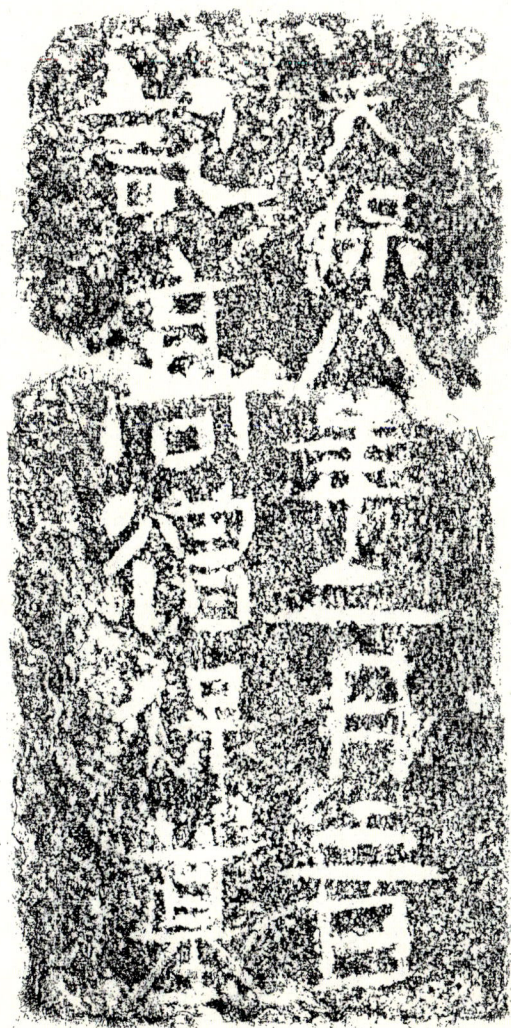

高僧保砖志

铭文："天保八年二月三日记高僧保墓。"拓本尺寸：31×17厘米。又著录于《专志》：

"高僧保专。高一尺三寸，广六寸五分，隶书二行：天保八年二月三日／记高僧保墓。"

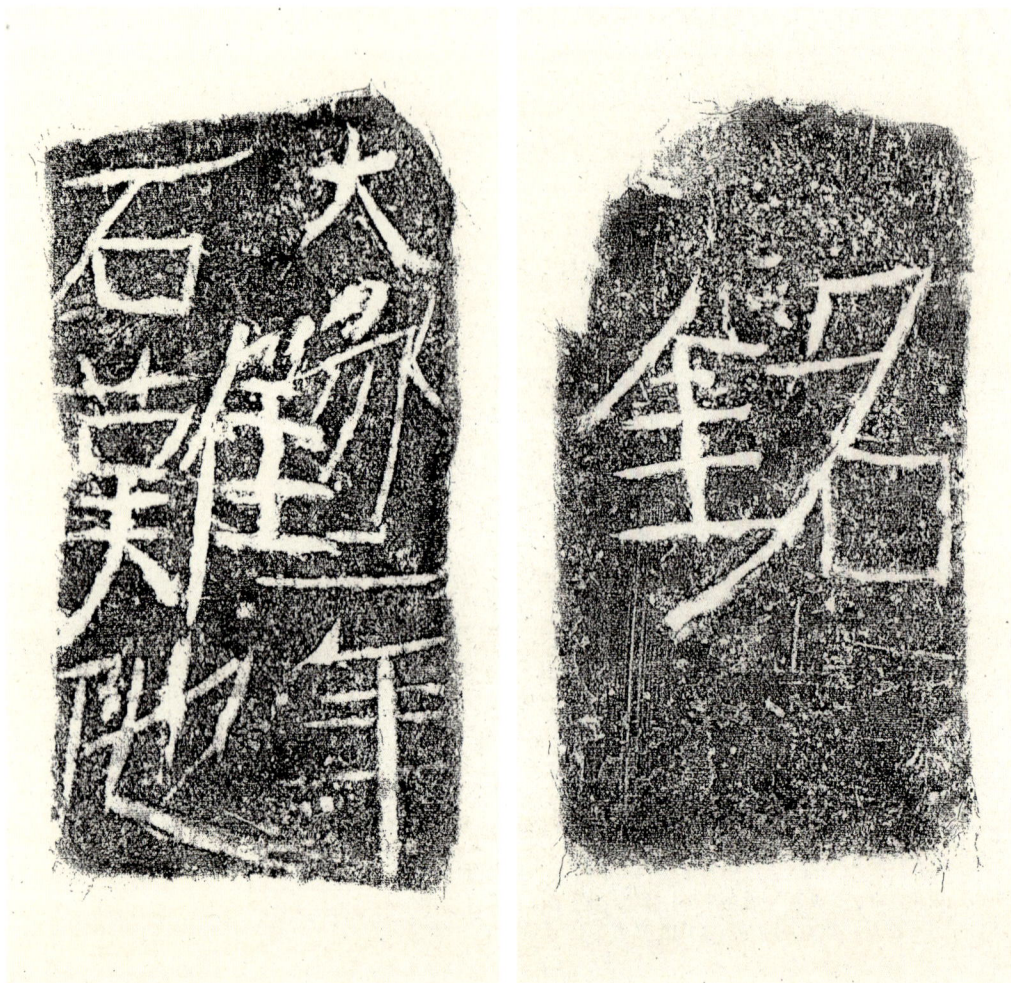

石难陀砖志

铭文："大象二年石难陀。"拓本尺寸：30×17厘米；铭文："铭。"拓本尺寸：30×17厘米。

又著录于《贞珉录》："石难陀专志，正书，大象二年，日本太田氏藏。"

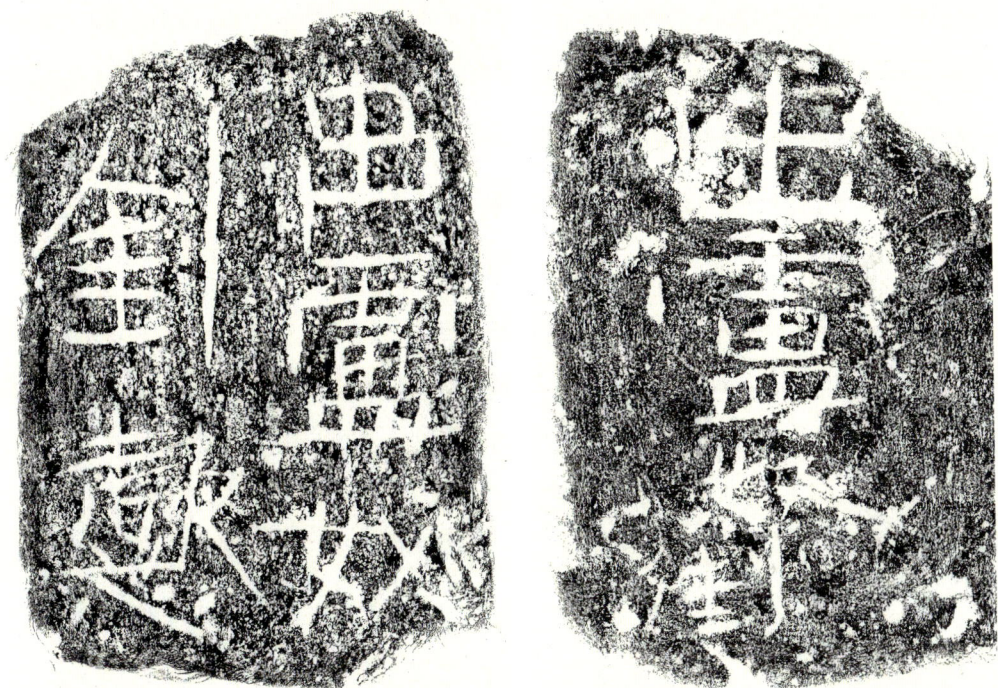

刘懿砖志

　　铭文：“中山卢奴刘懿。”拓本尺寸：34×24 厘米；铭文：“中山卢奴刘。”拓本尺寸：
34×24 厘米。又著录于《贞珉录》：“中山卢奴刘懿专志，正书，普泰二年三月十五日，同上。”

曾檀阿雌砖志

　　铭文："曾檀。"拓本尺寸：31×15厘米；铭文："阿雌弗子弟中山新市檀女。"拓本尺寸：31×15厘米。又著录于《专志》："曾檀檀女阿雌专，高一尺三寸二分，广六寸五分，草隶书，二行，左行。"

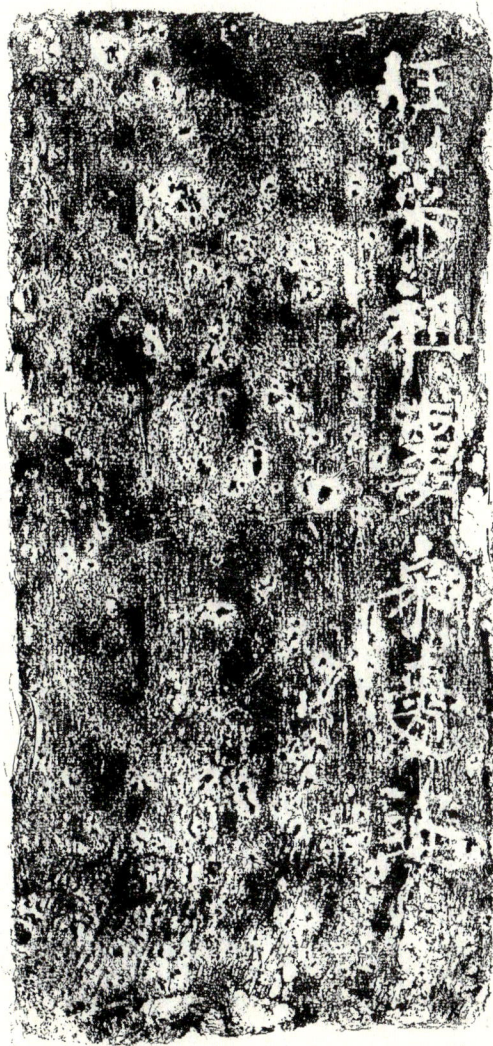

宋爱姿砖志

　　铭文：“任荣祖妻宋爱姿。”拓本尺寸：29×15厘米。又著录于《贞珉录》：“任荣祖妻宋爱姿专志，正书，无年月，姑附此。日本太田氏藏。”罗振玉在此书中断代为北周时期。

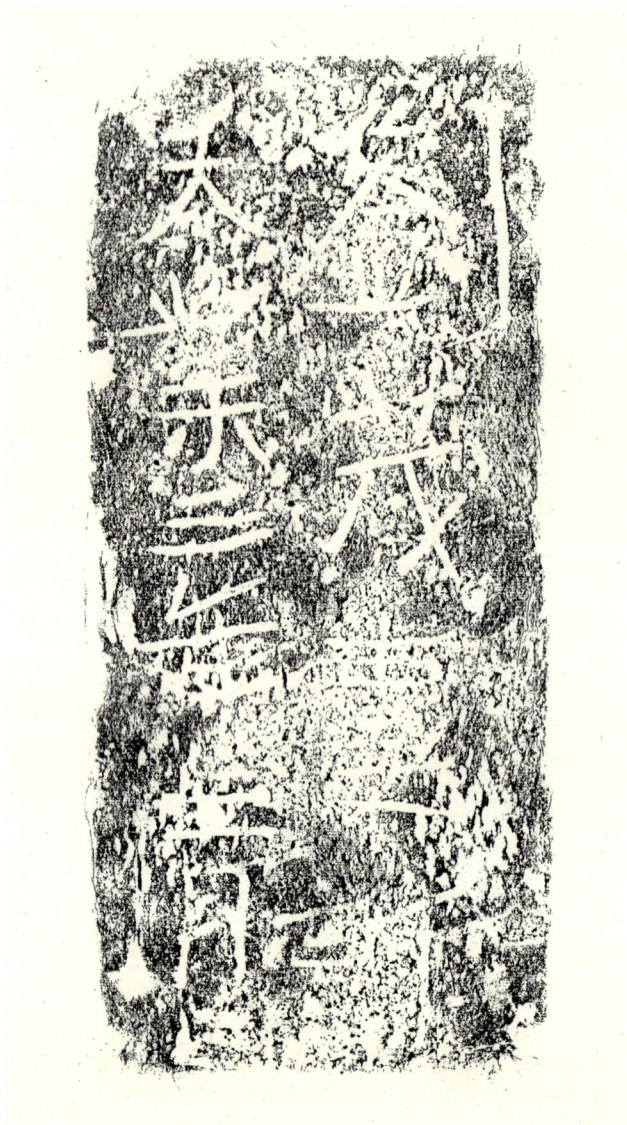

刘茂妻许砖志

　　铭文："刘茂妻许，大业三年三月亡。"拓本尺寸：31×15厘米。又著录于《专志》："刘茂妻许专，高一尺三寸四分，广六寸二分，正书，二行。"亦见于《全隋文补遗》，名"刘茂妻许氏砖志"。[1]

（1）韩理洲辑校编年《全隋文补遗》，三秦出版社，2004年，215页。

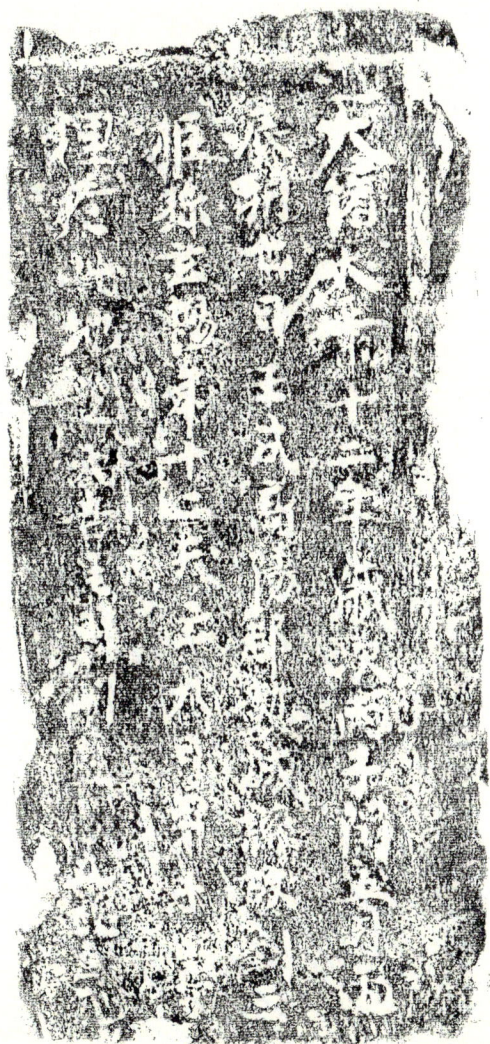

刘玄畅砖志

刻铭内容为："大隋大业十二年岁次丙子闰五月丙寅朔七日壬戌，高阳郡鼓城县故刘三拒孙玄畅，年十二夭亡，九日甲子□埋于此地，□元吉里□刘□□□□□。"拓本尺寸：37×17厘米。又著录于《贞珉录》："刘玄畅专志，正书，大业十二年闰五月，日本太田氏藏。"据《随书·炀帝本纪》，大业九年（613）改博陵为高阳郡。鼓城县，为高阳郡下辖县名，位于今河北晋州市。

崔君砖志

刻铭内容："大唐故安州揔管府掾崔君神枢，贞观八年十一月廿八日权殡北芒。"拓本尺寸：34×16厘米。据《旧唐书·地理志》，唐代安州为隋之安陆郡（今湖北安陆），武德四年（621）平定王世充之后，改为安州，设总管，治所在安陆。"北芒"为洛阳之邙山，东汉以来，王公贵胄多葬于此。西晋文学家张协有《登北芒赋》[1]。

（1）欧阳询《艺文类聚》，上海古籍出版社，1965 年，137 页。

单于和亲十二字砖

　　铭文："单于和亲千秋万岁安乐未央。"拓本尺寸：27×26厘米。方若《校碑随笔》云：

"单于和亲十二字砖，阴文者反，阳文者正，阳文之砖因希见贵。光绪十五年归化城出土。

书法亦强于他砖也。"[1]归化城即今内蒙古呼和浩特。据研究，铭文与王昭君和亲呼韩邪单

于有关，今呼和浩特市南有王昭君墓。[2]此类铭文砖 1956 年在内蒙古包头市郊亦有出土。[3]

（1）王壮弘《增补校碑随笔》，上海书画出版社，1981 年，161 页。

（2）中国历史博物馆《中国古代史参考图录：秦汉时期》，上海教育出版社，1990 年，163 页。

（3）林幹《匈奴史料汇编（上）》，中华书局，2017 年，431 页。

车马画像砖

拓本尺寸：26×13厘米。又著录于《贞珉录》："车马画象专，无文字，出河南新郑县。日本太田氏藏。"

四神画像砖

拓本尺寸：14×38厘米。又著录于《贞珉录》："四神画象方专。无文字。日本太田氏藏。"

汉画像砖

拓本尺寸：最宽 33× 最长 23 厘米

菱形内五铢钱纹

铭文：宜钱

拓本尺寸：30×17 厘米

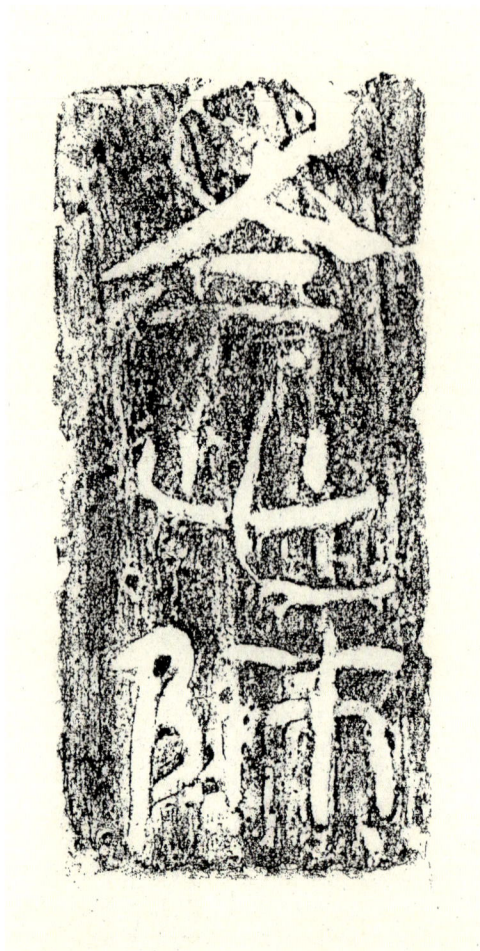

铭文：囗此师

拓本尺寸：34×14 厘米

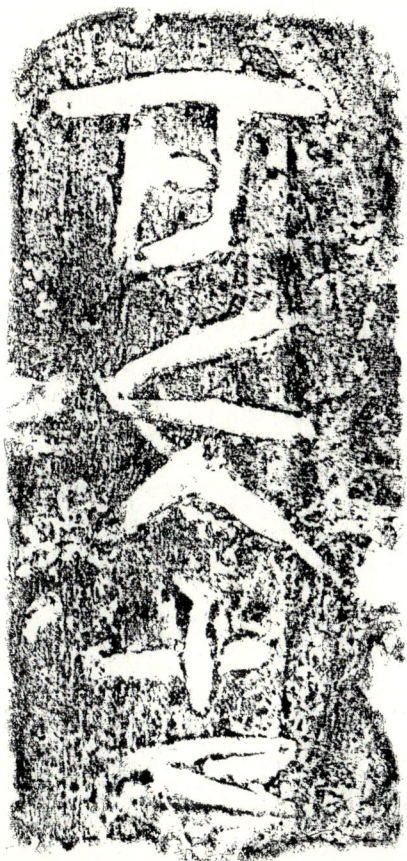

铭文：□□□

拓本尺寸：34×16 厘米

铭文：梯穄宅地□良苗不得藕根

拓本尺寸：31×15 厘米

铭文：□□ □□雨顥为佛作　　　　铭文：大悲菩萨

拓本尺寸：26×13厘米　　　　　　拓本尺寸：37×25.5厘米

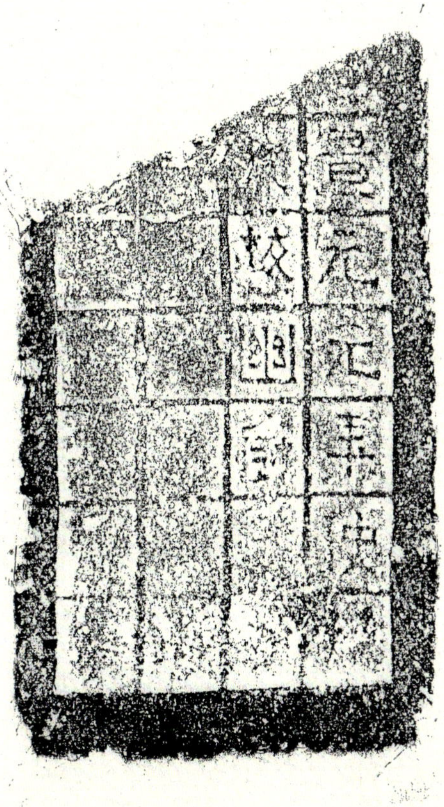

铭文：□景元元年使□□□校幽州刺
史□□□□□□□□□□□□□

拓本尺寸：25×14.5 厘米

汉画像砖

拓本尺寸：35×55 厘米

另外,罗振玉《贞珉录》所著录"日本太田氏"的藏品中尚有以下几件不见于《梦庵藏砖》:

> 夜国君专。太康九年。日本太田氏藏。
>
> 常文远造象。正书。永平□年。同上。
>
> 故息妇路专志。正书。永平□年。同上。
>
> 韩显祖造象,正书,永熙三年六月廿八日,日本太田氏藏。

从《贞珉录》的记述看,上述这些"日本太田氏"均应为同一人。梦庵结识罗振玉在1919年夏季罗氏定居天津之后,1915年《海外贞珉录》发行时,罗振玉与梦庵尚未谋面。由此可知,梦庵藏砖拓本集此前已经发行过,并流传到罗振玉手中。

其中,"常文远造像"与"韩显祖造像"为石造像,前者拓本见《北京图书馆藏中国历代石刻拓本汇编》,内容说明云:"北魏永平元年(508)刻。现在日本。拓片高33厘米,宽53厘米。正书。"[1]"韩显祖造像"旧藏端方,见《匋斋藏石记》,云:"韩显祖等造象记,石高七寸八分强,广一尺八寸,二十行,前十行界以棋格,行十一字,后十行题名,字数不等。正书。"[2]录文又见陆增祥《八琼室金石补正》。[3]方若《校碑随笔》称"韩显祖造塔记"。[4]拓本著录于《中国书法大辞典》。[5]

梦庵于1920年7月自天津回国之后,常委托罗振玉之长子罗君美(福成)购买古玺印、古铜印谱等,1925年4月4日的一封罗福成致梦庵的信札显示,梦庵对佛造像也有兴趣:

> 梦庵先生大鉴:昨奉大教,敬悉一是。《十六金符斋印谱》残本十册现已购入,价金五拾圆。昨日付小包寄上。近又从友人处觅官印打本四枚奉赠,祈赐收为感。敝处地址英文另纸写奉。近来,铜石造像颇不易得,且面目清楚者,多到贵国估人手。兹有黑色石双像一座,面目不清晰,但文字甚精可爱,黑色石亦不多见,

---

(1) 北京图书馆金石组《北京图书馆藏中国历代石刻拓本汇编》第3册,中州古籍出版社,1989年,121页。

(2) 端方《匋斋藏石记》第1册,朝华出版社,2019年,332-334页。

(3) 陆增祥《八琼室金石补正》,《续修四库全书》第896册,上海古籍出版社,2002年,289页。

(4) 王壮弘《增补校碑随笔》,上海书画出版社,1981年,342页。

(5) 梁披云《中国书法大辞典》,广东人民出版社,1987年,1174页。

破残之处不少，为可惜耳。兹将拓本一枚奉赠。要价银百元，至少八九十元，不能减少也。此上，即请道安。罗君美顿首。十四、四、四[1]

三　《梦庵藏砖》的学术价值

宋代金石学兴起以来，砖文既已进入学者的视野，例如：北宋赵明诚《金石录》收录"汉阳朔砖字"等砖文，[2] 南宋洪适《隶续》收录"永平砖文""曹叔文砖文""谢君墓砖文""永初砖文"等砖文[3]。至清代末期，随着出土材料种类的增多，学者始将砖文独立出来进行著录，成为专门的金石资料领域，例如：冯登府在道光年间撰《浙江砖录》[4]，陆心源于光绪年间刊行《千甓亭砖录》[5]和《千甓亭砖续录》[6]，黄瑞撰有《台州砖录》[7]，端方撰有《匋斋藏砖记》[8]，限于当时的印刷技术，这些著录或仅仅录文，或有翻刻砖文摹本，多有失真，而且大多只进行资料汇编，少有对砖文内容的考释，这些砖文资料的学术价值尚未得到完全体现。进入二十世纪初期，这种情况有所改变，吴隐于宣统三年（1911）发行拓本集《遯庵古砖存》[9]，每砖铭文附有考释，图文并茂。王树枏编有《汉魏六朝砖文》[10]，王氏这批资料大约收藏于民国丁巳年（1917），商务印书馆于民国二十四年（1935）影印出版，体例同于吴隐《遯庵古砖存》。其他尚有罗振玉的《高昌专录》[11]《恒农专录》[12]《楚州城砖录》[13]《专志征存》等属于一时一地的砖文著录。

（1）刘海宇、［日］玉泽友基《太田梦庵的古玺印收藏与古印学研究》，《西泠艺丛》2021年第2期，49-56页。

（2）赵明诚，金文明校《金石录校证》，上海书画出版社，1985年，249页。

（3）洪适《隶释·隶续》，中华书局，1985年，418页。

（4）冯登府《浙江砖录》，《历代陶文研究资料选刊》上册，北京图书馆出版社，2005年，1-246页。

（5）陆心源《千甓亭砖录》，《历代陶文研究资料选刊》上册，249-527页。

（6）陆心源《千甓亭砖录》，《历代陶文研究资料选刊》上册，529-682页。

（7）黄瑞《台州砖录》，《历代陶文研究资料选刊》中册，31-276页。

（8）端方《匋斋藏砖记》，《历代陶文研究资料选刊》中册，417-489页。

（9）吴隐《遯庵古砖存》，《历代陶文研究资料选刊续编》中册，国家图书馆出版社，2009年，541-699页。

（10）王树枏《汉魏六朝砖文》，《历代陶文研究资料选刊续编》下册，1-147页。

（11）罗振玉《高昌专录》，《历代陶文研究资料选刊》下册，1-58页。

（12）罗振玉《恒农专录》，《历代陶文研究资料选刊》下册，59-114页。

（13）罗振玉《楚州城砖录》，《历代陶文研究资料选刊》下册，115-140页。

　　太田梦庵自述曾师从罗振玉一年半，[1] 罗振玉在《梦庵藏印》序言中说，1919 年夏季定居天津之后，经方若介绍结识梦庵，"嗣恒与君相见，于古金石刻外不及他事，益知君好古深且笃也"，[2] 梦庵的金石收藏和著录受罗氏影响至深。

　　《梦庵藏砖》拓本集发行于 1926 年，共制作 30 部，收录 25 种古砖，其中铭文砖 21 种、画像砖 4 种，铭文砖中除"单于和亲十二字砖"与"张普砖"为范制之外，其他 19 种为刻划砖，画像砖均为模印或范制。年代最早者为西汉晚期的"单于和亲十二字砖"，最晚的纪年为唐代贞观八年（634）的"崔君砖志"。《梦庵藏砖》所录 25 种古砖中，约占半数的 12 种著录于罗振玉的《贞珉录》或《专志》。《梦庵藏砖》所收砖文中，前 19 种为刻划文字，按照时代顺序排列，之后 2 种为范制，亦按时代排列，最后 4 种为无文字的画像砖。这体现了梦庵对古砖的分类标准是，先刻划文字砖，后范制文字砖，最后是无铭文画像砖。

　　《梦庵藏砖》所收古砖虽然数量不多，但是铭文种类较为齐全，内容包含吉语、记事、墓志、佛教文字等，年代跨度较大，涵盖从西汉至唐代的近七百年。特别是墓志砖文 12 种占总量的近半数，多是当时社会地位不高的平民墓志，只有唐贞观八年"崔君砖志"的主人曾为安州总管府属官，是等级不高的官僚。这 12 种墓志砖文中有 10 种砖文内容曾著录于罗振玉《贞珉录》或《专志》，但未收录拓本，"石定姬砖志"和"咸宁五年七月"砖的拓本著录于《砖铭》，但后者所收拓本内容不全，致使重要的墓志信息缺失，无法判定铭文的性质。这批墓志砖文可以加深我们对当时社会风俗的认识，具有一定的史料价值，拓本的重新公布，可以为古代历史民俗研究提供一批新资料。

　　《梦庵藏砖》所收砖文书体较为齐全，有隶书、篆书、楷书、草书，可见西汉至唐代的砖文形态变化，铭文的制作方式有刻划和范制，刻划又有湿刻和干刻两种。古砖的刻划文字多为下层平民或工匠的所刻，书体较为随意，或自由奔放，所反映的是当时社会下级阶层所使用的日常书法，具有一定的书法价值。

（1）（日）伊东圭一郎《清谈を闻く一太田孝太郎氏（上）》，《新岩手日报》1948 年 10 月 8 日。
（2）罗振玉《〈梦庵藏印〉序》，太田孝太郎《梦庵藏印》钤印本，1920 年。

第五章

梦庵藏
金石小品

第一节 《梦庵金石小品》概述

《梦庵金石小品》是太田梦庵（1881—1967）发行于1949年的小件金石器物拓本集，正文共49页，收录43种金石类小件器物以及部分著名学者题跋的拓本，其中21件铜带钩的拓本又收录于《梦庵藏钩》，我们曾据调查资料，专门撰文进行过研究[1]。其他22件器物大多未见著录，一部分器物现藏岩手县立博物馆。《梦庵金石小品》发行量极少，笔者仅见早稻田大学图书馆收藏一件，该图书馆已经将该拓本集公开。[2] 今据调查资料，就21件铜带钩之外的有铭器物进行调查研究。

一 《梦庵金石小品》介绍

首录今关天彭（1882—1970）的《梦庵金石小品题词》，其后是正文，收录各类小件金石类器物的拓本49页。今关天彭是中国文化研究学者，善近体诗，其题词是七绝四首（图一），今转录如下：

> 守缺抱残真足娱，何唯玄酒发清膄。忽闻佩玉锵然响，揖让或遭三代儒。
>
> 著述当年心血流，难哉明识与穷搜。晚编一卷无分部，散落天华随手收。
>
> 摩挲旧物趣翻新，倍觉幽光日可亲。好古湖翁今不见，山空宵永独伤神。
>
> 海内论交今几年，嗜痂有癖各相怜。晴窗泚笔闲题句，又结风前一笑缘。

其中第三首第三句"湖翁"下有双行小字夹注"湖南老博"，指内藤湖南博士（1866—1934）。落款"己丑十月，天彭山人"。"己丑"为1949年。

---

(1) 刘海宇、［日］玉泽友基《〈梦庵藏钩〉所收有铭铜带钩调查研究》，北京大学出土文献研究所编《青铜器与金文》第六辑，上海古籍出版社，2021年6月，182-192页。

(2) 参早稻田大学图书馆网页 https://www.wul.waseda.ac.jp/kotenseki/html/chi10/chi10_03937。

正文 49 页，无页码，为便于研究，我们按拓本顺序附以页码。前 6 页首先收录 5 件小型佛像的拓本，第 5 件正侧面和背面拓本各占 1 页，这些佛像现不明所在，材质不明。第 7 页为雁节的正、反拓本，第 8 页为雁节盒罗振玉题署"古雁符"拓本，第 9 页为雁节的内藤湖南、方若的题跋。第 10 页为张掖太守虎符的正、反拓本，第 11 页为虎符盒的内藤湖南题署。第 12 页和第 13 页是秦始皇廿六年诏书陶量残片拓本。第 14 页为两件斗检封铭文拓本。第 15 页"罕（？）"字铭文拓本，器物以及材质均不明。第 16 页为著名隋代官印"崇信府印"的印蜕和拓本，第 17 页为背款拓本，第 18 页为印盒方若题记的拓本。第 19 页为玉璜形器物的正、反两面拓本，两端有孔，似为玉组佩中的一件。第 20 页为玉剑璏的正面和侧面的拓本，第 21 页为玉剑首的正面和反面拓本。第 22-24 页每页各收录一件小型铜铃的正、反两面拓本，其中前两件有铭文。第 25-45 页收录 21 件铜带钩的整体拓本以及钮部铭文的拓本和印蜕，这些铜带钩均现藏岩手县立博物馆。第 46 页为有铭铜镞拓本三件，第 47 页收录 1 件铜簪形器 4 面铭文拓本，这些器物现藏岩手县立博物馆。第 48 页为画像砖双鱼纹拓本，中间有方孔钱币纹，第 49 页为坐姿抚琴人物画像拓本，这两件器物不明所在。封底扉页有"枫园"斋号印。

二　《梦庵金石小品》所收部分器物的调查与研究

1. 雁节（图二）

雁节，又称雁符，分为左右两半，此器为右半。《梦庵金石小品》第 7 页收录雁节的正面铭文和背面器形的拓本（图二），两半相合处的两个铆钉清晰可见，第 8 页为罗振玉题署"古雁符"拓本，其下刻"罗振玉印"（图二），第 9 页为内藤湖南、方若的题记拓本，内藤湖南题记云："古雁符传世尤罕（？），梦庵所藏。观其文曰（？）晚周物矣。戊辰七月题。内藤虎。"（图三 1）其下刻"虎"单字印，"戊辰"为 1928 年。左侧尚有三字"双□□"，后两字拓本不清。方若题记云："先秦所遗符也。似之既著合口，况有刻辞。梦厂长物，而藏于斯。方若。"（图三 2）

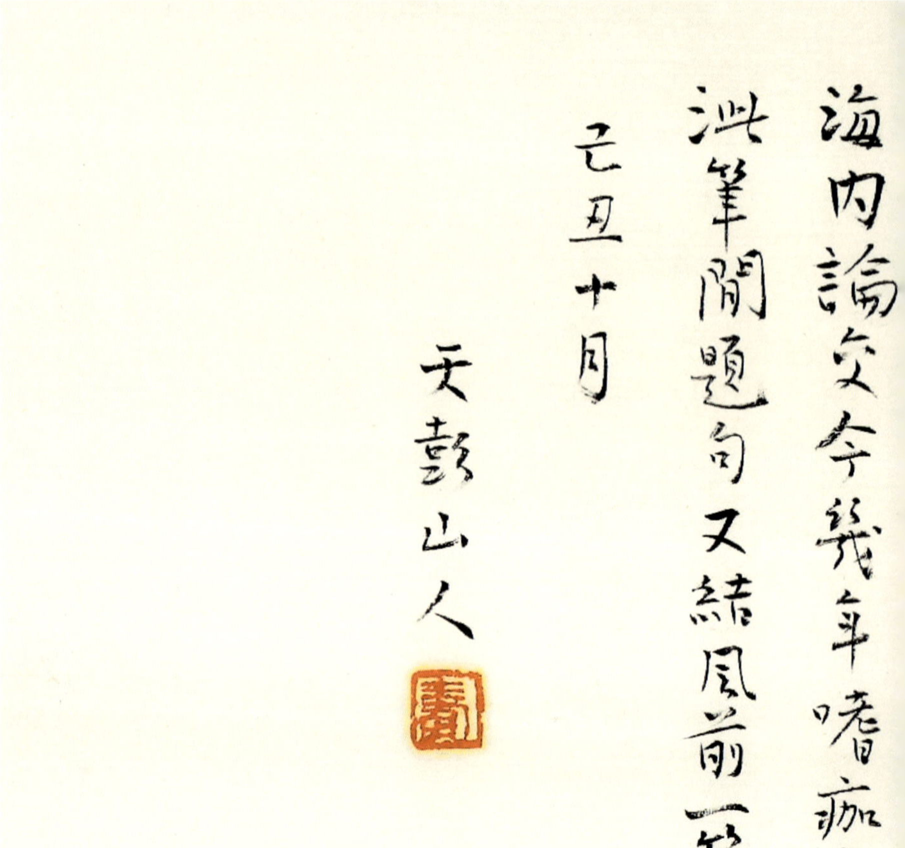

海内論交今幾年　嗜痂有癖每相憐晴窗

洴筆閒題句　又結風前一笑緣

乙丑十月　天彭山人

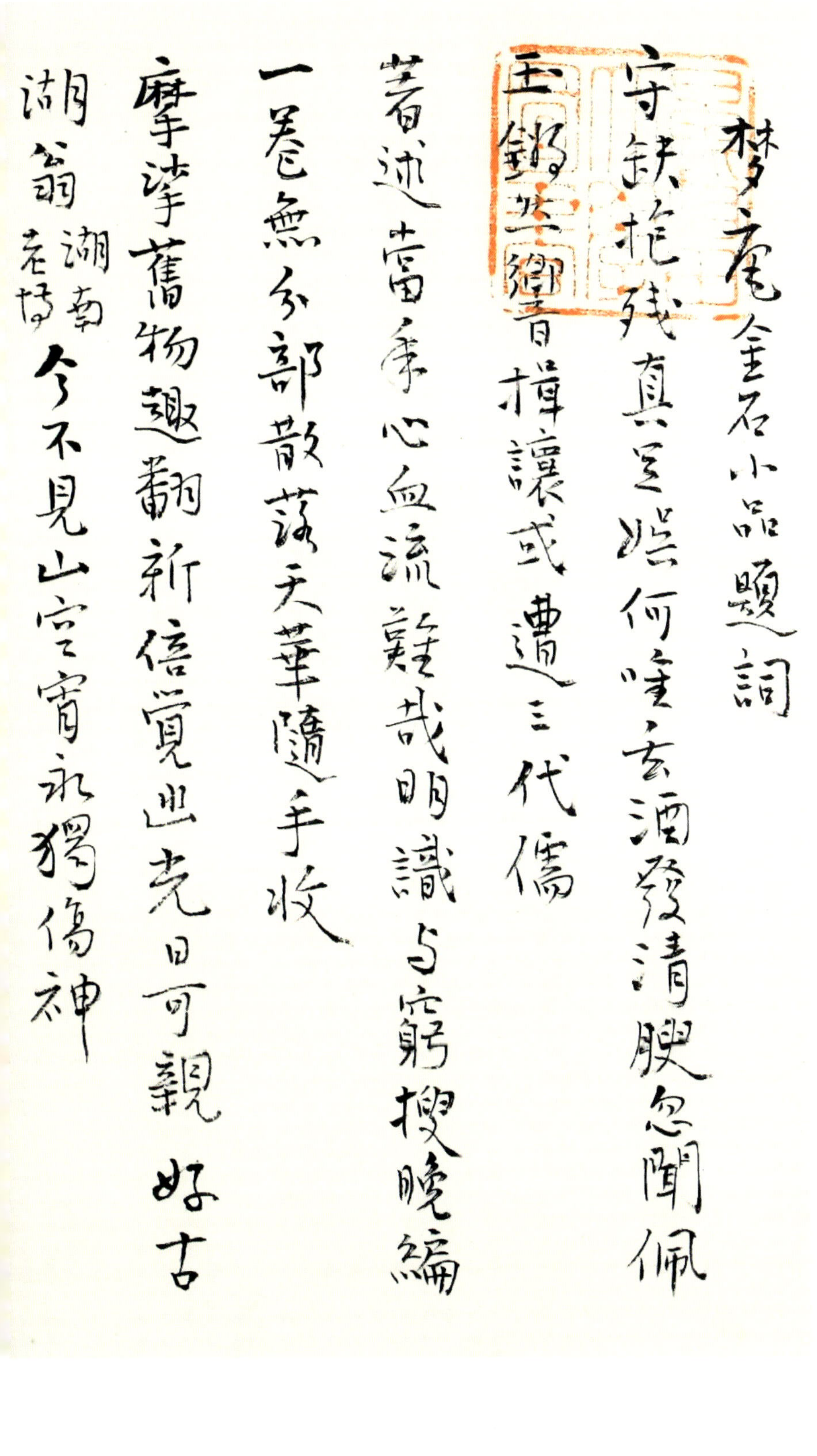

梦庵金石小品题词

守缺抱残真至性 何嗟玄酒发清膄 忽闻佩

王钖棻敬书 撙让或遭三代儒

蓄述当年心血流 难哉明识与穷搜 瞻缟

一卷无分部散荚 天华随手收

摩挲旧物趣翻新 倍觉此光旦可亲 好古

湖翁湖南老博 今不见山空宵汛独伤神

图一 今关天彭《梦庵
金石小品题词》

图二　雁节铭文、背面器形（左页）以及罗振玉（右页）题署拓本

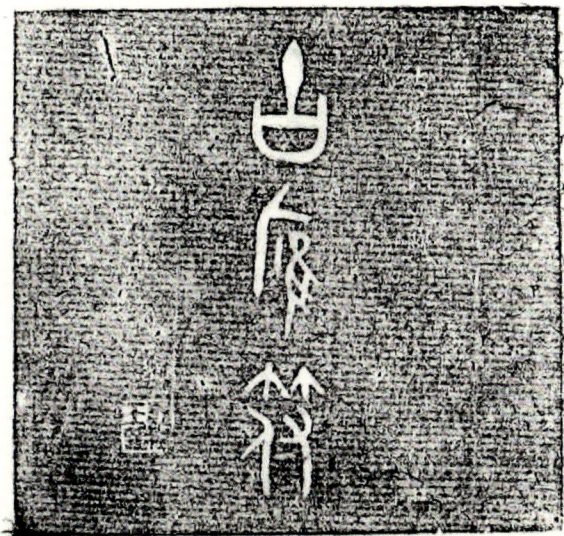

　　该雁节非常著名，为罗振玉旧藏，著录于《三代》[1]，目录中称"雁节"。又著录于《总集》[2]7892号器，《集成》[3]12103号器，释文作："传遽□□乍右□□句酉。"《铭图》[4]19170号器，释文作："造□八□□右□，□□八丙。"太田梦庵应得之于罗振玉处。

　　著名篆刻家松丸东鱼（1901—1975）在1971年9月7日造访太田梦庵旧宅时，见到此雁节，他在陶盘上作汉文题记曰："辛亥九月七日访太田梦盦先生于旧宅于盛冈茶畑，晤夫人。见示古玉印、雁符。东鱼时年七十一。"（图三3）[5]该雁节未捐赠给岩手县立博物馆，现所在不明。

　　该雁节铭文拓本不清，幸有类似符节铭文可以比对，其他三件著录于《集成》12104-12106，四件符节铭文基本一致。据学者的研究，其铭文已可大致通读。《集成》12104雁节，原为方若旧藏，现藏中国国家博物馆，《集成》12105鹰节，原为罗振玉旧藏，现藏故宫博物院。[6]李家浩据《集成》12105鹰节铭文"传虡（遽），帚戊戻（邮）舟（铸），右丰（契），不句（拘）酉（留）（图三4）"，将本文所论雁节铭文释为："传遽，□□戻（邮）舟（铸），右〔丰（契），不〕句（拘）酉（留）。"[7]洪德荣根据汉简"毋苛留"等，将最后三字读为"不句（苛）酉（留）"，意为详加责问，不使通过，他同时认为符节做成雁、鹰等形，是取义"传遽"能够像这类动物那样快速敏捷。[8]

　　据上述研究成果，本文所论雁节的铭文可补足为："传遽，帚戊戻（邮）舟（铸），右丰（契），不句（苛）酉（留）。"铭文大意为：传遽符节，为帚戊邮所铸造，此为右半，关津等官吏见到持此符节人员，不得责问扣留。

（1）罗振玉《三代吉金文存》，中华书局，1983年，1826页、1890页。简称《三代》。
（2）严一萍《金文总集》，台湾艺文印书馆，1983年，4591页。简称《总集》。
（3）中国社会科学院考古研究所《殷周金文集成（修订本）》，中华书局，2007年，6597页。简称《集成》。
（4）吴镇烽《商周青铜器铭文暨图像集成》第34卷，上海古籍出版社，2012年，544页。简称《铭图》。
（5）[日]早稻田大学会津八一纪念馆编《万象·一刀の中にあり—松丸东鱼篆刻作品等受赠记念》，2021年3月，73页。
（6）程鹏万《传遽鹰节、雁节研究补遗》，《战国文字研究的回顾与展望》，中西书局，2017年，115-119页。
（7）李家浩《著名中年语言学家自选集·李家浩卷》，安徽教育出版社，2002年，82-100页。
（8）洪德荣《先秦符节再探》，《战国文字研究的回顾与展望》，中西书局，2017年，120-131页。

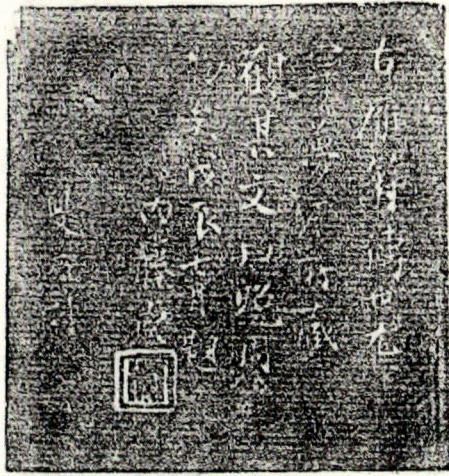

图三　1内藤湖南题记拓本　2方若题记拓本

图三　3 松丸东鱼瓷盘题记　4 鹰节铭文拓本

2. 张掖太守虎符

虎符是古代调动军队的信物，分左右两半，一般右半朝廷或帝王持有，左半为统兵将领持有。使用时，需要左右合验，方可调动军队。《梦庵金石小品》第 10 页收录"张掖太守虎符"左半拓本，虎符腹部刻四字"张掖左一"，背部铭文均为字形的左侧一半"与张掖太守为虎符"（图四 1-2）。第 11 页收录内藤湖南题署盒盖刻文拓本，内容为"汉张掖太守虎符，内藤虎署"（图四 3）。该虎符未捐赠给岩手县立博物馆，现所在不明。

张掖太守虎符多见于清末的金石著录，例如：1852 年刘喜海《长安获古编》卷二[(1)]、1914 年罗振玉《历代符牌图录》[(2)] 等。从拓本看，两书所著录虎符为同一件，即现藏中国国家博物馆的虎符[(3)]。梦庵旧藏与之虽然铭文相同，但拓本虎形有所不同，特别是背面榫卯的形状一为方形一为细长形，明显不是同一件器物。

（1）刘喜海《长安获古编》卷二，《续修四库全书》第 906 册，上海古籍出版社，2002 年，269 页。

（2）罗振玉《历代符牌图录》，中国书店，1998 年，14 页。

（3）陈佩芬《中国青铜器辞典》，上海辞书出版社，2013 年，1516 页。

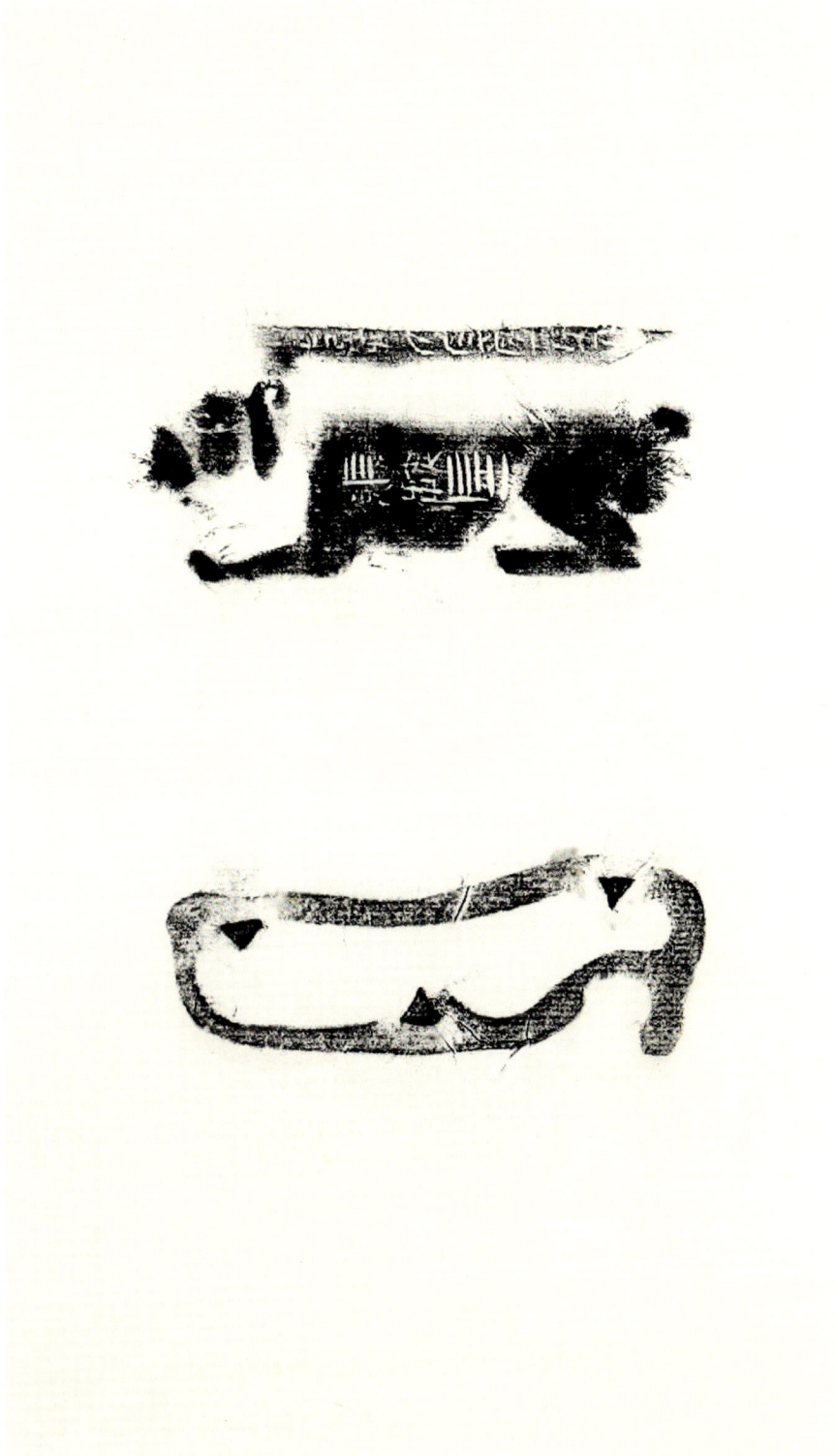

图四　1 张掖太守虎符正面拓本　2 张掖太守虎符背面拓本

图四　3 内藤湖南题署拓本

图五　秦诏陶量

3. 秦诏陶量残片

《梦庵金石小品》第 12 页和第 13 页收录的是秦始皇廿六年诏书陶量的残片拓本，其中铭文为"大安立号为皇帝"的残片又收录于容庚《秦金文录》"廿六年诏陶量"之中[1]。这类"秦诏陶量"完整器见于出土器物，例如：山东博物馆藏秦陶量，1963 年出土于邹城邾国故城，容积为 2000 毫升，铭文为："廿六年，皇帝尽并兼天下诸侯，黔首大安，立号为皇帝，乃诏丞相状、绾，法度量，则不壹，兼疑者皆明壹之。"（图五）[2]这是秦始皇在二十六年（公元前 221 年）完成兼并天下大业之后，命令丞相隗状、王绾统一度量衡制度的诏书，是官方所制造量器的标志。不少铜量器上也有相同的铭文[3]。

（1）容庚《秦金文录》，《容庚著作全集》第六册，中华书局，2011 年，103-106 页。

（2）谢治秀《辉煌三十年：山东考古成就巡礼》，科学出版社，2008 年，148 页；山东省地方史志编纂委员会《山东省志·文物志》，1996 年，446 页。

（3）国家计量总局等《中国度量衡图集》，文物出版社，1984 年，58-67 页。

4.斗检封[1]

斗检封是汉代量器的附属物,使用时扣嵌在官方监制量器的器身或柄部的凸起方框上,表示该量器是经过官方检定过的标准量器。正面铭文一般为"官律所平",背面铭文为"鼓铸为识"。该斗检封现藏岩手县立博物馆,新莽至东汉时期的器物(图六)。

现存汉代铜量器中,有不少是附带斗检封的器物。例如:清末著名学者陈介祺曾收藏一件新莽地皇上戊二年(21)所造铜量器,刻铭曰:"常乐卫士上次士铜饭帻,容八升少,新始建国地皇上戊二年二月造。"通长39厘米,柄长15厘米,量身长24厘米,宽13厘米,高7.5厘米,容量"八升少",即八升少半升(8又1/3升)之省,实测容量1680毫升,器身外侧有扣嵌斗检封的凸出方框,位于左侧刻铭之下(图七1)。[2]

图六1 "官律所平"斗检封器形照片

---

(1) 参刘海宇《汉代"斗检封"考》,《东方考古》第21集,科学出版社,2023年,343-353页。
(2) 苏辉《陈簠斋旧藏莽量的重新发现与研究》,《文博》2013年第1期,36-41页。

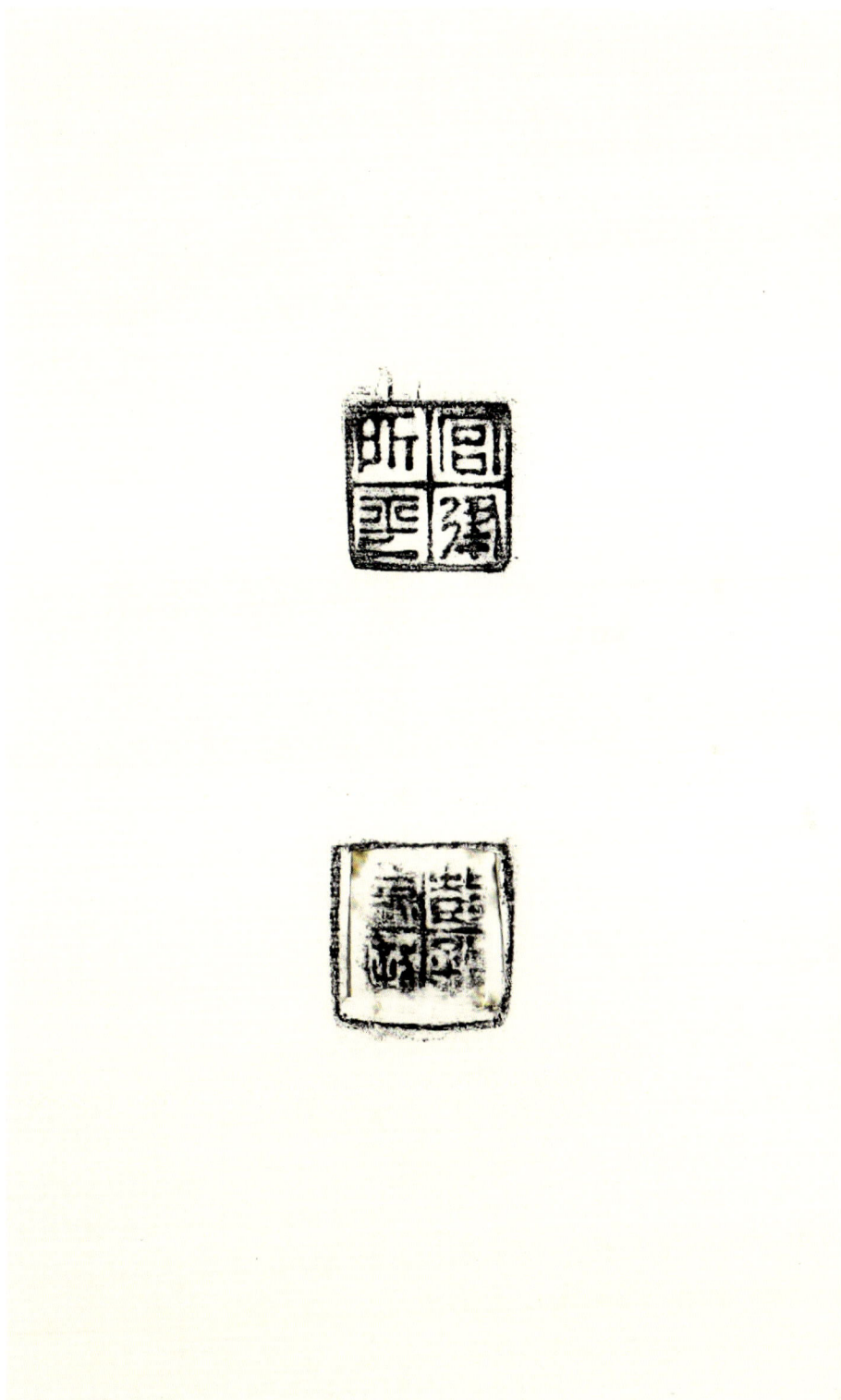

图六 2　"官律所平"斗检封正背两面拓本

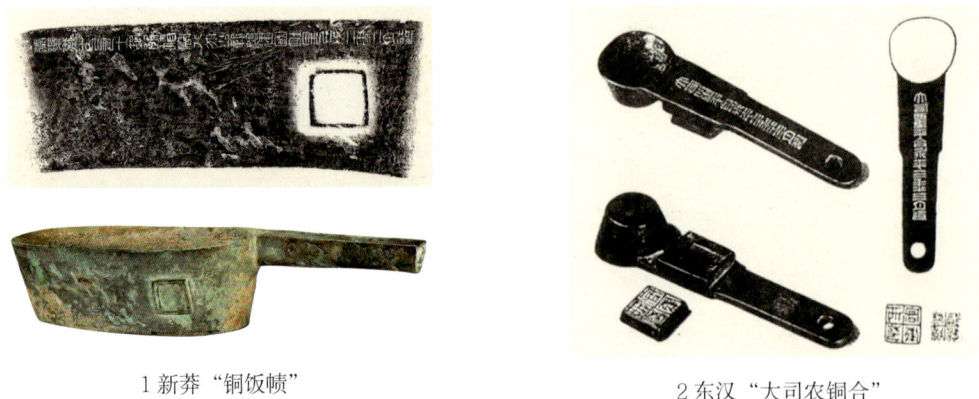

1 新莽 "铜饭帻"   2 东汉 "大司农铜合"

图七   新莽和东汉时期带斗检封的铜制量器

《中国古代度量衡图集》（以下简称《图集》）[1]收录一件南京博物院所藏的东汉 "大司农铜合"，柄部正面刻铭曰："大司农平合，永平三年三月造。" 通长 15.7 厘米，高 2.3 厘米，量身长 4.5 厘米，宽 4.1 厘米，实测容量 20 毫升，柄背面有一凸起方框，用于扣嵌斗检封（图七 2）。该器物保存完好，器物与斗检封并存，难能可贵。《图集》称斗检封为 "铜检封"，所附说明云："检封系度量衡器具经官方检定后的封印，相当于现代计量管理部门检定计量器具后加盖的检定印和发给使用单位的合格证…… '大司农平合' 当是由大司农监制校量的标准量器。"《图集》另外还收录器身附带凸起方框的汉代铜斗两件、铜斛四件，其中一件铜斗刻铭年号为 "元初三年（116）"，两件铜斗实测容量均在 2000 毫升上下，铜斛刻铭年号有 "建武十一年（35）" "光和二年（179）"，四件铜斛的实测容量均为 20000 毫升上下。

由此可知，斗检封的使用方式是，扣合在量器器身或柄部的突起方框上，斗检封上下两侧有小圆孔（图六），以铆钉或铁丝与方框固定，从而使铸有 "官律所平" 四字的斗检封浮起于器身之上，非常惹人注目，以起到昭示官量的效果。从上举附带斗检封量器刻铭的年号看，最早的是新莽地皇上戊二年（21），最晚的是光和二年（179），据此断定斗检封的年代为新莽时期至东汉晚期，当大致不误。

---

(1) 国家计量总局等《中国古代度量衡图集》，文物出版社，1984 年，90 页。

斗检封，旧或称"官律所平器"，清代金石学家徐同柏（字大椿，1775—1854）在嘉庆七年（1802）曾做过考释，他在张廷济（字叔未，1768—1848）邮寄的拓本上作跋语云：

嘉庆壬戌正月，安邑宋芝山孝廉葆淳赠张叔未舅氏汉印一，其式与《周礼》贾疏所称斗检封合，《周礼·地官·司市》贾公彦疏："案汉法，斗检封，其形方，上有封检，其内有书，则周时印章上书其物，识事而已。"上海赵谦士光禄秉冲审定为斗检封，内四字镕铸不到，已不能识，外则"官律所平"四字。案凡印皆作反文，此独作正文，盖"执之以通商"。《周礼·地官·司市》郑康成注："玺节，印章，如今斗检封矣，使人执之以通商。"非施之封泥也。《汉书·百官公卿表》大司农属官有平准令，《后汉书·百官志》平准令"掌知物贾"，则所谓"律"者即商贾之律。《史记·平准书》："孝惠、高后时，为天下初定，复弛商贾之律。""平"者，定平定物贾也。《周礼·地官·质人》郑康成注："质，平也。主平定物贾。"舅氏得此印直可为解经之左证，岂独吉金中备一品目云尔哉。二月廿三日，舅氏从都中寄示拓本，喜金石之有夙契也。谨跋数语于尾。徐大椿书于讽籀书窠。[1]

阮元在《积古斋钟鼎彝器款识》卷十中收录张廷济所藏"斗检封"，也有类似的观点。[2]清人根据古代典籍，已经认识到"斗检封"是施用于经官方核准的量器上的附属物，表示器物为通商用的标准量器。结合上文图六和图七的器物，再看《周礼·地官·司市》的注疏，可知郑玄注所言"使人执之以通商"的斗检封无疑与商贾所用的铜量器有关，贾疏则云铜量器器身或柄部凸起的方框为"斗检封"，其上扣合的为"封检"，两者配合使用，缺

不可，清人称量器器身或柄部凸起方框之上的扣合物为"斗检封"，未尝不可。迄今所发现施用斗检封的器物，从大型的铜斛到小型的铜合均为量器，而在尺度和衡器上从没有发现过。斗作为常见的量器，可以作为量器之代表，"斗检封"的"斗"应泛指量器。

这种标示官方核准量器的方式，应源自于当时盛行的竹木制简牍文书的封检形式，但

（1）容庚《汉金文录》"官律所平器"条，《容庚著作全集》第六册，中华书局，2011年，447页。
（2）阮元《积古斋钟鼎彝器款识》，《续修四库全书》第901册，上海古籍出版社，2002年，698页。

与简牍以封泥封检的方式并不相同。孙慰祖曾指出，"标记法定性质的斗检封，也是从封泥之制演变而来的方式。"[1]王国维在其不朽名著《简牍检署考》一文中曾论及汉代"斗检封"[2]，他说"官律所平"小铜器"当为嘉量上之附属物"，这无疑是正确的，但他又说《周礼·地官·司市》郑玄注所言的"斗检封"为"书牍之封检"，此说无视斗检封"使人执之以通商"的用途，这明显是不妥当的。胡平生、马月华在《简牍检署考校注》一书中，已经据《图集》所载量器"有可以嵌入铜检封的方框"指出，王国维之说"恐怕是有问题的"，"贾疏及阮元、张廷济之说不能轻易推翻"。[3]

但王国维所谓"斗检封"为"书牍之封检"之说影响至深，迄今仍有很多论著沿袭此说，或者把"斗检封"等同于封泥，例如：邓散木《篆刻学》[4]、大庭修《汉简研究》[5]、孙机《中国古代物质文化》[6]、程鹏万《简牍帛书格式研究》[7]等，在此无法一一备举，这均是应该予以更正的。

这类铜斗检封多见传世，绝大多有田字格，偶有无界格者。罗振玉在成书于1920年的《海外吉金录》中说，"官律所平小铜器，四字。此器传世甚多，然四字间皆有界格，此器无之。日本富冈氏藏。"[8]

5. 铜铃

《梦庵金石小品》第22—24页收录三件小型铜铃的正、反两面拓本，其中前两件有铭文，第一件铭文"大吉利"（图八 1），第二件正反两面铭文均为"日入千金"（图八 2），第三件无铭文（图八 3）。第一件"大吉利"铜铃现藏岩手县立博物馆，通高 5.8 厘米，最宽 5.2 厘米，最厚 3.3 厘米，重 60.5 克；其他两件铜铃不明所在。

（1）孙慰祖《封泥发现与研究》，上海书店出版社，2002 年，7 页。
（2）王国维《简牍检署考》，《王国维遗书》第九册，上海古籍书店，1983 年，328-329 页。
（3）王国维原著，胡平生、马月华校注《简牍检署考校注》，上海古籍出版社，2004 年，90-91 页。
（4）邓散木《篆刻学》，人民美术出版社，2014 年，35-36 页。
（5）大庭修著，徐世虹译《汉简研究》，广西师范大学出版社，2001 年，180 页。
（6）孙机《中国古代物质文化》，中华书局，2014 年，316 页。
（7）程鹏万《简牍帛书格式研究》，上海古籍出版社，2017 年，296 页。
（8）罗振玉《海外吉金录》，《罗振玉学术论集（第六集）》，上海古籍出版社，2013 年，677 页。

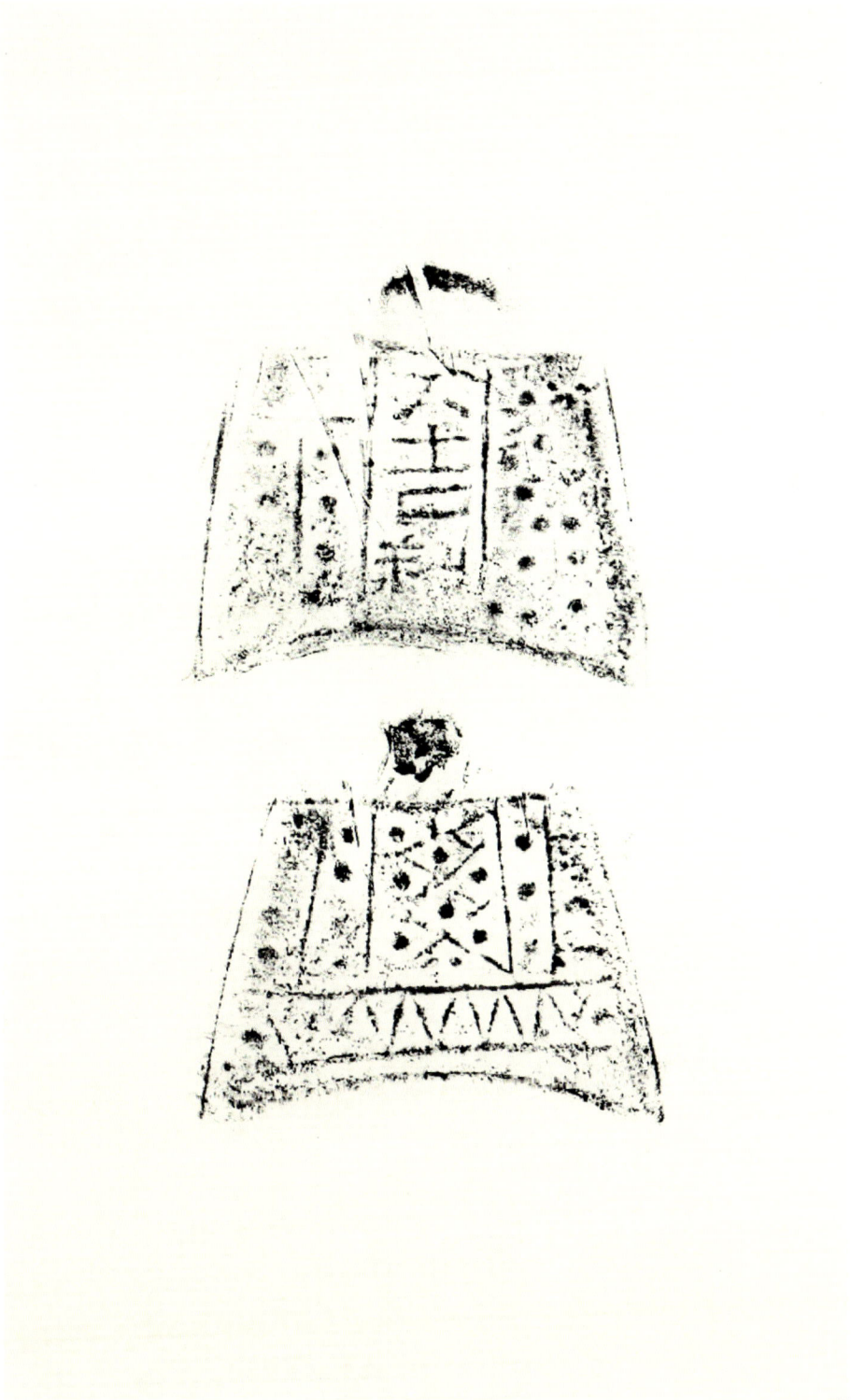

图八-1 "大吉利"铜铃拓本

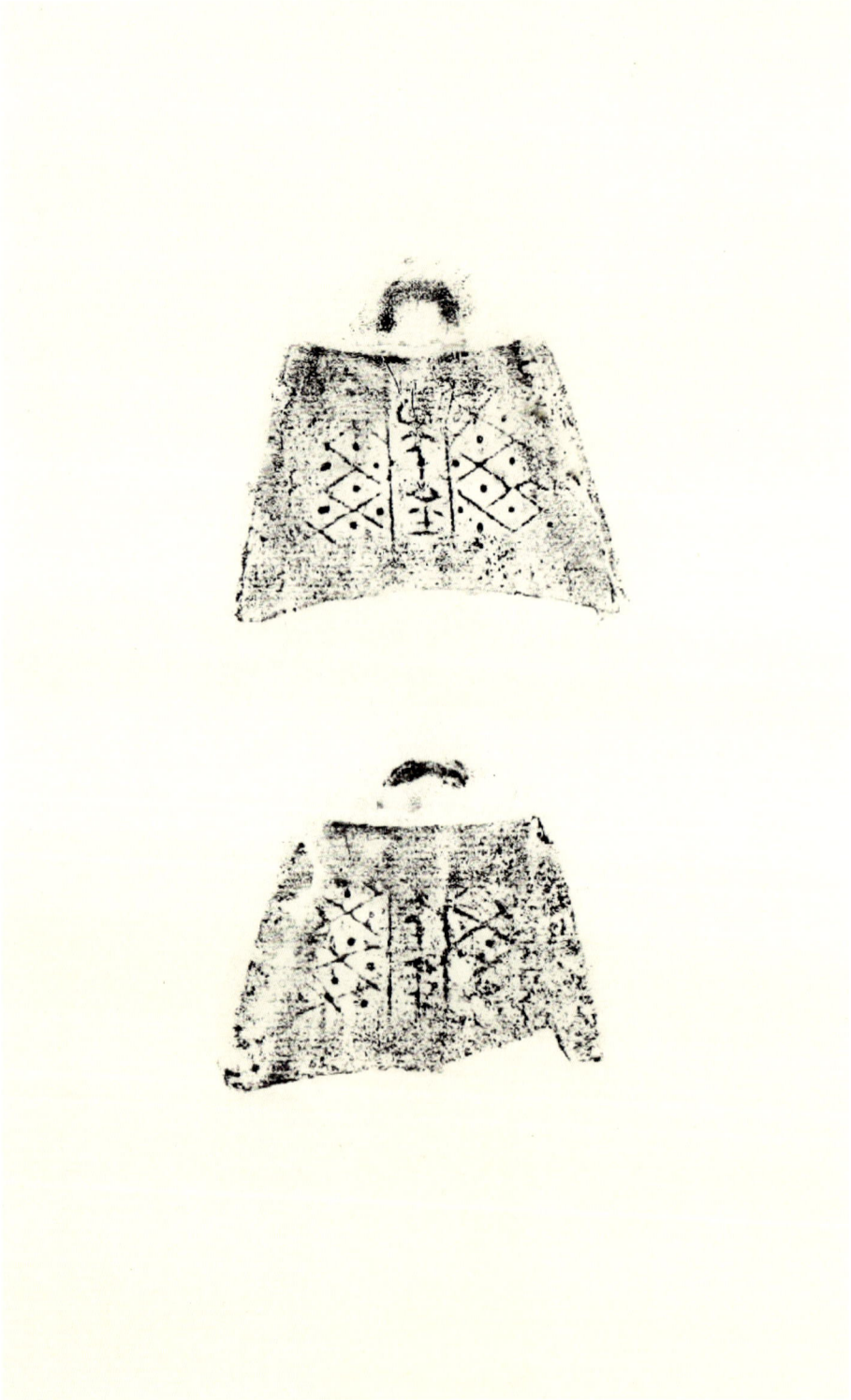

图八 2 "日入千金"铜铃拓本

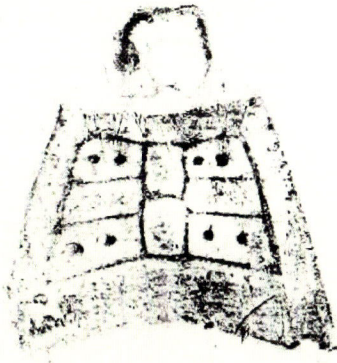

图八 3　无铭铜铃拓本

图九1 "右得工"铜镞照片

这三件小型青铜铃器形与洛阳烧沟汉墓出土三型小铜陵近似，尺寸很小。烧沟汉墓小件铜铃均为六件一套成套出现，从大到小逐渐缩小，发掘者认为这类小铜铃应为仿制当时实用的编钟而作的明器。[1]

6. "右旦工" 铜镞

铭文 "右旦="（图九）。同铭铜镞存世较多，早期著录见于罗振玉《三代吉金文存》，称 "矢铜器"[2]，以及黄濬《尊古斋金石集》[3]等。其后见于《集成》11943-11973，《铭图》18371-18402 等。又有 "左旦="镞，见《集成》11974-11985、《铭图》18403-18414。

"旦" 又见于以下青铜兵器。

《廿一年旦镞》（《集成》11996）："廿一年，旦=伙。"

（1）洛阳区考古发掘队《洛阳烧沟汉墓》，科学出版社，1959年，183-186页。

（2）罗振玉《三代吉金文存》，中华书局，1983年，1827页、2139-2143页。

（3）黄濬《尊古斋金石集》，上海古籍出版社，1990年，239页。

图九 2 "右得工"铜镞拓本

《王何戈》（《集成》11329）："王何立事，旦＝冶膌所教马童为。"

《十年铍》（《集成》11685）："十年，旦＝工啬夫杢相如。左旦工市（师）韩段，冶君（尹）朝执齐。"

"旦＝"，《集成》《铭图》均释为"得工"。何琳仪认为"旦"字从工、目声，读为"服"，"旦＝"读为"服工"，为赵国"制造兵器之机构"。[1]其他尚有释"目工""冢工""寺工"等说法，董珊在其博士论文《战国题铭与工官制度》中总结上述各类说法，经过分析之后倾向于释"得工"，他同时认为"得工"是赵国的宫廷工官机构名，最高负责人为"得工啬夫"，分左右两部，每一部以"工师"为长官。[2]

7. 有铭铜簪

簪，古代的一种发饰，用于固定发髻或冠，男子或女子均可使用。又或称"笄"，材质有各种金属质、玉石质、骨质或竹木质等。《释名·释首饰》："笄，系也，所以系冠，使不坠也……簪，兓也。以兓连冠于发也。"[3]其形制多为尾端尖锐，首端膨大，或于首端加饰簪帽。

此件铜簪首端为伞头状簪帽，颈部为有螺旋状花纹的圆柱体，其下簪体断面为方形，下部逐渐缩成锥状（图十）。簪体四面均有刻铭，"天里乙""□□""安八□""人□□"，铭文难以通读。铜簪现藏岩手县立博物馆。类似形制的铜簪在汉代墓葬中多有出土，例如：北京大葆台汉墓一号墓出土两件圆柱形铜簪，一件簪帽为伞头状，另一件为半球面形[4]。但有铭的发簪很少发现，此有铭铜簪较为珍贵。

图十1　汉代有铭
铜簪照片

（1）何琳仪《战国古文字典》，中华书局，1998年，1481页。

（2）董珊《战国题铭与工官制度》，北京大学博士学位论文，指导教师：李零教授，2002年，68-70页、38页。

（3）任继昉《释名汇校》，齐鲁书社，2006年，238-245页。

（4）大葆台汉墓发掘组《北京大葆台汉墓》，文物出版社，1989年，40-41页。

图十 2　汉代有铭铜簪拓本

第二节 《梦庵金石小品》转录⁽¹⁾

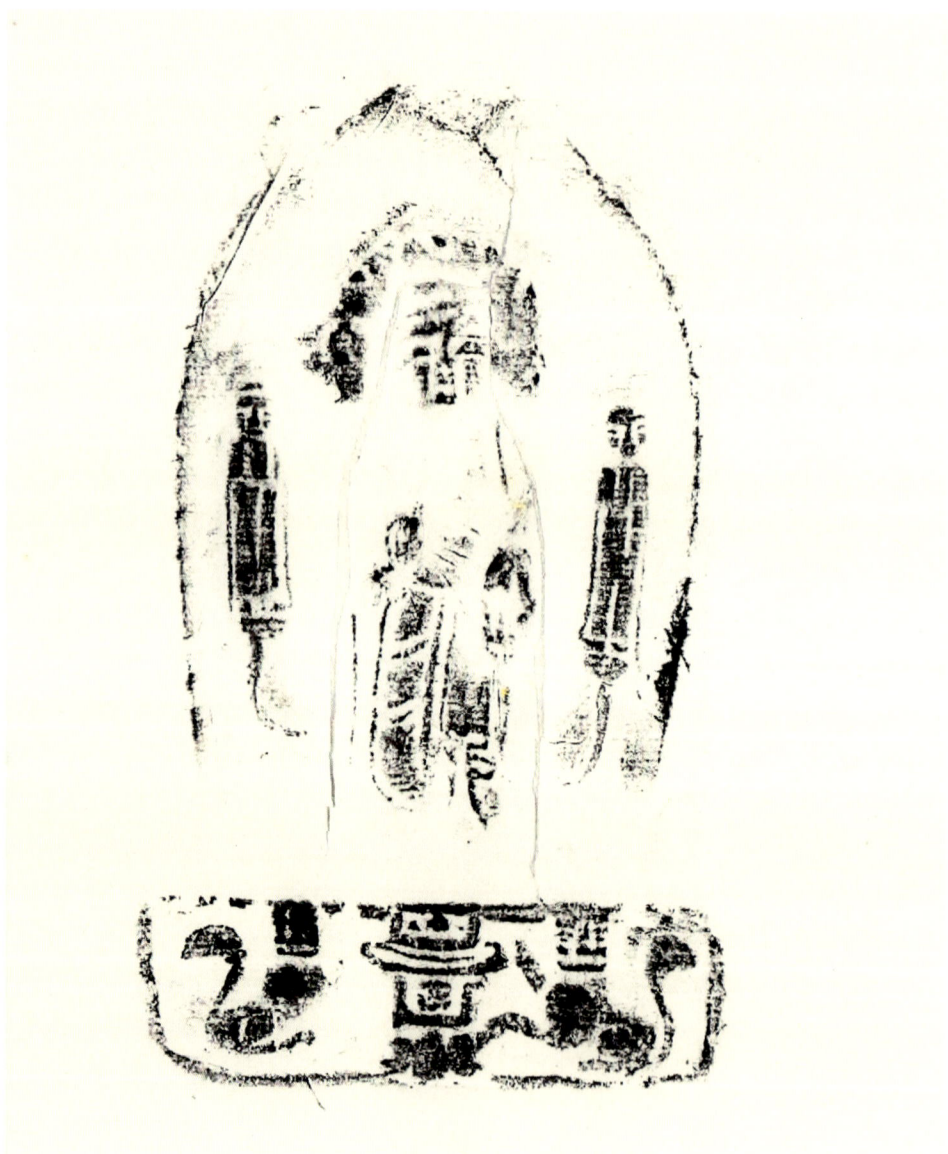

佛造像 1

（1）本节转录《梦庵藏钩》以及上节所涉及藏品之外的金石小品拓本。

佛造像 2

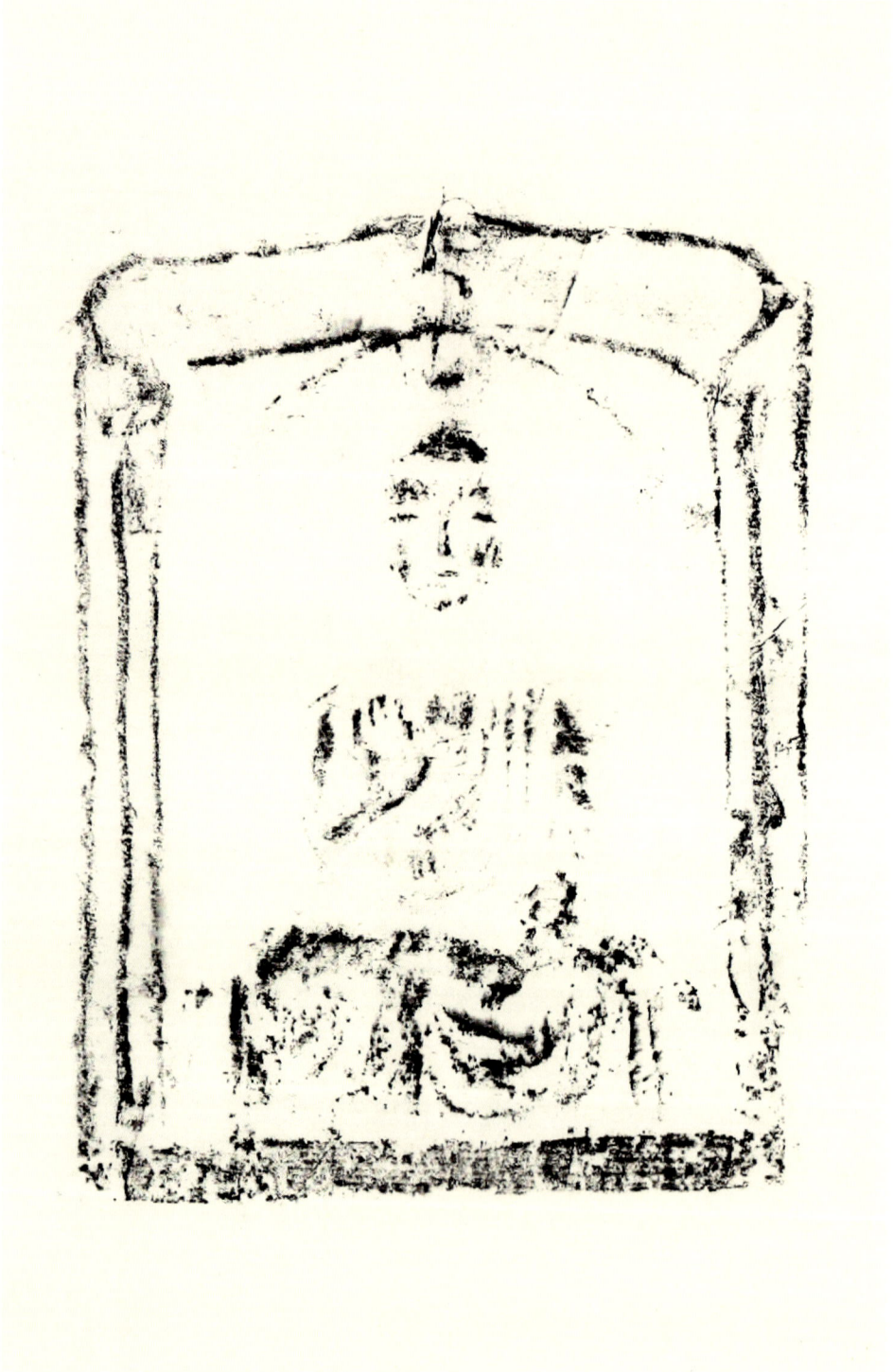

佛造像 3

佛造像 4

佛造像 5　正面与侧面

佛造像5　背面

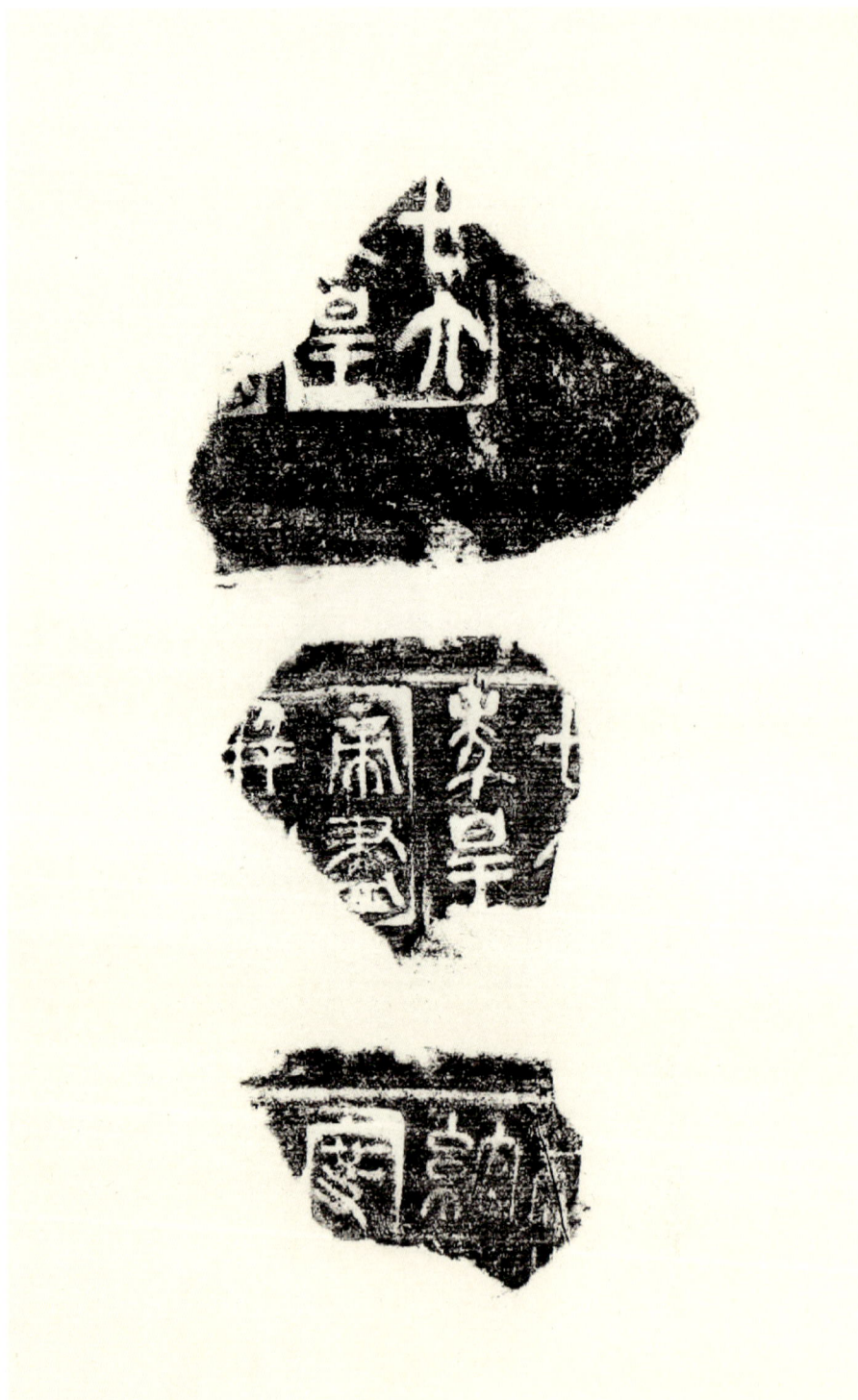

秦诏陶量铭文拓本

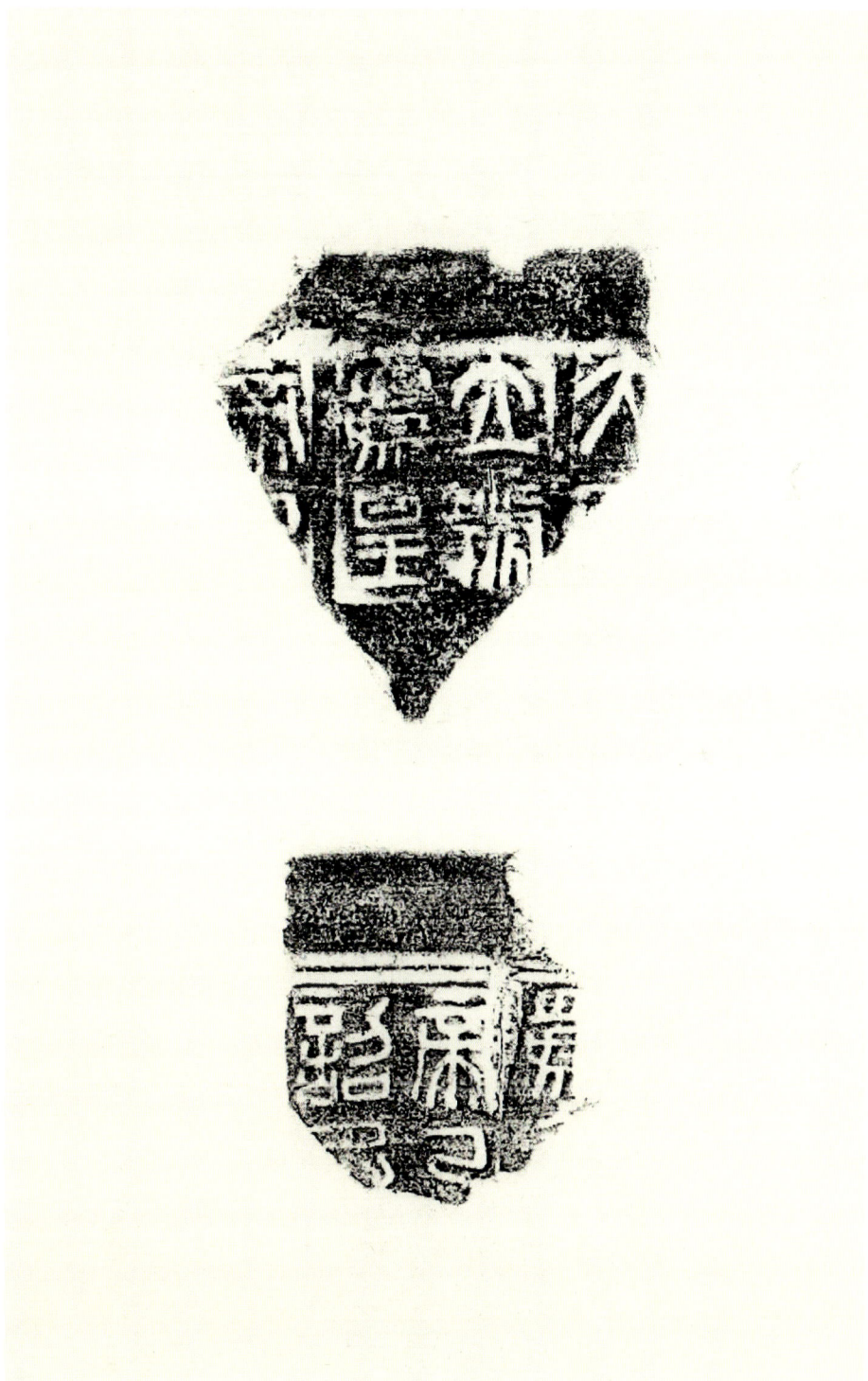

秦诏陶量铭文拓本

"罕（？）"字铭文拓本

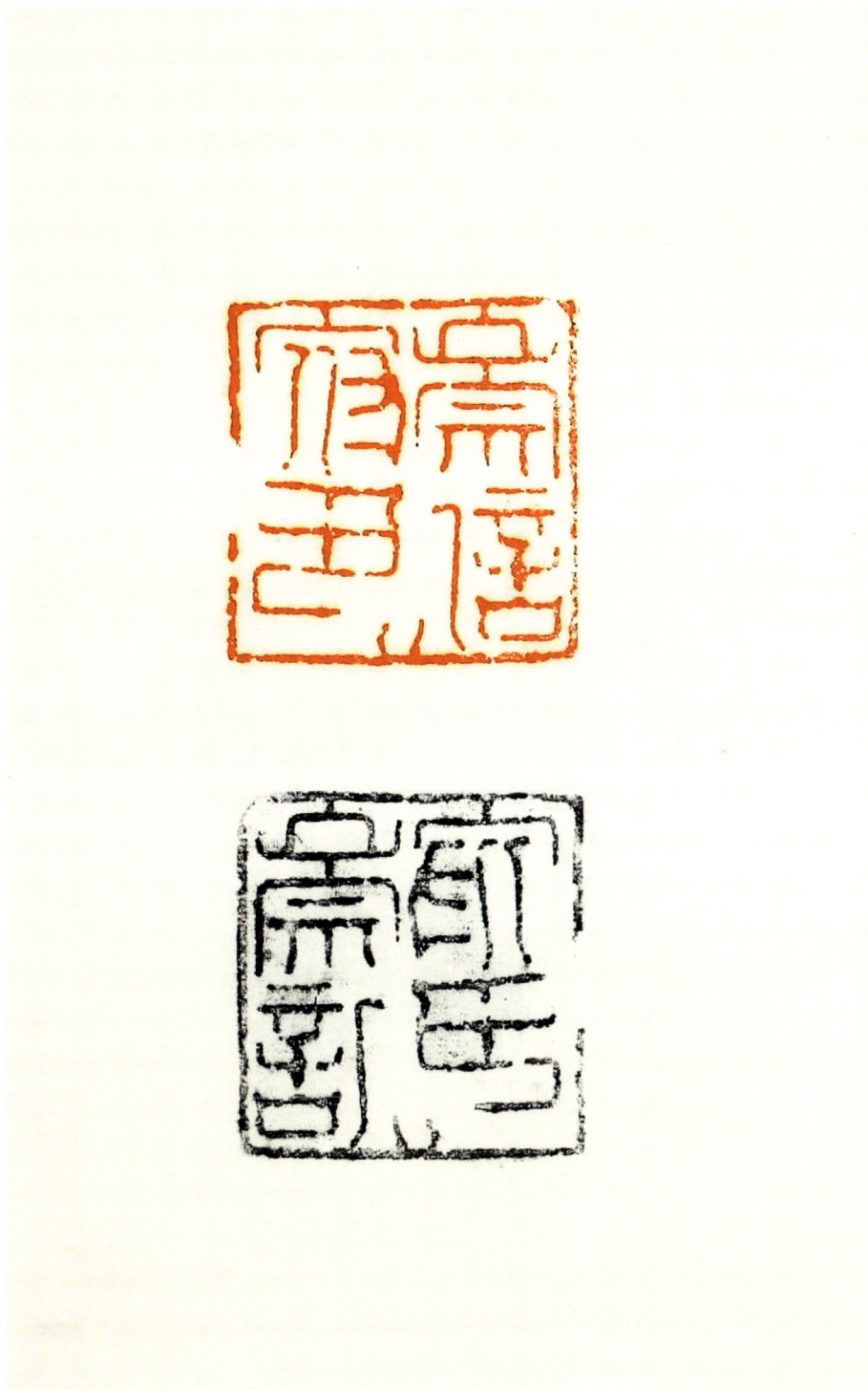

隋"崇信府印"印蜕与拓本

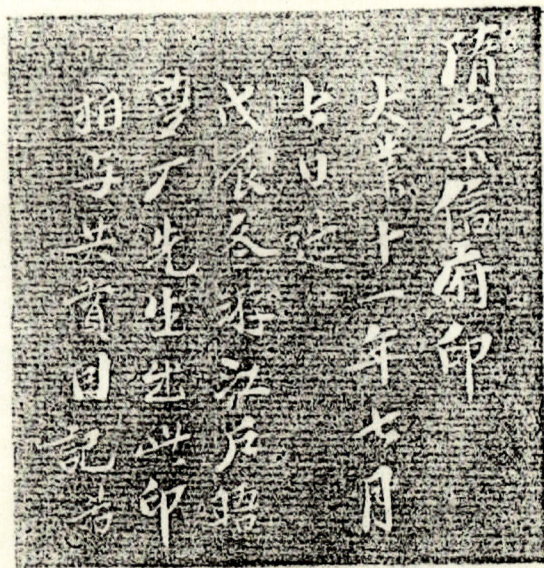

隋"崇信府印"印盒方若题记

"大业十一年七月七日造。戊辰冬游江户，晤梦厂先生，出此印相与共赏，因记。若。"

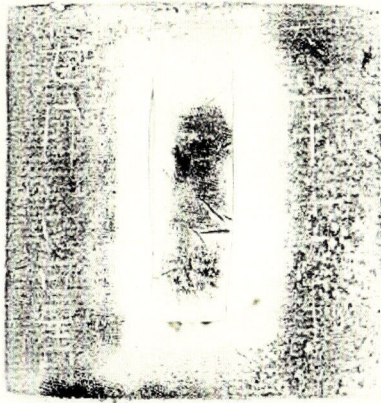

隋"崇信府印"印背拓本

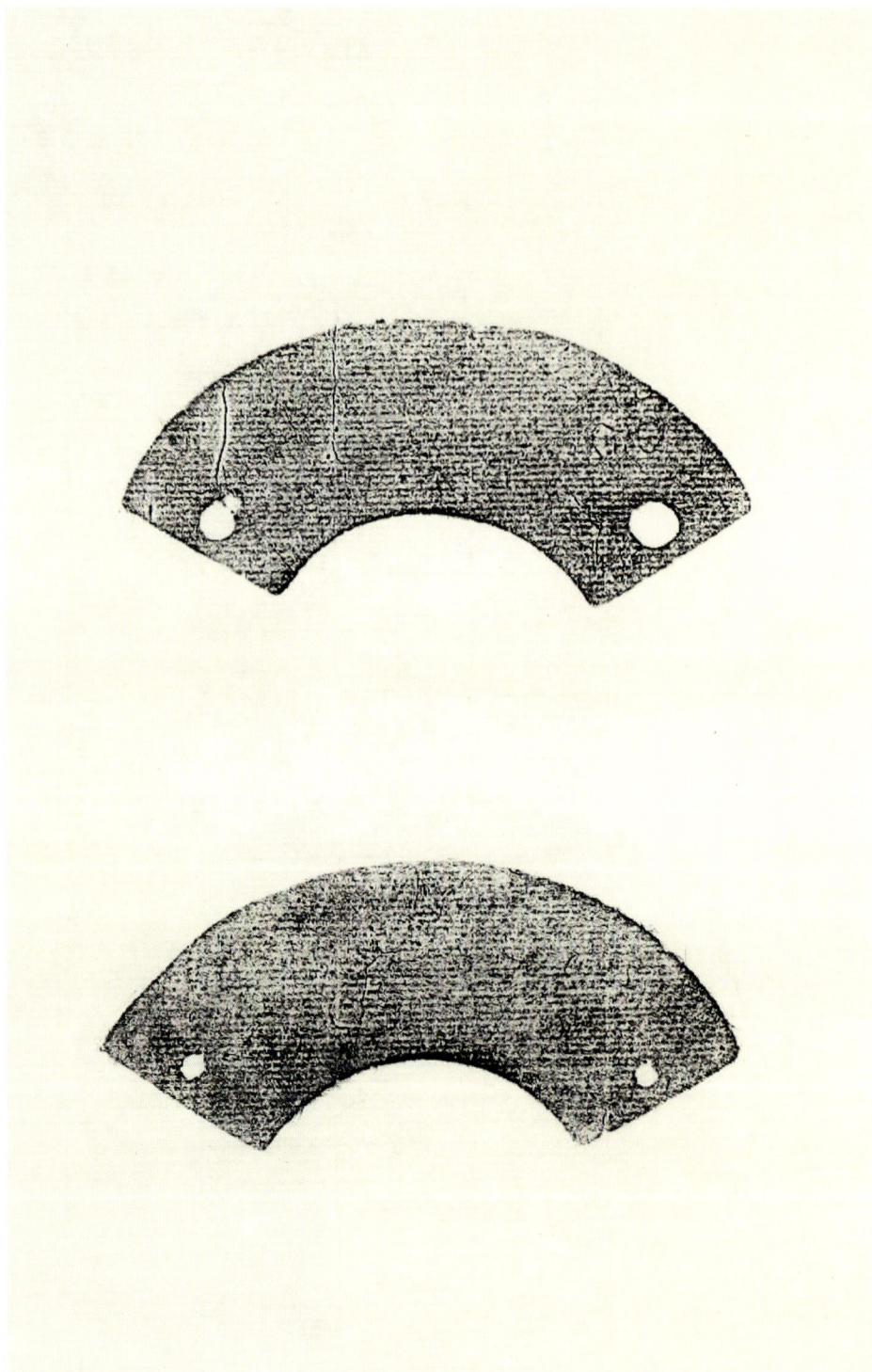

玉组佩（？）拓本

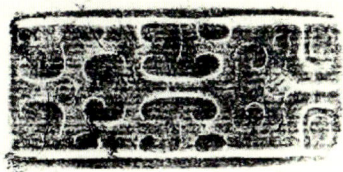

玉剑璏拓本

玉剑首拓本

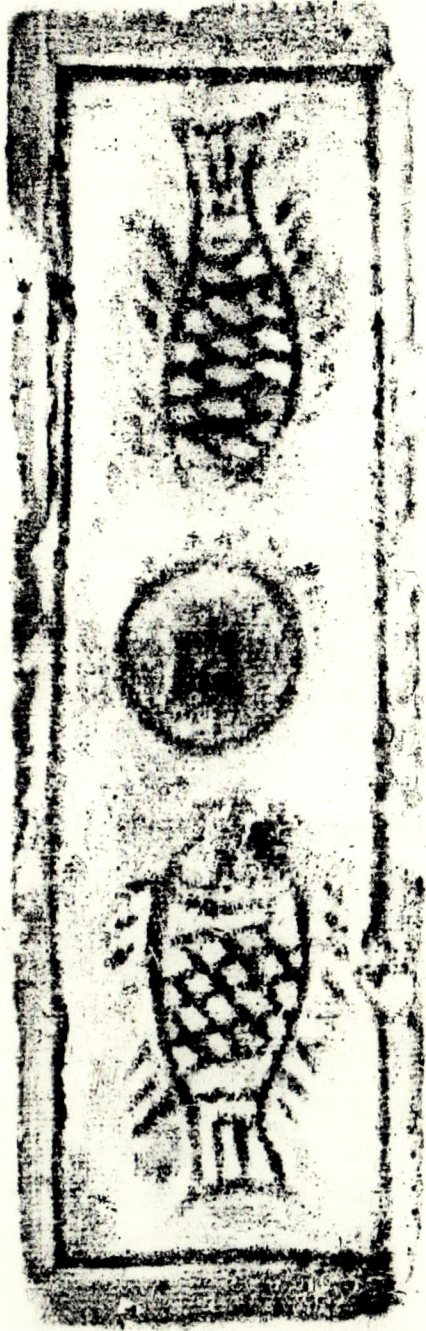

画像砖双鱼纹拓本

坐姿抚琴人物画像拓本

附

录

附录一 太田梦庵年谱简编

1881 年（明治十四年 辛巳）1 岁

七月十五日出生于日本盛冈，名孝太郎，长子，其父为旧盛冈藩士太田小二郎。[1]

1887 年（明治二十年 丁亥）7 岁

盛冈锻冶町小学入学。

1890 年（明治二十三年 庚寅）10 岁

三月，盛冈高等小学入学。

1894 年（明治二十七年 甲午）14 岁

盛冈高等小学毕业。

1895 年（明治二十八年 乙未）15 岁

盛冈中学入学。

1897 年（明治三十年 丁酉）17 岁

三月，赴东京，私立日本中学（校长杉浦重刚[2]）入学。

1901 年（明治三十四年 辛丑）21 岁

三月，私立日本中学毕业。

1902 年（明治三十五年 壬寅）22 岁

九月，早稻田大学高等预科第二期入学。

1903 年（明治三十六年 癸卯）23 岁

七月，升入早稻田大学，主修政治经济学。约于此年，师从五世浜村藏六学习篆刻。

（1）太田家祖先为民部少辅太田义房，世代为盛冈藩（或称南部藩）藩主近臣。梦庵祖父太田孝，号鹤舟，精书画，藩主利刚称其为名士。父太田小二郎，号竹塘，亦善书画，盛冈银行的创始人，盛冈财经界的中心人物之一。

（2）杉浦重刚（1855—1924），明治、大正时期的思想家、教育家，号梅窗、天台道士，日本中学的创始人之一。

1904 年（明治三十七年 甲辰）24 岁

约于此年，师从临济宗日暮里两忘庵主释宗活禅师[1]学习参禅，得号梦庵，字子敬，别号无闇、槐安，斋号枫园、槐室等。

1906 年（明治三十九年 丙午）26 岁

七月，早稻田大学大学部政治经济学系毕业。

十月，就职于横滨正金银行，在横滨总行工作。

1908 年（明治四十一年 戊申）28 岁

十一月，转职横滨正金银行神户支店工作。继续师从五世滨村藏六学习篆刻。

1910 年（明治四十三年 庚戌）30 岁

七月，与同门篆刻家石井双石、梨冈素岳共同创办长思印会，发行篆刻杂志《雕虫》。

白井鹿山作《梦庵刻印记》（见《鹿山遗稿》卷上，昭和四年）。

1913 年（大正二年 癸丑）33 岁

六月，赴中国满州安东县（今丹东），在横滨正金银行安东县办事处工作。

1914 年（大正三年 甲寅）34 岁

自此年以后，不再刻印。后来，梦庵在所编《盛冈市史》中说："太田梦庵师从五世浜村藏六，但不忍眼高手低之叹，自大正三年弃刀以来不刻一印。"[2]

1915 年（大正四年 乙卯）35 岁

七月，转任横滨正金银行天津支店次席。约于此年结识方若，自此师从方若学习六年。[3]

1917 年（大正六年 丁巳）37 岁

发行《汉印杂考》（长思印会刊）。

1919 年（大正八年 戊未）39 岁

春季，罗振玉回国定居于天津。经方若介绍结识罗振玉，梦庵自述师事罗振玉一年半。[4]

1920 年（大正九年 庚申）40 岁

七月，结束在中国长达七年的工作，回国。

（1）释宗活，明治二年（1869）十一月十五日出生于东京麴町，明治二十二年（1889）十九岁时入镰仓圆觉寺，师从今北洪川禅师，后继承今北禅师创立的两忘会，积极对不在僧籍的居士进行参禅指导，去世于昭和二十九年（1954）。

（2）[日] 太田孝太郎编《盛冈市史》第十一分册・文教，盛冈市役所发行，1960 年版，202 页。

（3）[日] 伊东圭一郎《清谈を闻く—太田孝太郎（上）》，《新岩手日报》1948 年 10 月 8 日。

（4）同上。

八月，任职于横滨正金银行总行总务部。同月以父病为由辞职，回到盛冈。

十月十五日，任盛冈银行支配人（经理）。

发行自藏印印谱《梦庵藏印》八卷（初印本），钤印本。

1921 年（大正十年 辛酉）41 岁

一月二十四日，任盛冈银行常务董事。

七月，任陆奥水力电气株式会社董事、九户电气株式会社监查役。

七月二十九日，任盛冈仓库株式会社总经理。

1922 年（大正十一年 壬戌）42 岁

九月十日，发行拓本集《梦庵藏陶》，收录自藏古陶文一百五十三件，序文为罗振玉所作。

1925 年（大正十四年 乙丑）45 岁

任岩手县农工银行监查役、盛冈电气株式会社监查役、盛冈信托株式会社董事、盛冈储蓄银行董事、岩手轻便铁道株式会社监查役、岩手县教育委员会评议员、日本红十字会岩手支部评议员。

1926 年（大正十五年 昭和元年 丙寅）46 岁

二月，任岩手日报社总经理。

十月，发行《梦庵藏印》八卷（再印本，共十部），钤印本。

十一月，发行拓本集《梦庵藏砖》（共三十部），内藤湖南[1]题签。梦庵自序云："余曾住天津，购得古砖一百余枚，其中字画在平面者廿五枚，尤为希靓，不忍使泯灭之。手拓卅部以贻考古之士。"

1927 年（昭和二年 丁卯）47 岁

昭和二至五年，执笔编写《南部丛书》。

二月，任岩手日报社社长。

1928 年（昭和三年 戊辰）48 岁

十月，方若访问日本，观赏梦庵藏隋《崇信府印》，于印盒刻："戊辰冬，游江户，晤梦厂先生，出此印相与共赏，因记。若。"

1929 年（昭和四年 己巳）49 岁

发行自藏印印谱《枫园集古印谱》十卷，钤印本。

1931 年（昭和六年 辛未）51 岁

发生世界性银行危机，盛冈银行亦受波及，经营困难。

（1）内藤湖南（1866—1934），日本近代重要的中国学家，京都学派创始人之一，曾任京都大学教授。

1932 年（昭和七年 壬申）52 岁

四月，编写并发行《盛冈碑文集》，共收录碑文四十种。[1]

十一月九日，重建盛冈银行，任董事长。

十一月，编写并发行《岩手县金石志》。该书收录岩手县各地金石文字一百三十四种，时代从平安时代晚期（十二世纪前半）到江户时代中期（十七世纪初）。[2]

发行自藏印印谱《枫园集古印谱续集》二卷，钤印本。

1933 年（昭和八年 癸酉）53 岁

辞去盛冈银行董事长等各种实业界职务，此后专心致力于著述。

编写发行《南部钱谱》《南部钱谱别集》《双鹤瓦谱》。《南部钱谱》收录南部藩范围内江户时代至明治时代各钱庄以及私铸货币的拓本。

1934 年（昭和九年 甲戌）54 岁

八月，发行《古铜印谱举隅》十卷四册，共印行二百部，定价七元。

1941 年（昭和十六年 辛巳）61 岁

九月十日，任盛冈市史编纂顾问，为市史编辑的中心人物。

十二月十八日，发行《南部藩书画》，分书法与绘画两部分。[3]

发行《集古印景》四卷四本，手贴本。[4]

1942 年（昭和十七年 壬午）62 岁

政府号召回收金属，受委托调查县内各地寺院的梵钟。

1943 年（昭和十八年 癸未）63 岁

五月，组织全国篆刻会，代表东北和北海道地区任评议员。

1944 年（昭和十九年 甲申）64 岁

任盛冈市史编纂委员。

1945 年（昭和二十年 乙酉）65 岁

为盛冈市上之桥、下之桥拟宝珠的全国重要美术品指定做贡献。

（1）［日］太田孝太郎《盛冈碑文集》，富士屋印刷所，1932 年 4 月。

（2）［日］太田孝太郎《岩手县金石志》，富士屋印刷所，1932 年 11 月。

（3）［日］太田孝太郎《南部藩书画》，富士屋印刷所，1941 年 12 月。

（4）［日］太田孝太郎《古铜印谱目录》，太田氏枫园刊，共立社印刷所印行，1961 年，17 页。

1947 年（昭和二十二年 丁亥）67 岁

《汉魏六朝官印考》十二卷初稿完稿。

八月，岩手县书道协会成立，任顾问。

1948 年（昭和二十三年 戊子）68 岁

任岩手县重要美术品、史迹名胜天然记念物调查委员。

1949 年（昭和二十四年 己丑）69 岁

七月，发行自藏印印谱《好晴楼藏玉印》，今关天彭[1]题签，钤印本。

十月，发行拓本集《梦庵金石小品》，扉页有今关天彭所作七绝四首，名"梦庵金石小品题词"。该书共四十九页，收录带钩、崇信府印、小型佛造像以及内藤湖南、方若等题跋的拓本。

1950 年（昭和二十五年 庚寅）70 岁

在岩手县议会图书室从事资料整理工作。编写《盛冈市史·近世期中·文教篇》。

十月，题写花卷温泉《金田一国士颂碑》，题写雫石町《七森显彰碑》。

1951 年（昭和二十六年 辛卯）71 岁

编写《盛冈市史·近世期下·生活篇》。

九月八日，《岩手日报》开始使用梦庵的题字，至今未改。

十一月三日，获第四届岩手日报文化奖。

1952 年（昭和二十七年 壬辰）72 岁

五月，发表《〈汉委奴国王〉印文考》。[2]

七月一日，任岩手县文化遗产委员。

九月，发表《顾氏印薮考》。[3]

1953 年（昭和二十八年 癸巳）73 岁

二月，发表《汉印私考》[4]

三月，发表《汉印私考（2）》。[5]

四月，发表《汉印私考（3）》。[6]

（1）今关天彭（1882—1970），中国文化研究学者，善近体诗，创办杂志《雅友》，有著作《天彭诗集》等。
（2）［日］太田孝太郎《〈汉委奴国王〉印文考》，《书品》二十八号，1952 年 5 月，43-45 页。
（3）［日］太田孝太郎《顾氏印薮考》，《书品》三十二号，1952 年 9 月，47-51 页。
（4）［日］太田孝太郎《汉印私考》，《书品》三十六号，1953 年 2 月，43-48 页。
（5）［日］太田孝太郎《汉印私考（2）》，《书品》三十七号，1953 年 3 月，45-52 页。
（6）［日］太田孝太郎《汉印私考（3）》，《书品》三十八号，1953 年 4 月，53-61 页。

五月，发表《汉印私考（4）》[1]

1954 年（昭和二十九年 甲午）74 岁

发表《汉委奴国王印文考》。[2]

编写《盛冈市史别篇·人物志》。

1955 年（昭和三十年 乙未）75 岁

三月三日，捐赠给常民文化研究所的民俗资料"农神偶"33 件被文部省文化财委员会指定为第一批国家级重要民俗资料。梦庵曾收藏民俗资料九百余件，其中半数赠了渋泽敬三所建的常民文化研究所。[3]

1956 年（昭和三十一年 丙申）76 岁

五月十五日，与小林斗盦等合作编纂发行《定本书道全集·印谱篇》[4]，收录梦庵所藏古玺印的数量：《梦庵藏印》55 颗、《枫园集古印谱》79 颗、《枫园集古印谱续集》1 颗，执笔书中的《中国古印概说》，同时与矢岛恭介、樋口秀雄共同执笔《图版释文及解说》。[5]

五月，发表《印史小考》[6]，发行《藏书目录解题》，介绍岩手县内出版的各种藏书目录，包括他本人所编《枫园所藏乡土史料善本目录》《枫园所藏汉籍分类目录》《枫园所藏金石拓本目录》等。

十一月三日，获盛冈市第一届市级振兴教育学术文化功劳奖章。

任岩手大学学艺学部书道科特邀讲师，讲授金石学特别讲义。

1957 年（昭和三十二年 丁酉）77 岁

二月，发表《古玉印小考》。[7]

发行《鞍迫神社绘马集》。

发行《梦庵自用印》印谱。

发行《续印人传姓氏印谱残稿》，收录梦庵旧刻《续印人传》人名或字号印 18 颗。[8]

继续担任岩手大学学艺学部书道科特邀讲师。

（1）［日］太田孝太郎《汉印私考（4）》，《书品》三十九号，1953 年 5 月，46-55 页。

（2）［日］太田孝太郎《汉委奴国王印文考》，《岩手史学研究》十七号，1954 年，1-6 页。

（3）［日］太田孝太郎《盛冈市史·第十一分册·文教》，盛冈市役所发行，1960 年，33-34 页。

（4）编撰逸闻见［日］小林斗盦《古印探访》，《书品》73 号，1956 年 10 月，64-69 页。

（5）［日］太田梦庵、小林斗盦、园田湖城、西川宁《（定本）书道全集·印谱篇》，河出书房新社，1956 年。

（6）［日］太田孝太郎《印史小考》，《书品》69 号，1956 年 5 月，5-7 页。

（7）［日］太田孝太郎《古玉印小考》，《书品》77 号，1957 年 2 月，5-8 页。

（8）参见［日］玉泽友基《太田梦庵的书法与篆刻》，《岩手大学人文社会科学部纪要》第 100 号，2017 年 6 月。

1958 年（昭和三十三年 戊戌）78 岁

横田实⁽¹⁾来访，约于此年分两次转让给横田实漠南书库古铜印谱一百三十一种六百七十八册，以《古铜印谱举隅》四册所载印谱为主。

十月二十日，为原敬⁽²⁾纪念馆题写《原敬纪念馆》《原敬纪念馆记》。

继续担任岩手大学学艺学部特邀讲师。

1959 年（昭和三十四年 己亥）79 岁

继续担任岩手大学学艺学部书道科特邀讲师。

1960 年（昭和三十五年 庚子）80 岁

一月十七日，在中国古代金石学和岩手地方史志等领域的研究受到表彰，获河北新报文化奖章。

一月，发表《方若》。⁽³⁾

十月二十一日，在国立大学书道研究会上讲演《中国古印通说》（于岩手大学），讲演概要文字稿发表在《岩手史学研究》第五十一号。⁽⁴⁾

十一月三日，获日本文部省文化财功劳者表彰。

十一月，发表《北条冰斋》。⁽⁵⁾

继续担任岩手大学学艺学部书道科特邀讲师。

1961 年（昭和三十六年 辛丑）81 岁

一月，发行《古铜印谱目录》。⁽⁶⁾

七月，发表《印谱考·二种》。⁽⁷⁾

继续担任岩手大学学艺学部书道科特邀讲师，讲授宋元书学、明清书学。

1963 年（昭和三十七年）82 岁

编写《盛冈市史·明治期篇（下）》。

1964 年（昭和三十八年）83 岁

编写《盛冈市史·大正期篇（上）》。

（1）横田实（1894—1975），新闻记者，1938—1946 年在中国工作，后任《产经经济新闻》副社长等，古铜印谱收藏家，著有《中国印谱解题》（二玄社，1976 年）。

（2）原敬（1856—1921），外交家、政治家，岩手县盛冈人，1918—1921 年任首相。

（3）［日］太田孝太郎《方若》，《书品》106 号，1960 年 1 月，20-21 页。

（4）［日］太田孝太郎遗稿《中国古印通说》，《岩手史学研究》第 51 号，1968 年 6 月，3-12 页。

（5）［日］太田孝太郎《北条冰斋》，《书品》114 号，1960 年 11 月，26-29 页。

（6）［日］太田孝太郎《古铜印谱目录》，东京神田共立社印刷所印行，1961 年 1 月，共 36 页。

（7）［日］太田孝太郎《印谱考·二种》，《书品》117 号，1961 年 7 月，69-73 页。

发行《栗山大膳碑铭》(恩流寺刊)。

1965 年（昭和三十九年）84 岁

编写《盛冈市史·昭和期篇（下）》《盛冈市史别篇·再续人物志》。

1965 年（昭和四十年 乙巳）85 岁

十一月三日，被授予勋四等瑞宝章。

十二月，发表《十钟山房印举小考》。[1]

1966 年（昭和四十一年 丙午）86 岁

三月，发行《汉魏六朝官印考》十二卷。[2]

四月，发表《五世浜村藏六》。[3]

五月，发行《南部藩参勤交代图卷》。[4]

1967 年（昭和四十二年 丁未）87 岁

一月十八日，去世。

八月，遗作《汉魏六朝官印考谱录》一卷出版。[5]

1969 年（昭和四十四年 己酉）

七月，遗作《古铜印谱举隅补遗》由小林斗盦影印出版。[6]

1974 年（昭和四十九年 甲寅）

所藏古玺印 1091 方由梦庵夫人捐赠给岩手县立博物馆。

附记：本文原载刘海宇、[日]玉泽友基编著《日本岩手县立博物馆藏太田梦庵旧藏古代玺印（精华版）》，上海书画出版社，2021 年，280—289 页。

（1）［日］太田孝太郎《十钟山房印举小考》，《书品》146 号，1965 年 12 月，56-58 页。
（2）［日］太田孝太郎《汉魏六朝官印考》，盛冈市高崩印刷所，1966 年 3 月。
（3）［日］太田孝太郎《五世浜村藏六》，《书品》149 号，1966 年 4 月，61-63 页。
（4）［日］太田孝太郎《南部藩参勤交代图卷》，奥羽史谈会，1966 年 5 月。
（5）［日］太田孝太郎《汉魏六朝官印考谱录》，盛冈市高崩印刷所，1967 年 3 月。
（6）［日］太田孝太郎《古铜印谱举隅补遗》，小林庸浩（斗盦）发行，1969 年 7 月。

附录二 《梦庵先生所集尺牍》⁽¹⁾

1. 民国十四年（1925）三月二十六日罗福成致梦庵⁽²⁾

梦庵先生道席:近来毫无所获,铜印佳者更不多见。昨见《续古印式》一部,约三十页—四十页,索价奇昂,不得。如有价稍廉者,可买否? 并祈示知。此书亦不甚罕也,钤印章亦复不多。现已将序文录出。别有不足本《十六金符斋印谱》一部（约计全书四分之一）,装订十册,约五十弗可得也。此上，即请著安。罗福成顿首。十四、三、二十六

2. 民国十四年（1925）四月四日罗福成致梦庵

梦庵先生大鉴：昨奉大教,敬悉一是。《十六金符斋印谱》残本十册现已购入,价金五拾圆。昨日付小包寄上。近又从友人处觅官印打本四枚奉赠,祈赐收为感。敝处地址英文另纸写奉。近来,铜石造像颇不易得,且面目清楚者,多到贵国估人手。兹有黑色石双像一座,面目不清晰,但文字甚精可爱,黑色石亦不多见,破残之处不少,为可惜耳。兹将拓本一枚奉赠。要价银百圆,至少八九十元,不能减少也。此上,即请道安。罗君美顿首。十四、四、四

近见马纽"部曲督印"一枚,因价过昂,未获买入。又申。

3. 某年三月十五日罗福成致梦庵

梦庵先生侍史：今日奉到大札,并正金汇票七十元五十钱,收到不误。弟此次在京二日,见厂市古印甚少,索价过昂不能得,且无精者。仅买寻常官印五枚（每方金五元）、金大官印一枚（金二十元）、《汉铜印丛》一部（初印原装袖珍本）,价一百元、《瞻麓斋印谱》一部,价金四十元。此

（1）小林斗盦将梦庵购买古铜印谱等藏品的信札、收据装订成一册,名《梦庵先生所集尺牍》,后捐赠给东京国立博物馆。笔者于 2017 年 4 月调查资料时,承蒙东京国立博物馆学艺企划部三轮紫都香女史和九州国立博物馆学艺部川村佳男先生的协助,在此谨表感谢。本附录图版的使用已经取得东京国立博物馆的特别许可,所有照片均由该馆提供。应馆方要求,标记 1—7 号信札图版的馆藏信息如次。图版编号:E0153694—E0153703,藏品编号:P—12641,藏品名称:太田孝太郎《太田孝太郎古印资料》,藏品尺寸：29.1 厘米 ×21.1 厘米,现藏日本东京国立博物馆。

（2）《梦庵先生所集尺牍》原没有序号,今首列罗福成兄弟信件,其次按照书店为单位排列,每组之内按照时间顺序收录,并按照上述顺序统一编号。其中无法释读的文字直接插入图片。本附录仅收录中国各家书店的信件或收据,文求堂、守尾瑞芝堂等日本东京或京都等地书店的收据数量不多,今略去不录。信札中的异体字改为通用字,释读有疑问的字后括注（？）。

梦庵先生道席：

获铜印佳拓，不多见，临见侦古所……

雪堂选笺

罗福成

十四、三、二十六

民国十四年（1925）三月二十六日罗福成致梦庵信札

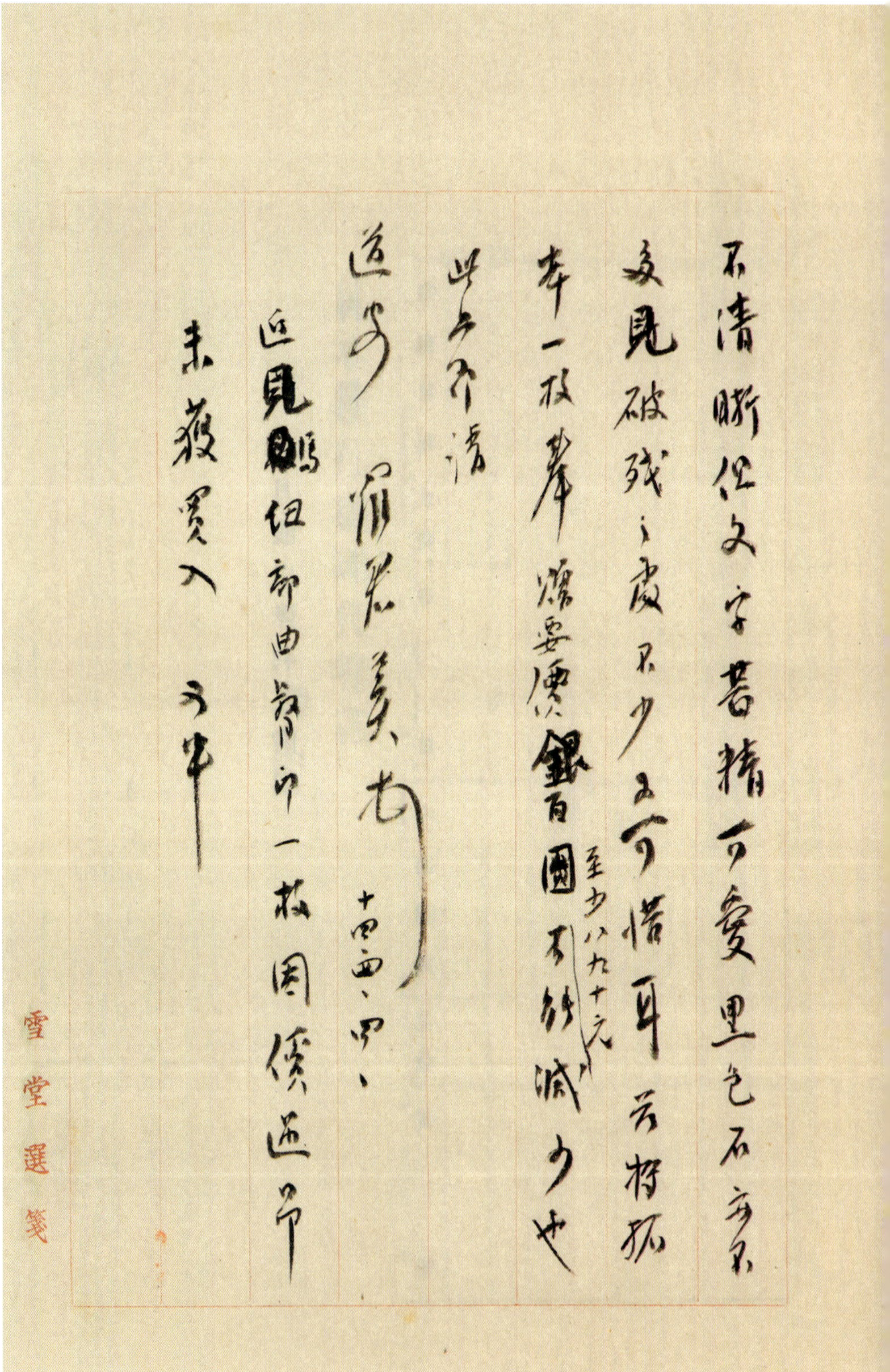

不清晰但文字甚精可愛里色石产不

又見破残之處不少五〇可惜耳另将孤

本一枚举湿要便以銀百圓刊铢减少也 至少八九十元

此圭不清

道〕〔花美再 十四西、甲、

近見〇但部由眷尖一枚圆价运尔

未荻寘入 了中

雪堂選箋

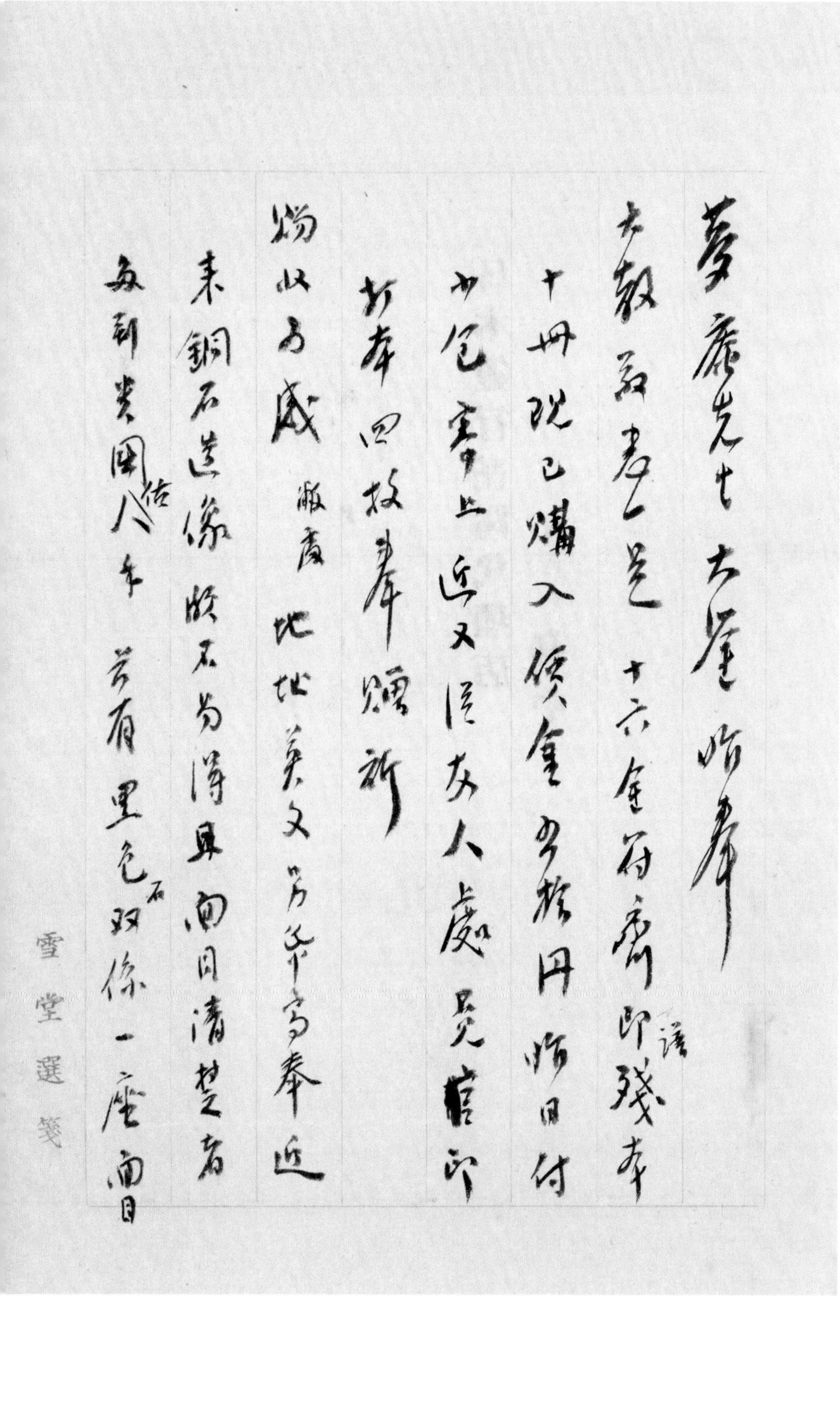

梦庵先生大鉴 顷奉

惠教诵悉 先生 十六金符庙所藏残本
廿册此已购入 倾金多接用 顷日付　议
如包寄上 近又涉友人处 觅崔所
拓本四枚奉赠新
拓此方成 嶣厦此比美又为平高奉近
如铜石造像 皆不为浮具 面目清楚者
每种贵国八车 若有里色双碌一座 面目

民国十四年（1925）
四月四日罗福成致梦
庵信札

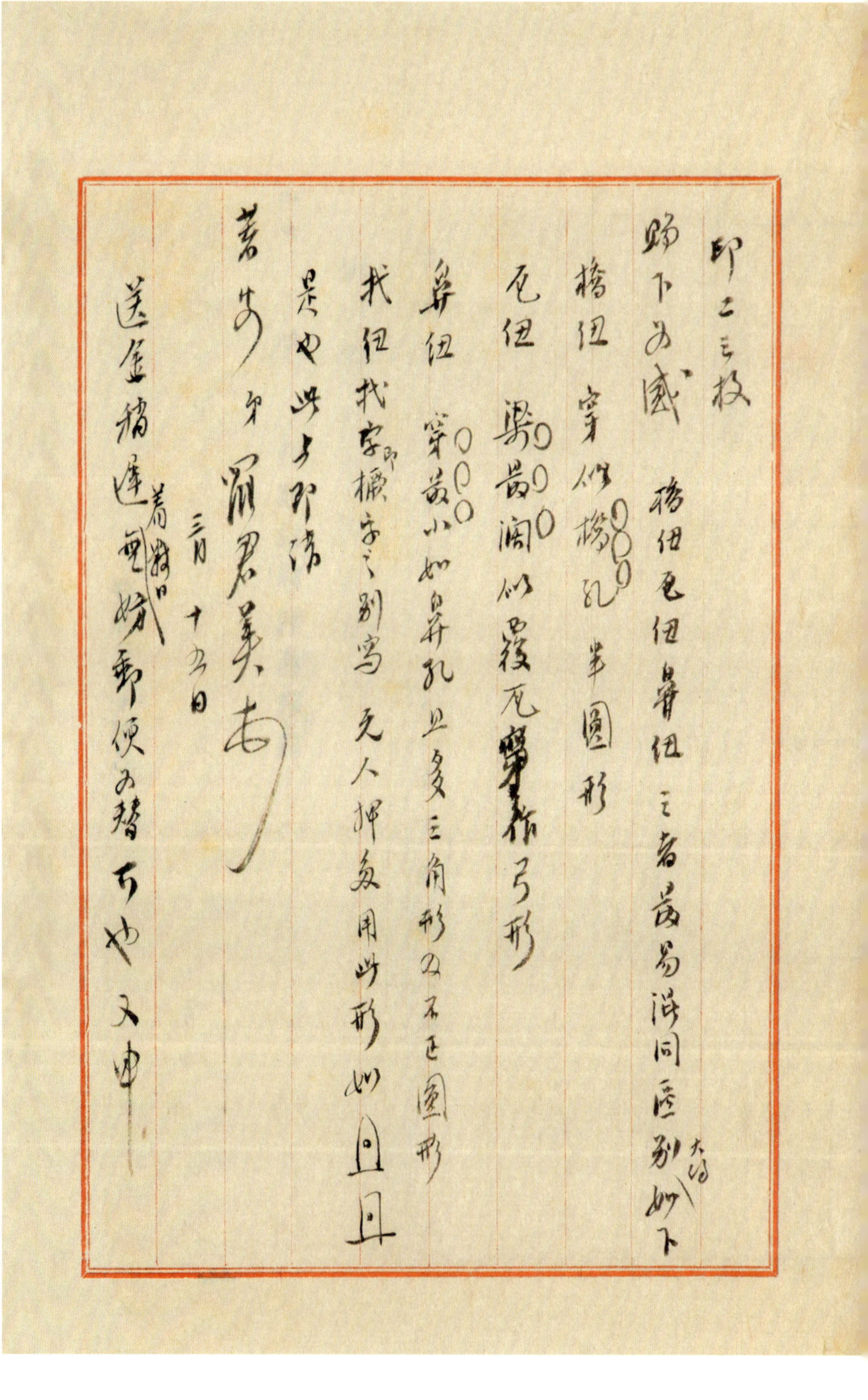

即二三枚

阁下为感　格钮足但兽钮三者最易混同区别如下

格钮　穿作格孔　半圆形

瓦钮　鼻钮…作弓形

兽钮　穿黄小如鼻孔且多三角形又不正圆形

我但我家槐…别写　无人押及用此形如

是也　此…清

著…　罗君美

三月十六日

送金椎蓬…邮便…石…又申

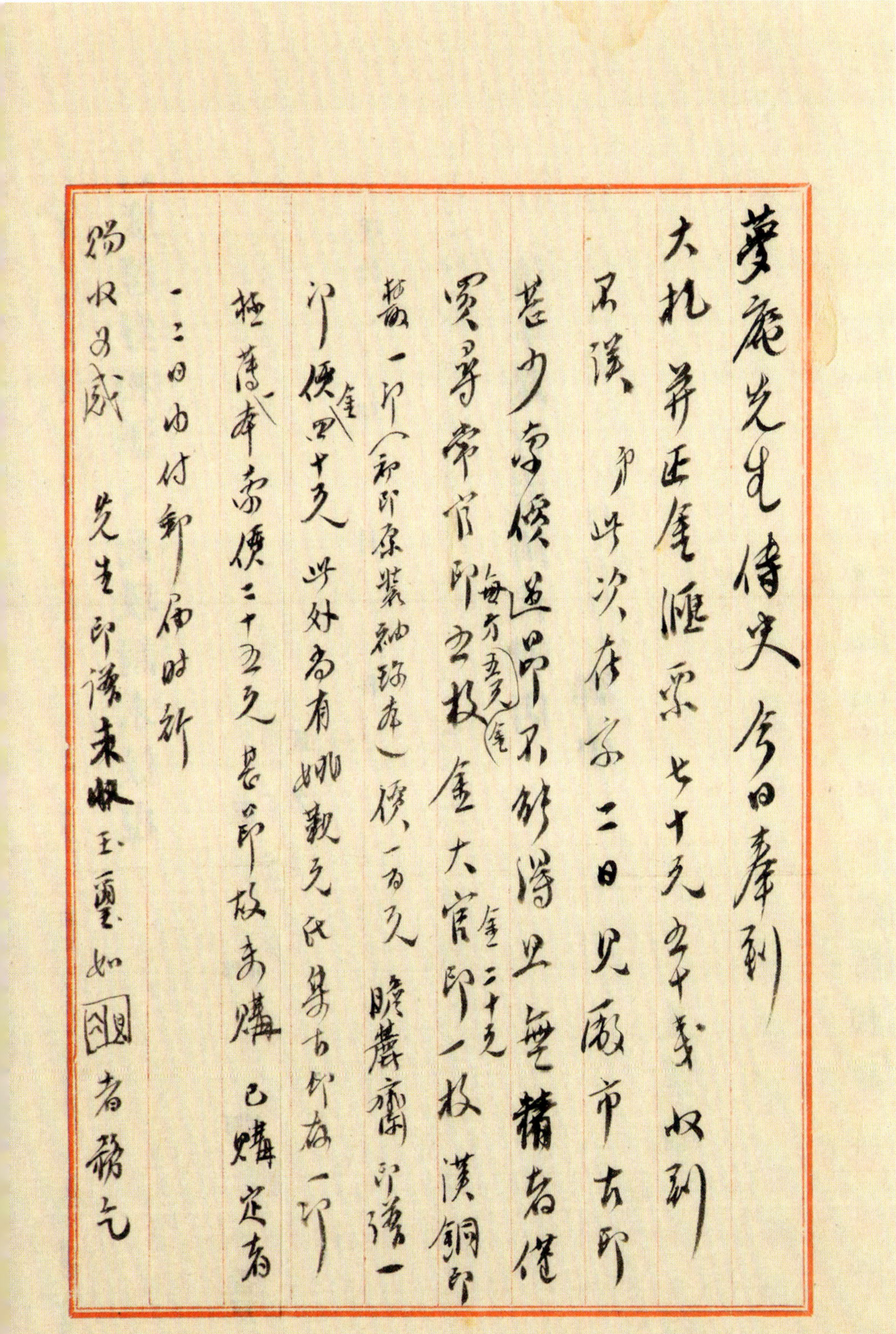

梦庵先生侍史　今日奉到

大札并正庵汇票七十元□半收到

足徵　□此次在京二日见废市古印

甚少尚优选□即不特得亦无甚精者惟

贸寻常官印一枚（每方五元）金三十元

共一印（新印原装轴玞本）价一百元　晓农斋印谱一

价四十元　此外尚有姚觐元氏集古印存一印

栖莲本家便二十三元　卷□即故寄□□已□□有

一二日由付邮寄时折

先生印谱未收玉□如□者務之

赐收为感

此诗曾收入《铁云藏印》第三集中，与说当必甚确，铁云藏印初拓劳以外向无流传此雅玩三册中之一也。即数不多亦可宝贵，且知先生意欲何如。去冈轩之藏盖此印藏印向求加绿二三日内当呈缴也。濒清室方家珍藏。

荒斋上。乙卯渐绍奴不藏三氏不详。红缘无佣高来寄上宕与鲲，同奇无须此告与知语。

某年五月八日罗福成致梦庵信札

梦庵先生年机六顷奉

大札欣悉一是前日寄来金三百元已拜收谢々

外，尚有姚觐元氏《集古印存》一部，极薄一本，索价二十五元，甚昂，故未购。已购定者，一二日内付邮，届时祈赐收为感。先生印谱未收玉玺，如▨者，务乞印二三枚赐下为感。

桥纽、瓦纽、鼻纽三者最易混同，区别大约如下：桥纽，穿似桥孔，半圆形。瓦纽，梁最阔，似覆瓦，穿作弓形。鼻纽，穿最小，如鼻孔，且多三角形及不正圆形。柲纽，柲字即橄字之别写，元人押多用此形，如▨、▨是也。此上，即请著安。弟罗君美顿首。三月十五日。

送金稍迟着数日无妨。"邮便为替"[1]可也。又申。

4. 某年五月八日罗福成致梦庵

梦庵先生机下[2]：顷奉大札，欣悉一是。前日寄来金三百圆已拜收，谢谢。兹由邮局寄上《印寄》一部二册，价金十五元。价尚不贵，内容、古印皆精绝，可喜。据舍弟研究，此谱古印曾收入《铁云藏印》第三集中，此说当必甚确。《铁云藏印》初集以外向无流传，此虽为三集中之一部分，印数不多，亦可贵。不知先生意为何如？《古匋轩》已装成十部，尚未裁切加线，二三日内当告成也。《凝清室古官印》先寄上乙部，祈赐收为感。王氏大红木盒子一个尚未寄上，容与金元印同寄不误。此复，即请道安。罗君美顿首。五月八号。

5. 未著年月罗福成致梦庵

梦庵先生侍史：连奉大札三次，欣悉雅切，"为替"七拾亦（？）已拜收矣。所委之事，容徐徐图之，定有以报命也。《凝清室印存》计官印一百枚，样本一部奉赠，又《古陶轩印存》计秦汉印一百枚，现在仅有七十七枚（不足二十三枚），谨先寄奉一部，并乞高评。小生所藏原印之数不过三分二，其余可惊可怪者，乃由古封泥脱化而得，方法实最近之一大发明，可喜可贺，先生识见高明，不难分别，当不以为恶作剧，对于外人仍当千万千万守秘密，不便言明也。

《古陶轩秦汉印存》每部实价日金四元，《凝清室古官印集存》实价金三元。以上二书如有人购求，随时寄奉不误。

元人押印已购得八枚，价金八元也。此布，即请著安。弟罗君美顿首。

印谱同时付邮。又申。

（1）邮便为替：日文，意为邮政汇票。
（2）机下：日文，意为足下。

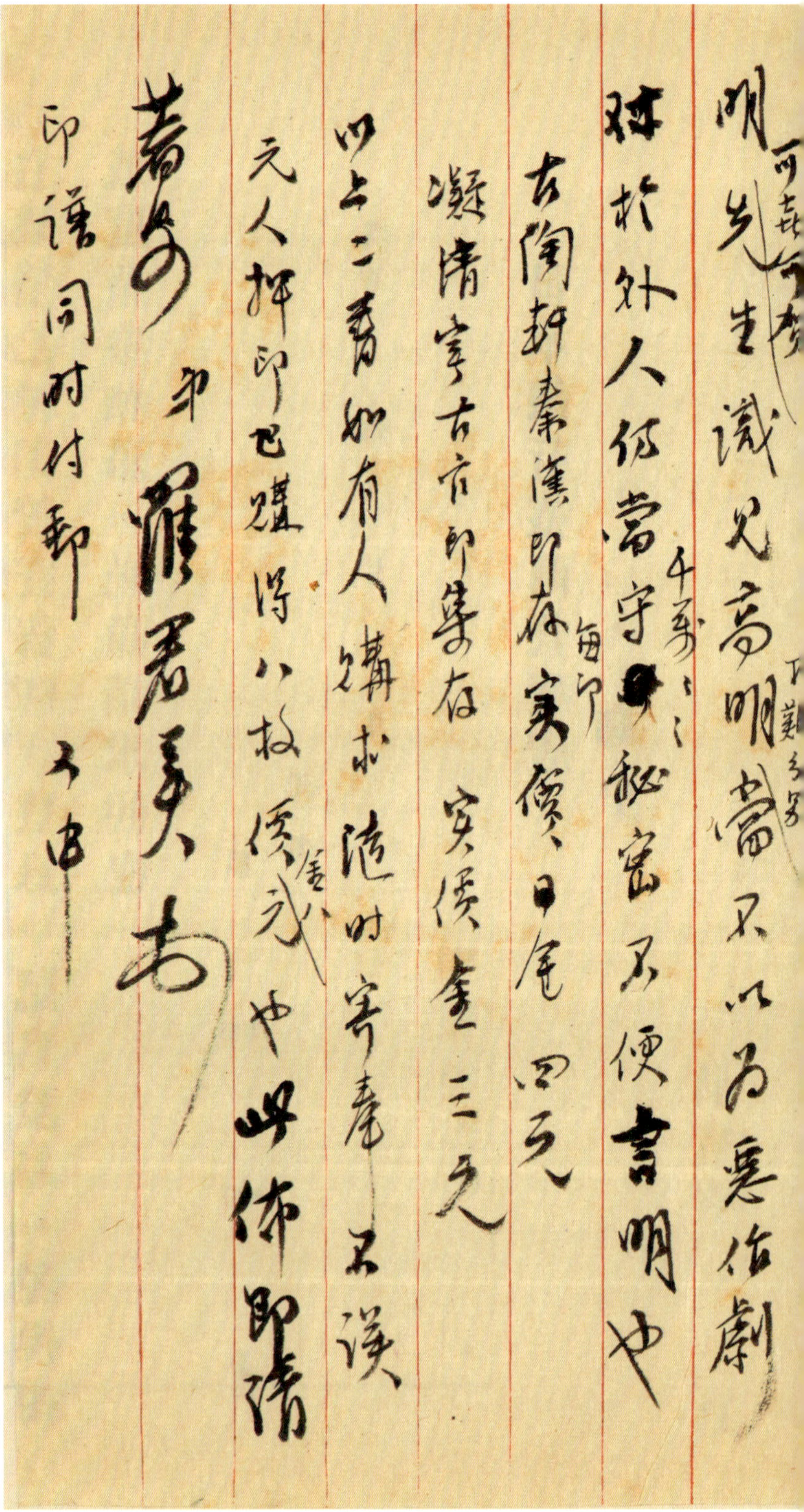
明先生識見高明，當不以為惡作劇
對於外人似當守秘密，不便言明也
古陶軒秦漢印存 實價日金四元
凝清室古官印集存 實價金三元
以上二書如有人購求，隨時寄奉不誤
元人押印已購得八枚，價金八元也。此佈，即請
著安 弟羅君美頓首
印譜同時付郵 六日

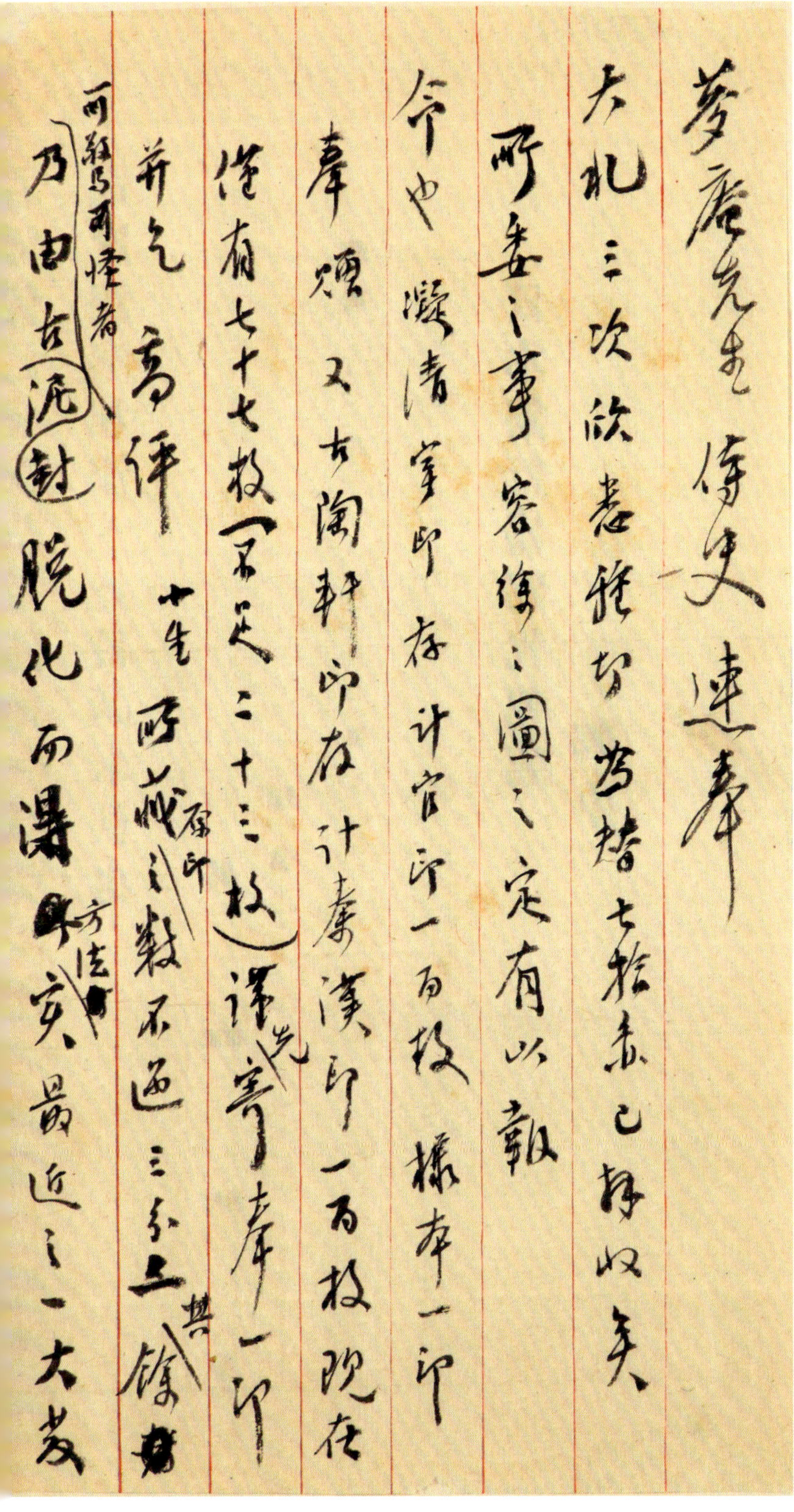

夢庵先生偉史速審

大札三次欲卷皆夢楮七粒亲已持收矣

所委之事容徐之圖之定有以報

今也凝清筆即存計官行一百枚樣亲一印

奉煩又古陶軒印在計奉漢印一百枚现在

僅有七十七枚（實足二十三枚）謹寄奉一印

新氣高評十色兩藏刻敕不逾三分上下其餘

乃由古泥封脫化而得其方法晶近之一大發

未署年月罗福成致梦庵信札

6. 罗福成为梦庵所抄写《适盦印存》序文以及所作书评（信笺水印文字：岁在辛酉，雪翁橅汉三公山神碑）[1]

《适盦印存》，光绪癸卯辑于都门，八册一函，实价三十元。

陈君适盦博通书传，精鉴金石，顾其襟怀旷达和易，每有所得辄为同好者索让而去，而独于古玺印文嗜之最笃，常遣人于燕赵秦晋之间，搜求购致，岁或得百余方，或数十方，积久不下千余方。爰复择精去伪，汰复存真，上自周秦，下迄宋元，共得官私玺印六百余事。今以名楮佳泥，拓公同好，余为颜其首曰《印粹》，纪其实也。若夫考其爵里姓氏以补历史之阙文，辨其字画形声进证群经之逸义，陈君谦抑，自谢未遑，而其有望于海内外博雅君子也。其意深矣。时在光绪癸卯六月王瓘，孝禹书于都门。

阴文古玺二十五枚，阳文古玺九十七枚，秦阴文玺四十二枚，阴文成语玺三十枚，汉官印九十二枚，汉私印一百四十二枚，汉穿带印四十八枚，杂印四十四枚，由秦汉至元明。计五百二十方。

原书分类不甚明白，但原印精者甚多。《赫连泉馆印》一部分即从此谱佚出。[2]

7. 某年正月三日罗福颐致梦庵

太田先生执事：昨奉手教，并拜读大作，欣慰无已。闻《昔则庐印存》三集凡十册先生未买到，弟此间一部乃北京友人所代买，索值四十元。弟以价贵，不愿留，今寄呈阅，如先生愿留，乞直寄四十元至"北京琉璃厂振雅斋卢月舟先生收"可也。如先生亦嫌贵，乞阅毕书仍寄奉亦可。专此费神，敬请撰安。

弟制[3]罗福颐顿首。正月三日。

8. 某年二月二十八日文奎堂[4]书坊致梦庵

太田先生台鉴：顷接大札，敬悉。惟《西京职官印录》业已售出矣。兹因新收印谱一种，开列如下：

《宝汉斋铜印略》，前有"乾隆五十五年秋七月梅里钱泳书于吴门之乐圃林居"序，金陵张复纯芷原氏撰，白纸，一册，价洋十二元。

右购否？示覆是盼。专此奉达，即颂台安。

文奎堂顿首。二月廿八日。

---

(1) 此札无落款，从笔迹以及所用信札可知，书者应为罗福成。

(2) 梦庵《古铜印谱举隅》卷八《适盦印粹》条云："此印大半归罗氏赫连泉馆。"

(3) 制，古代为父母守丧曰"制"，古人在此期间所写书信内，常于姓名前冠"制"字。此说承蒙清华大学刘石教授赐教，谨致谢意。

(4) 文奎堂，光绪七年（1881）开设于北京琉璃厂，创始人王云瑞，民国十六年，其子王金昌继营。参孙殿起《琉璃厂小志》，北京古籍出版社，1982 年，132 页。

9. 某年十月二十日文奎堂书庄致梦庵

太田孝太郎先生台鉴：前奉一缄，谅已收到矣。今日交邮局寄上书籍四十包，附有书单乙纸，祈查收是盼。再者，敝号近收获印谱一种，开列如下：

《看篆楼古印谱》，白纸，六本，四十五元。此书前无序，后无跋，无著书人名。

右购否？示覆是盼。专此奉达，即颂台安。

文奎堂顿首。十月廿日。

10. 某年二月十四日文奎堂收据

太田先生台照：

前账存洋叁角七仙[1] 五。

《世德堂秦汉印集》，一帙，一百二十元。

邮费，一包，二角五仙（钱）。

共合计壹百贰拾元零贰角五仙（钱）。

收洋壹百贰拾元。

除用书结住，净存洋壹角二仙（钱）五。

二月十四日，"京都隆福寺庙西路南文奎堂书坊"（印文）具

《铜鼓书堂印谱》，查礼，书品甚佳，白纸，四本，一百二十元。

《青琅玕馆古印谱代传》，胡之琛，道光年，白纸，六本，六十五元。

《松崖印谱》，金械，嘉庆年，书内稍有虫吃，白纸，五本，五十五元。

《冯氏集古印谱》，冯一鏖，康熙年，白纸，四本，五十元。

《柿叶斋两汉印萃》，顾文鉽，乾隆年，白纸，四本，五十五元。

文奎堂又申。

11. 戊辰（1928）二月二十八日文奎堂书庄收据

太田先生台照：

抄奉

《考古正文印薮》，一帙，三十五元。

邮费，一包，二角。

共合洋三十五元二角。前存洋一角二仙（钱）五，收洋三十五元五角。

除用书结住，存洋四角二仙（钱）五厘。

京都隆福寺庙西路南文奎堂书坊（印文）具。戊辰二月二十八日。

（1）仙，通"钱"。

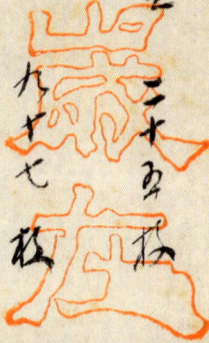

适盦印存

光绪癸卯辑于都门　八册　一函　宝侯□□□□

陈君适盦特通书传楷鉴金石顾其礼坏旷远和为

曾有所得辄为同好者宗让乃吉西独于古录即又嗜之

最笃尝搜罗燕赵秦云之间搜剔煨烬岁武浮百余狐汉雪翁

元武射于不积又不千余又复择楷言为游後存真山神三公碑

上自周秦下逮宋元甚得宝和至印六百余之事今以君籍

佳泥拓公同好余为叙其有以即辑纪其实宾也若夫致

其斋里奸氏以禅先之阙文辨其字画形声进证君辈

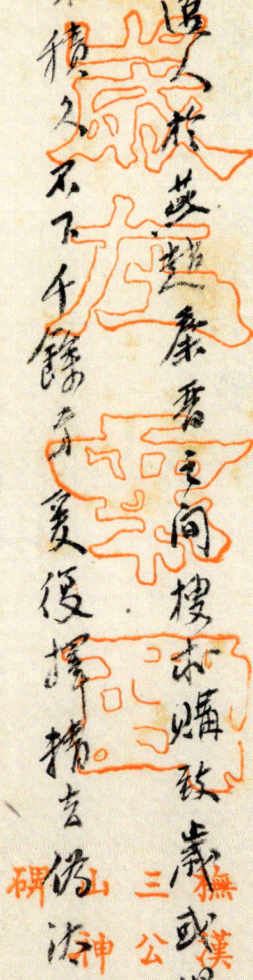

罗福成为梦庵所抄写
《适盦印存》序文以及
所作书评

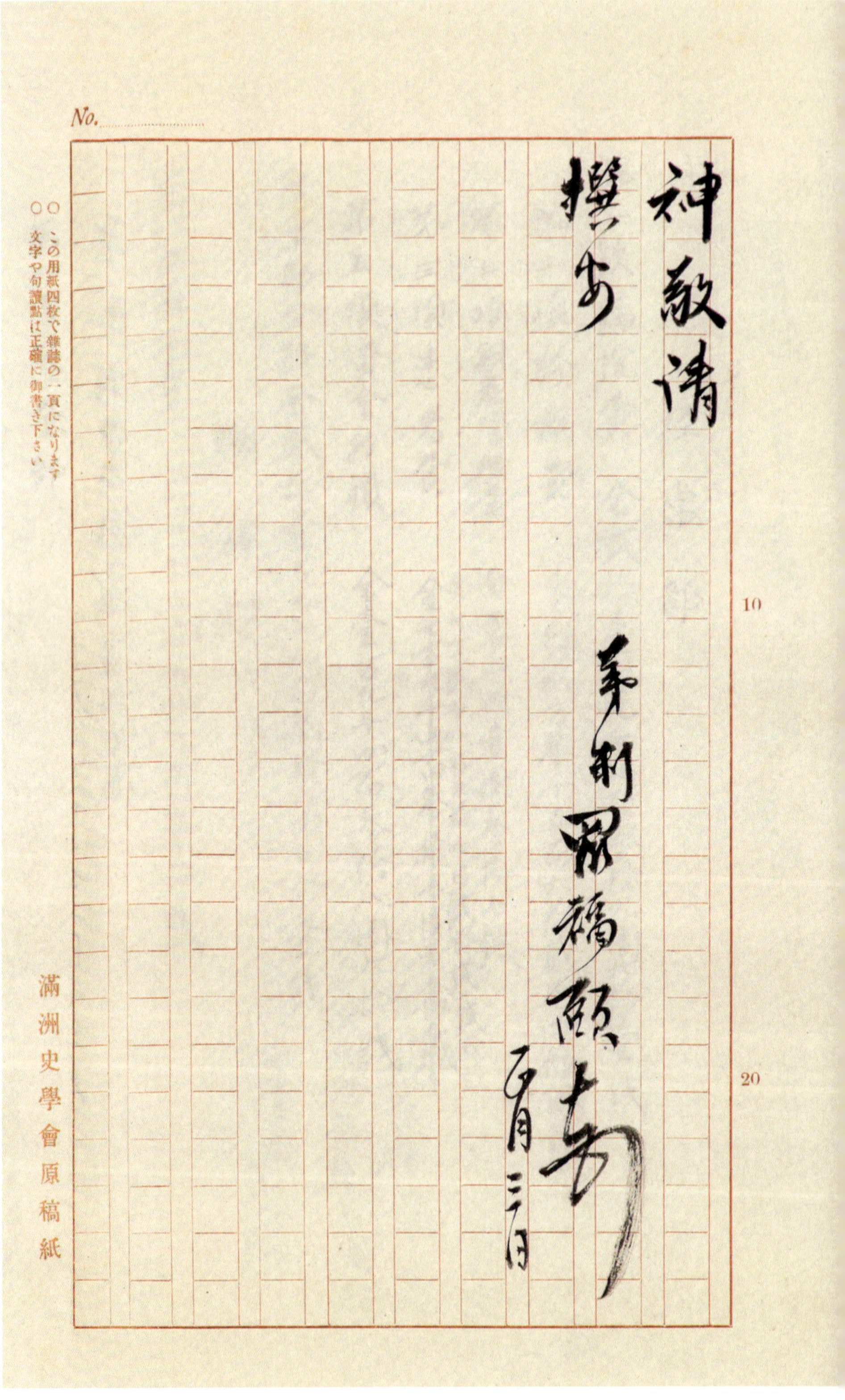

No.

神敬請

撰文

○○ この用紙四枚で雑誌の一頁になります
文字や句讀點に正確に御書き下さい

10

20

滿洲史學會原稿紙

No.

○○ この用紙四枚で雑誌の一頁になります
文字や句讀點は正確に御書き下さい

滿洲史學會原稿紙

太田先生執事昭奉

手教并釋讀

大作欣慰無已頃書則盧印存三集 凡十冊

先生未買到弟此向一部乃北京友人所

代買索值罕元弟以價貴不願留今寄

呈宽如先生願留乞直寄四十元至

北京琉璃廠振雅齋盧月舟先生收可也

如先生亦嫌貴乞閣畢書仍寄奉亦

可専此奠

某年正月三日罗福颐致
梦庵信札

12. 戊辰（1928）三月十五日文奎堂书坊收据

太田先生台照：

《汲古堂印谱》，一套，一百元。

《集古印存》，四套，二百八十元。

邮费，六包，一元二角。

共合洋叁百捌拾壹元贰角。前账存洋四角二仙（钱）五厘。收洋叁百捌拾元整。

除前存收洋结住欠洋七角七仙（钱）五厘。

京都隆福寺庙西路南文奎堂书坊（印文）具。戊辰三月十五日。

13. 某年六月二十八日 [1] 文奎堂书庄致梦庵

太田先生台鉴：

启者。清朝宫内收藏秦汉图章现已钤印成书，内有庄蕴宽序，故宫博物院发行，《金薤留珍》印谱二十四册，实洋预约壹百元整，是否能用？示知为荷。此致，即请台安。

文奎堂顿首。六月二十八日。

14. 民国十七年（1928）八月二十二日故宫博物院致文魁堂发单

今收到文魁堂先生购买《金薤留珍》印谱壹份，全价计洋壹百元〇角。

民国十七年八月廿二日故宫博物院会计处。

15. 某年四月一日文奎堂书庄致梦庵

太田先生台鉴：

迳启者。前日寄上印谱及信两件，谅已收到矣。启者，今有友人托售印谱二种，价目抄列如左。

《集古印谱》五卷，甘旸，白棉纸，十二册，六十元。

《立雪斋印谱》四卷，程大年，白纸，四册，三十六元。

以上是否能用？从速示知为荷。此上，即请台安。

文奎堂具。四月一日。

16. 某年四月十七日文奎堂书庄致梦庵

太田先生台照：

寄上

《甘氏印正》，二套十二册，六十元。

邮费，四包，四角。

（1）据下揭故宫博物院发单，可知此札应写于民国十七年六月二十八日。

共合洋六十元零四角。

京都隆福寺庙西路南文奎堂书坊（印文）具。四月十七日。

17. 某年九月二日文奎堂书庄致梦庵

太田孝太郎先生台鉴：

前接来函，已悉。今日交邮寄上书籍一包，名列下。

《集古印范》一套八本，二十五元。

邮费，一包，二角三分。

右祈查收，示覆是盼。特此，奉达并祝台安。

文奎堂顿首。九月二日。

来函地址：北平隆福寺街。

18. 某年三月二十三日文奎堂收据

太田孝太郎样[1]：

计开

《宝汉斋印辒》，一部，十二元。

邮费，一包，二角一仙（钱）。

共合洋十弍元弍角一先（钱）。收洋二十元。结存洋七元七角九先（钱）。

京都隆福寺庙西路南文奎堂书坊（印文）具。三月廿三日。

19. 某年十二月廿七日文奎堂收据

太田孝太郎先生台照：

计开

《飞鸿堂秦汉印存》一套十册，百二十元。

邮费，一包，二角三分。

共合洋壹百贰拾元贰角叁分。前存洋叁元七角七分五厘。

京都隆福寺庙西路南文奎堂书庄（印文）具。十二月廿七日。

20. 民国二十九年（1940）一月十七日文奎堂书庄收据

太田孝太郎先生台照：

计开

《飞鸿堂印存》一套十本，百二十元。

（1）日文，意为先生。

邮费，一包，二角三分。

共合洋壹百贰拾元零贰角叁分。前存洋叁元七角七分五厘。

一月九日收洋五十元，一月十七日收洋四拾七元，结欠洋壹拾九元四角五分五厘。

京都隆福寺庙西路南文奎堂书庄（印文）具。廿九年一月十七日。

21. 文奎堂书店收据（无日期）

计开

《吉金斋古铜印谱》，一套，七十元。

邮费，一包，二角一仙（钱）。

共合洋七拾元贰角壹先（钱）。(1)

22. 某年七月三十日文奎堂发货单

太田孝太郎先生台照：

发货单

《契斋古印存》，一套八本，四十元。

邮费，二包，四角六分。

共合洋四拾元零四角六分。七月三十日收洋四拾元。

前存洋壹角八分，除收存结，欠洋贰角八分。

京都隆福寺庙西路南文奎堂书坊（印文）具。七月三十日。

23. 某年三月二十日中国书店(2)致梦庵

太田孝太郎殿：

迳复者，兹新收得《共墨斋古玺印谱》，均古铜印，有千余纽，周铣饴集拓（八千卷楼书目收录），十册，壹百六十元。

以上一种要否？望速回示，至为感荷。耑请。

中国书店启。三月二十日。

24. 某年四月一日中国书店致梦庵

太田孝太郎殿：

迳启者，一月廿三寄奉《善斋玺印谱》一部，已届三月，该书合留否？乞即解决。如留，希即

（1）此收据无落款，金额数字之上盖有"文奎堂印"章。

（2）信笺抬头印有"中国书店启事笺"，下有地址："上海西藏路大庆里一百十号。"上海中国书店创立于1929年，创始者金颂清，其后由陈乃乾经营，印有《中国书店书目》，1937年停止营业。参姚一鸣著《中国旧书局》，金城出版社，63-67页。

将该款洋八十元〇四角八分汇下为荷。如不合，则书乞掷还为荷。耑请。

中国书店启。四月一日。

25. 某年九月三日中国书店致梦庵

太田孝太郎先生大鉴：

今寄奉《印品》四册，谅已台收，其价实六十元。如合，则留之。不合，乞即赐还为荷。此请大安。

中国书店启。九月三日。

26. 某年八月十一日中国书店致梦庵

迳复者，《汉铜印谱》一种已售去，兹寄奉《古铜印谱》二册，价六元，邮一角三分。共计洋六元一角三分也。敬请台安。

中国书店启。八月十一日。

27. 某年七月二十日中国书店致梦庵

太田孝太郎殿：

迳复者，顷承汇《两罍轩印谱》价拾元二角一分，照数收到。查尊册，前存洋十四元五角七分正，兹有《古铜印谱》一部，即邮，奉请台阅。如合留者，可除上存书价外，请再汇洋九元六角四分可也。耑请。

中国书店启。七月二十日。

28. 中国书店致梦庵（无日期）

太田孝太郎殿：

迳启者，兹搜得《观自得斋秦汉官私铜印集》，石埭徐氏藏印，全书五十册，为最足本，实价壹百六十元，兹先寄奉首十册，请台阅，如合意，乞即汇款壹百六十元，再将全书寄奉也。此请，候速复。

中国书店（印文）启。

29. 民国十七年（1928）四月四日中国书店发单

太田孝太郎殿台照：

五十元，《古印谱》，八册。

共计实洋五十元正。

中华民国十七年四月初四日。

30. 民国十八年（1929）五月二十七日中国书店发单

太田孝太郎台照：

念元,《稽庵古印笺》。

邮，一角三分五厘。

共计实洋念元一角三分五厘。

中华民国十八年五月廿七日。

31. 民国十九年（1930）三月十日中国书店发单

太田孝太郎台照：

念元,《剑室藏印谱》。

五十元,《古印谱》。

邮，三角四分五厘。

共计实洋七十元○三角四分五厘。

中华民国十九年三月十日。

32. 民国十九年（1930）六月十九日中国书店发单

太田孝太郎台照：

叁百元,《古印偶存》，六册。

弍百元,《簠斋印集》，二册。

四元,《辽居杂著》，二册。

邮，三角二分。

共计实洋伍百○四元三角二分。

中华民国十九年六月十九日。

33. 民国十九年（1930）七月三日中国书店发单

太田孝太郎台照：

弍百元,《汉铜印从（丛）》，十二册。

邮，二角一分。

共计实洋弍百元二角一分。

中华民国十九年七月三日。

34. 民国二十年（1931）三月四日中国书店发单

太田孝太郎殿台照：

六十元,《凝清室印谱》，十六册。

念元,《松崖藏印》，四册。

邮，二角一分。

共计洋捌十元〇二角一分。

除上存洋六十二元七角九分，共计实洋两托净少洋拾七元四角二分。

中华民国二十年三月四日。

35. 民国二十年（1931）七月二十日中国书店发单

太田孝太郎殿台照：

念四元，《颐素轩印存》，八册。

邮，二角一分。

共计实洋念四元二角一分。

中华民国二十年七月二十日。

36. 民国二十三年（1934）七月二十八日中国通艺馆 [(1)] 发单

太田孝太郎台照：

十二元，《郼斋玺印集存》，二册。

邮费洋壹角三分。

共计实洋拾式元壹角叁分。

中华民国廿三年七月廿八日。

37. 民国二十（1931）年三月廿八日大连墨缘堂 [(2)] 致梦庵

太田先生赐鉴：前奉赐书，敬悉一切。所询印谱多敝处所无，现在敝处所有者计下列九种七十五册，共计金七百五十圆。

一，《锄经堂印谱》，平湖朱为弼集印，上册有朱氏手书考释，二册。

二，《清仪阁古印缀存》，张廷济缀印，首有张氏题签。一册。印文下有考释四十八则，皆张氏手书。

三，《伏庐藏印》，陈汉弟集印，己未年集，六册。

四，又，庚申年集，五册。

五，《徐氏印谱》，徐子静集印，前有杨守敬序。四册。

六，《听帆楼印汇》，潘季彤。四册。

七，《周氏印董》，永明周氏集印，有王孝禹题签。一册。

（1）发单下印地址：上海汉口路六百九十二号，电话九〇〇五六。

（2）大连墨缘堂，1929 年由上海中国书店主人金颂清创设，第二年由罗振玉父子继营，罗福葆、罗福颐先后任经理，位于大连纪伊町（今中山区鲁迅路）。参见罗继祖《庭闻忆略》，吉林文史出版社，1987 年，105-108 页。

八,《颐素斋印景》,四册。

九,《铁云藏印》,一二三四集,四十八册。

是否可购? 乞示知为荷。专此谨请台安。

大连墨缘堂拜启。

38. 民国二十年（1931）四月十日大连墨缘堂书店收据

第 0430 号,20 年 4 月 10 日

太田孝太郎台照:

《锄经堂印谱》《清仪阁古印缀存》《伏庐藏印》己未庚申《徐氏印谱》《听帆楼印汇》《周氏印董》《颐素斋印景》《铁云藏印》四集。

上记货款已经收讫,共计 750。

墨缘堂书店,大连纪伊町五十一番地。经售金石书画书籍古玩湖笔徽墨文具纨扇信笺信封等并代售商务中华有正神州艺苑各家画册书籍。

39. 某年十二月三十日大连墨缘堂致梦庵

太田先生执事:

近维起居多吉为颂。兹本店收得《待时轩古铜印谱》（罗福颐集印）初、二集,共二十三册（初集十八册）,共计价金三十圆,不审先生要否? 如要,请将款寄来,书即邮上不误。如要请速示,不然恐为他人先购去也。专此,敬问年安,并贺年禧,不一。

墨缘堂顿首。十二月卅日。

40. 大连墨缘堂致梦庵（无日期）

太田先生鉴:

今有明写本白棉纸郭氏《松谈阁印史》一部,末附王氏《清华阁印史》（此书与上虞罗氏藏郭氏《印史》同,而罗氏藏本缺王氏《清华阁印史》一种）,共一册,凡三百余印,需价五十圆。不知先生要否? 如要,乞示知,敝店即代留不误。专此,即请著安。

大连墨缘堂谨启。

41. 某年四月四日上海蟫隐庐 [1] 致梦庵

太田先生阁下:奉赐书,敬悉。敝处新书目方在编订,印出时即当寄奉不误。《匋石居印谱》前有数部,已售完。此书友人寄售,容得索来再为寄奉可也。甲子所出书目记得曾经寄奉,岂未到耶? 兹再寄上一册,乞察收。其中有印谱数种,内有古铜印谱二种,乃友人托售,兹将原价开注目中,见

---

[1] 蟫隐庐书店,1916 年由罗振玉胞弟罗振常开设,位于上海汉口路山东路东首。经营之余,刻印有《蟫隐庐丛书》与《邃园丛书》。参柳和城《百年书人书楼随笔》,浙江教育出版社,2017 年,136-137 页。

第卅二页。其价当可商量，若尊意欲得者，乞示，当代磋商。又，《铁云藏印》有四集本一部，全书四十八册，今藏刘氏。顷向之商让，据云初集所印不止一部，今存尚有十余部，四集俱全者当时止印数部，今止存一部，不私让人。敝处设有人可出重价，何必不售？渠意方活，问其价值，须七百元。此书若尊意欲得，乞示一价，当代磋商。此书前途亦不欲售，若过少断不足动其意也。敬请台安。

蟫隐庐上。四月四日。

42. 某年十二月十二日上海蟫隐庐致梦庵

太田先生阁下：前奉赐书，敬悉。承送各书中有一种售脱，《匪石居》仍未来，盖以散片未钉之故。顷已函令其即将散片寄来矣。今将现有者八种邮呈，乞照另单查收。《簠斋藏镜》，因内地兵事，纸不得到，须明春方能出版。此书即记欲为尊处订一部可也。书款请即日邮下，赠下期内，例须现银，所乃适能办理也。敬请台安。

蟫隐庐上。十二月十二日。(1)

43. 上海蟫隐庐致梦庵（无日期）

敬复者。奉示敬悉。《激庐印存》一本寄奉，希察入……期间割引(2)及赠券，此券九角，取何新书乞示，即寄，或将券寄上，随例取书亦可。欠款ス(3)元余，便乞寄赐。敬请大安。

蟫隐庐启。

44. 上海蟫隐庐致梦庵明信片（邮戳日期"民国28年7月25日"）

日本盛冈市盛冈银行　太田孝太郎殿　上海蟫隐庐寄。

尊帐上年结存二元ス角(4)。

收七元，收一角三分，收三元ス角。汇票遗失再补票之书留(5)金。

付《当归草堂印谱》，十二元。付邮，二角。

付又寄《金玉印痕》，三角二分五。

结存八角〇五。

45. 丙寅（1926）四月二日上海蟫隐庐致梦庵收据

尊帐上年结存三元。

收廿一元。

付《龚半千山水》，一本，一元ス角。

（1）信笺最后印有地址：上海三马路河南路西三九八号蟫隐庐
（2）割引：日文，意为"折扣"。
（3）"ス"是日语假名，发音与"四"近，怀疑表示数字"四"，下同。
（4）蟫隐庐的信笺中"角"字多作"▶"形，今均改写作"角"。
（5）书留：日文，挂号信。

付《三韩遗文》，一本，一角。

付《武林藏书录》，二本，五角ス分。

付《墨妙亭碑目考》，白，二本，五角ス分。

付邮一角二分五。

付《簠斋藏镜》，二本，三元。

付邮一角二分五。

付《匪石居印谱》，四本，三元。

付邮七分五。

付《清仪阁古器文》，十本，十七元。

付邮三角二分五。

共付廿ス元四角七分。

结欠墨银弎元四角七分。

丙寅四月初二。蝉隐庐（印文）抄。

46. 博古斋⁽¹⁾ 致梦庵

太田孝太郎先生台照：

《秦汉印统》，硃印，八册，码可廿元，实上⁽²⁾十元。《恒轩吉金录》，二册，码上元，实川元。二书有，共实洋六十三元。邮费二角。欲购请速。此致。

博古斋启。书目七期八九期无。

47. 庚午（1930）五月十日北京蓬莱书店收据

计开

《意园古今官印匄》，壹部八本。

计现洋五十五元正。庚午五月初十日。

北京蓬莱书店（印文）。

48. 某年十一月十三日北平来薰阁⁽³⁾ 书庄致梦庵

太田先生雅鉴：

---

(1) 博古斋，由柳蓉春开设于苏州，1917 年开设上海分店，又于经营之余刻印图书，1939 年停止营业。参姚一鸣《中国旧书局》，金城出版社，2014 年，86-89 页。

(2) 上：苏州码子，商业记数符号。

(3) 来薰阁，民国元年开设，经营者陈连彬，民国二十年起陈连彬之侄陈杭继承经营，1928 年在日本举办古书展销会，与日本学者、书店多有交流。新中国成立后，并入北京中国书店。参姚一鸣《中国旧书局》，90-94 页。

敬启者，昨奉大札，敬悉。承惠顾之《古印甄》，今封一包付邮寄上，请查收。便中赐示为荷。谨此，并颂台安。

北平来薰阁书庄（印文）谨启。十一月十三日。

49. 北平来薰阁发票

计开

《古印甄》，一部四册，十二元。

邮料一件，一角三分。

共计洋拾贰元壹角叁分。

50. 民国二十五年（1936）五月七日来薰阁发票 [1]

太田孝太郎先生台照：

计开

十二元，《盛京官印》，一册，八折，九元六角。

六元，《卷施阁诗文集》，十册，八折，四元八角。

三元五角，《古微堂内外集》，四册，八折，二元八角。

四角六分，邮料二包，四角六分。

共计国币拾七元六角六分。

中华民国廿五年五月七日。

51. 某年四月七日文禄堂 [2] **致梦庵**

太田孝太郎先生：

敬覆者，叠接台教，聆悉一是。迟迟因书未取到，亦因价值太高之故耳。《松筠桐荫馆集印》共四册，付样本一册，百六十元，至少𢍜合𡙳元。至希察收，鉴定去留。可要示知，即将后三册即为寄上，余后叙陈。耑此，并请日祉。

文禄堂拜启。四月七日。

52. 某年六月二十五日文禄堂致梦庵

太田孝太郎先生：

敬覆者，顷奉台教，聆悉。《枕剑眠琴室汉印谱》四册三十六元，小号亦代为收下，请阁下留贮是所至盼。又附送上福山《王氏印存》三册，实洋拾贰元，亦祈鉴定去留为荷。专此，即颂日祉。

（1）下印有地址：北平琉璃厂一八〇，电话南局九九三。

（2）文禄堂，民国十五年开设，经营者王文进(1894—1960)，字晋卿。参孙殿起《琉璃厂小志》，北京古籍出版社，1982 年，120 页、143 页。王文进精通版本之学，著有《文禄堂访书记》(上海古籍出版社，2007 年)。

文禄堂王揾青拜启。六月廿五日。

53. 某年一月二十五日文禄堂书店致梦庵

太田孝太郎先生：

前承惠示《秦汉集印》仍照百卅元，已商知藏主认可，祈余数补汇清觟为妙。又，《看篆楼印谱》首有孙星衍序，是刻本，此已售于瑞芝堂。今收来示及《近雨楼印谱》，祈释念。又，《抱朴斋印谱》现下在瑞芝堂，则不知何家所寄，如以后得来，再为奉告是荷。专此，即请近安。

文禄堂书店启。一月廿五日。

54. 某年十月二十日文禄堂致梦庵

太田孝太郎先生：

《环玺斋巨印简》，桐乡冯汝玠藏钤，坿考释，白纸一册，廿元。《古官印存》，山阴秋绍卿辑钤，冯汝玠序，白纸二册，十元。

敬启者。昨由邮便退下《双虞壶斋印存》收到不误。兹又有友人托售右谱二种，倘适尊藏，示知奉上。余不陈。专此，即颂撰安。

文禄堂王揾青顿首。十月廿日。

55. 民国廿九年（1940）三月十一日文禄堂书店致梦庵

迳启者。今接华翰，聆悉。兹因日前寄奉《稽庵古印笺》未示价，歉甚，该书价（实价）三百元，本月五日奉上《听帆楼古铜印汇》四册实价壹百元，二书如阁下合意者，祈留藏。耑此奉覆，即颂春祺。

文禄堂书店（印文）启。中华民国廿九年三月拾壹日缄寄（印文）。

56. 某年三月十八日文禄堂书店致梦庵 [1]

太田先生大鉴：

顷接手书，诵悉。为印谱敝号收价甚昂，彼此与阁下往来交易日深，不能多划价。去岁敝号奉示二印谱，阁下来示索谱，均售出，实是赔礼。请阁下日金照式百式拾元，祈斟酌为荷。专此，敬请近安。

文禄堂书店（印文）启。三月十八日。

57. 民国廿九年（1940）四月六日文禄堂书店致梦庵

敬覆者。四月三日接到大札，聆悉。并汇来款壹百圆收到，勿念。为《齐〔稽〕庵古印笺》价，请照贵国日金票式百式拾元可以允许，如中国准币票二百円，不敢从命耳。《尊古斋集印》第五集，他云非至少须一百式拾元，鄙前趋商再三，减让五元，合实一百十五元，如阁下意留，请示可也。

（1）本函亦应写于民国二十九年，因上札所示价格而收到梦庵来函交涉，此为回复。

现在往函延迟不明耳，日前寄奉平快，谅已接阅矣。专此，即请文安。

文禄堂书店（印文）启。

58. 民国廿九年（1940）四月九日文禄堂书店致梦庵

太田孝太郎先生台鉴：

敬覆者。本月八日顷接手教，聆悉一切。为《听帆楼古铜印汇》阁下出价八十圆，已不算寡，敝号友人至少须一百元不能卖，请原谅是幸。如阁下祈斟酌拟留可也。

尊处寄来《印谱》《举隅》二书尚未收到，《枫园集古印谱》正集如尊府有书，祈寄来一部，否作罢可也。又者，本月一日寄去原钤本《万印楼印谱》及《鸣玉山房印存》邮四件，谅已接阅，如阁下收到，祈速示为盼。因敝号友人之书，如合意留藏，否将印谱奉退下可也。专此即覆，敬请财安。

文禄堂书店启。中华民国廿九年四月九日缄寄（印文）。

59. 文禄堂书店致梦庵（无日期）

太田先生台鉴：

《秦汉集印》一册，附各家手跋，此友人托售，索价壹百五十元。祈如留示音，再与藏主议商为荷。又有《看篆楼印谱》八册，要否？示知。此致。

文禄堂书店启。

60. 文禄堂致梦庵（无日期）

太田孝太郎先生大鉴：

久未通适为歉，近维起居安善为祝。启者，敝店近收到《王懿荣藏印》六册三百元，作一包奉阅，如合意，祈留藏，便中偿价。近搜集书甚难，价提高无法。嗣后敝店收到希其印谱，奉示可也。专此，即颂夏安，并候佳音。

文禄堂书店（印文）谨具。

61. 某年六月十一日文禄堂书店致梦庵

太田孝太郎先生大鉴：

顷接手教，聆悉。印谱一书价额未多划，故此。敝店与阁下交易日深，祈照留藏。嗣后如再收到善本印谱，再补付。因王氏印谱买价过昂，请原谅是幸。便中祈将款掷下为盼。专此奉，即颂夏安。

文禄堂书店启，六月十一日。

62. 某年十一月二十三日文禄堂书店致梦庵

太田孝太郎先生大鉴：

久未通适，渴念殊深，甚为抱歉之至。忽今接手教，领悉一切。敬启者，小号月昨奉上一件《恪斋印书》十二册，实额三百元，《两罍轩秦汉铜印谱》合装一册，实额叁拾五元，以上二印谱近日敝店收到。现在精品书籍非常寡矣。寄上之谱阁下如合意，祈示知。嗣后收到古铜谱奉寄。近不知阁下收藏明清刻印谱或贵处尊友需之书，祈绍介，感谢。又者，《尊古斋第六集印谱》他云价至少壹百六十元，彼去岁增价过昂，不知购否？祈函告。或直通函他址：琉璃厂通古斋古玩铺经理黄伯川，或函洽亦可。因敝店与阁下就友日深，不必克〔客〕气。须言不书。特此奉覆。即祈文安。并候佳音。

文禄堂书店谨具。十一月廿三日。

63. 王晋卿致梦庵（无日期）

太田孝先生台安：

来示知《瞻麓斋印谱》早年钤不整本作罢。今奉上《秦汉古铜印选拾古印遗》附印考，二百元，《续古印式》一册，惜存上卷，五十元。祈查收示知为要。此致。

王晋卿

64. 王晋卿致梦庵（无日期）[1]

太田孝太郎先生：

示札知收到《续古印式》及印考，祈释念承留《古铜印选拾古印遗》，照价九折为荷，此择出印考作减念元之意，祈谅物昂时补助生活，以后列值皆实，以免往商为幸。今寄《古印》三册，式百元，原书欠整，是友人托售，未便修理。祈阅后示知。此致。

65. 某年九月二十三日北平文芸阁[2]致梦庵

太田先生台鉴：

敬启者，顷奉来函，备悉。现敝店收到印谱数种，兹将书名列左。

（一）《意园古今官印句》，八册，三十五元。

（二）《云南等印谱》，共四册，十六元。

（三）《程氏古今印集》，十六册，四十元。

右列各书均将首二册寄上核阅。所定价目俱系实价，如蒙赐顾，函示，当即寄上。此外尚有印谱多种，敝店看来似非秦汉印，故未寄上，兹将书名呈上一阅。倘蒙介绍，不胜盼祷。此上，即颂文安。

文芸阁拜上。九月廿三日。

一《奉天旧印》，一册，廿元。

一《影写本印谱》，六册，卅元。

---

(1) 此札无落款人名，内容承上札，笔迹亦与上札相同，可知发件人无疑是王晋卿。

(2) 文芸阁，开设于民国二十年左右，经营者阴永增、裴连顺。参孙殿起《琉璃厂小志》，北京古籍出版社，1982年，119页。

以上共寄上九册。

66. 某年十一月二十三日北平文芸阁书店致梦庵

太田先生惠鉴：

接奉大札，聆悉。选购《集古印选》一部，但赏价实有亏本之虞，只为酬答起见，持价五十元，藉表先生介绍之盛意。倘蒙赐购，来函示知是盼。专此布复，即询文祺。

北平琉璃厂文芸阁书店（印文）启，十一月廿三日。

67. 某年十二月二十八日北平文芸阁书店致梦庵

太田先生台鉴：

敬启者，承热心售出之《集古印选》，敝店竭诚谢谢。汇下大洋五十元，已收到销账，勿念。俟后如有购书朋友，尚请鼎力介绍，不胜盼祷之至。余待面谢。专此布复，即请时祺。

北平琉璃厂文芸阁书店（印文）启，十二月廿八日。

68. 北平文芸阁书店致梦庵（无日期）

太田孝太郎先生台鉴：

敬启者，接到大札，承购《采柏园古印泽存》，已付邮寄上，掷下大洋八元已收到销账，除收前后共存洋壹元壹角八分五厘，俟后用他书时，再算可也。近敝店有一顾主有印谱两种嘱为寄售，一为《周秦印玺》，一为《七家印谱》原拓，但《七家印谱》已有同业取首册，不知先生收庋否？特此函达，便示回音。专此。

69. 北平文芸阁书店致梦庵（明信片）[(1)]

太田孝太郎先生台鉴：

敬启者，昨日奉上一片，谅蒙台阅。兹又收到《鉴斋秦汉印存》二册，无年月日，书口上面刻"鉴斋印存"，下面刻"模山氏辑""男延宾校录"，共钤印七十方，计六十页，二册，实价二十四元。专此敬达，尚希见复为荷。此上。

文芸阁上。

70. 民国廿七年（1938）四月十六日文芸阁书店发票

太田先生台照：

《吴氏印谱》，一厚册，二十元。

送费，一件，二角三分。

共计洋式拾元〇二角三分。

（1）从下揭民国廿七年十二月十五日文芸阁发单所列《鉴斋秦汉印存》看，此函应写于发单之前不久。

廿七年四月十六日。北平琉璃厂文芸阁书店（印文）⁽¹⁾具。

71. 民国廿七年（1938）十二月十五日文芸阁书店发单

太田孝太郎先生台照：

《古印一隅》，二册，实价三十元。

《鉴斋秦汉印存》，二册，实价二十四元。

送费，一件，二角三分。

共计洋五十四元二角三分。

72. 某年七月三日北京景文阁⁽²⁾书店致梦庵

太田孝太郎先生：

敬启者。近维起居安善，诸端顺遂为颂。刻因某种关系，鄙人离去文禄堂之事，自组一小事，代友人采访书籍以维生活。祈多蒙照拂，是所至盼。兹有友人托售下列书一种，一包送上。《秦汉铜印》，阳湖汪秀份原钤，白纸六册，实价百元正。至希察收，鉴定去留。倘不适宜，即为退还。专此，即颂日祉。

景文堂书店（印文）⁽³⁾拜启。

73. 某年八月七日北京景文阁书店致梦庵

太田孝太郎先生：

《则昔庐印谱》初、二集，王先烈藏印，白纸十八册，六十元。

敬启者。前呈寸缄，并送上佚名古印谱一册，所钤本陈簠斋旧藏，惟价太昂，斟酌定夺可也。兹又邮送右记《则昔庐印谱》一种一包，敝人想阁下未收此谱，已代为买下，请留贮，是所至盼。专此，即颂撰安。

景文阁书店（印文）⁽⁴⁾拜具。八月七日。

74. 某年八月十九日北京景文阁⁽⁵⁾致梦庵

太田孝太郎先生：

左例

《两渡村人藏印》，佚名，一册，十六元。

（1）发票下部印有地址电话："北平琉璃厂小沙土园暂借，电话南局一〇〇四。"

（2）景文阁，开设于民国二十七年，经营者乔景惠。参孙殿起《琉璃厂小志》，北京古籍出版社，1982年，129页。从本札内容看，应写于乔景惠开始独立经营的民国二十七年。

（3）印文中有书店地址："北京琉璃厂祝家胡同二号。"

（4）印文尚有地址："北京琉璃厂祝家胡同二号。"

（5）信笺下部印："地址观西大街，电话九九五六九九号。"

《梅花草堂集古印存》，佚名，印精善，十册，八十元。

《百玺斋印存》，甘泉胡养元，三册，三十元。

《双琉璃盦印集》，袁寒云钤，宣哲跋，张丹斧观，一册，三十元。

《古埃及甲虫肖形印谱》，一册，五元。

敬启者，上例印谱五种新入手，送呈台阅。倘不适宜，仍请退邮北京景文阁为要。南支将不久住也。近受物价增高，书亦随之抬高耳。每日开支已非数金不得过日，如此，书价增数培矣。余不陈。专此，即颂台安。

景文阁乔景熹手启。八月十九日。

75. 某年十二月十七日北京景文阁致梦庵

太田孝太郎先生台鉴：

敬启者，久未通候，近维起居安善，诸端顺适为颂。前者，敝人申苏旅行，返平未久，此间友人藏印谱出让，检各目少见者送上四种，另单详抄送呈。阁下酌定去留，倘不适贮藏，即为退还，余后陈。耑此，即颂日祉。

景文阁乔景熹拜启。十二、十七。

《印征》二卷，朱枫近漪选，乾隆原钤，白纸一册，四十元。

《汉印谱》，佚名，旧钤本，白纸四册，百元。

《畏斋藏玺》，公鲁原钤本，白纸二册，十二元。

《金石之精日月之寿印谱》，丹斧藏印，白纸四册，五十元。

右谱均实价，二包送呈台阁审阅。

太田孝太郎先生日祉。

76. 乔景熹致梦庵（无日期）明信片

敬启者。前呈小片想蒙钧悉。兹将《澂秋馆印存》二册价二十八元正壹包送上阁府，至希斟定去留为荷。专此，即颂日祉。

乔景熹拜启。

77. 某年六月十二日北京景文阁致梦庵

太田孝太郎先生：

敬覆者，顷奉台教，聆悉。《澂秋馆印谱》廿八元照留，感激之至。小号净存阁下洋八元七角五分不惧。兹有友人托售《印林》十册，佚名，价百五十元至少。据小号观此谱颇少见，印章如何，请斟定去留可也。余不叙陈。专此，即颂日祉。

景文阁乔景熹拜启。六月十二日。

78.北京景文阁书店致梦庵（无日期）

太田孝太郎先生台鉴：计奉《西北古国印存别集》一册全、《西北古玺集存》一册全、《西北古国印存》一册全、《西北古国印押碎锦》一册全、《古印碎锦》一册全。以上印谱五册均是全本，共售洋式拾四元。是否可留，望祈示知是荷。此致。

景文阁书店（印文）敬启。

79.北京景文阁书店致梦庵（无日期）

太田孝太郎先生台鉴：

敬启者。近维履祉遂翔，诸端顺适为颂。鄙人于旧历十四日返北京。阁下汇下《聊自娱斋印谱》款二十元照收不误，勿念为荷。专此，即颂日祉。

景文阁乔景熹拜启。

80.某年十月二十二日天津文祐堂书店致梦庵

太田孝太郎先生：敬启者，接读十四日惠书，敬悉一切。《秦汉铜印谱》今交邮奉上，请阁下斟酌办之。如能值廿元，很佳。如实不值，十八元亦可。因初次往来，总成交易为妙耳。《历代古印大观》四册，实洋五元，一并呈上。请台阅定夺是幸。专此，即请撰安。

文祐堂书店（印文）(1)启。十月廿二日。

81.某年十二月二十一日北京东雅堂(2)书店收据

太田孝太郎先生台照：

计开

《螾（滨）虹草堂藏印三集》，四册，十八元。

《竹北移古印存》，五册，三十元。

邮费，一包，二角五分。

共合洋四拾八元贰角五分。

东雅堂书店（印文）(3)具。十二月二十一日。

.

（1）印文中有地址："天津法租界卅一号路十四号。"

（2）东雅堂，开设于民国二十九年，经营者张长起、韩书义、张德恒。参孙殿起《琉璃厂小志》，北京古籍出版社，1982 年，134 页。

（3）印文中有书店地址："北京隆福寺街甲百五十一号。"

附录三　太田梦庵旧藏古铜印谱目录(1)

《吴氏印谱》一本，吴孟思摹，欣赏编乙集木刻本。

《集古印谱》六卷六本，王常编，顾从德校，万历三年木刻本。

《考古正文印薮》五卷五本，张学礼、胡文焕、徐延年同编，万历二十四年钤摹刻本。

《集古印谱》五卷六本，甘旸辑，万历二十四年钤摹刻本。

《集古印选》四卷四本，吴元满、顶元枢、汪润大、汤之贤摹，万历二十五年钤本。

《集古印范》十卷十本，潘云杰辑，苏尔宣、杨当时摹，万历三十五年钤本。

又，不全六本，黄纸印本。

《秦汉印统》八卷八本，罗王常编，万历三十六年木刻本。

《印品》五集二本，朱修能摹，万历间钤本。

《宝印斋印式》二卷二本，汪呆叔藏印，万历四十二年序，园田穆影印本。

《印史》一本，郭胤伯松谈阁，王季安清华阁藏印，万历间钤本。

《集古印谱》二卷二本，冯一麈藏印，康熙五十三年序钤本。

《师意斋秦汉印谱（官印）》一本，程从龙藏印，乾隆三年钤本。

《程荔江印谱》二本，程从龙藏印。

又，二本，民国十三年涵芬楼影印本。

《世德堂秦汉印集》五卷五本，吴好礼藏印，乾隆七年序钤本。

《赵凡夫先生印谱》十二卷十二本，赵宧光摹，乾隆十年钤本。

《汉铜印丛》十二卷六本，汪启淑藏印，乾隆十七年钤本。

又，四本，民国二十四年商务印书馆石印本。

《讱庵集古印存》三十二卷十六本，汪启淑藏印，乾隆二十五年钤本。

《孝慈堂印谱》二本，庄冏生藏印。

《存恕堂汉印谱》，阙名。

《飞鸿堂秦汉印存》十本，阙名（疑汪启淑藏印）。

《拾古印遗》二本，夏一驹藏印，乾隆三十八年序钤不全本。

---

(1) 转录自［日］太田孝太郎《古铜印谱目录》（太田氏枫园刊，共立社印刷所印行，1961 年），1-18 页。

《印征》二卷一本，朱枫藏印，乾隆四十六年钤本（前有"叔未"朱文印）。

《枕剑眠琴室汉印谱》四本，郭景仪辑，乾隆五十二年自序剪贴巾箱本。

《宝汉斋铜印略》一本，张复纯藏印，乾隆五十五年钤本。

《续古印式》二卷二本，黄锡蕃藏印，乾隆六十年钤本。

《扬庵手集古印》一本，马扬庵辑，乾隆间剪贴本（有黄易、朱文藻题跋，并江沇、桂馥、汪启淑、罗两峰、余秋室、董恂等观款）。

《古印谱》四本，阙名，乾隆间钤本。

《松筠桐荫馆集印》四帖，郭伟绩辑，乾隆间贴本（有陈介祺手写目录，并庚辰六月题识）。

《铜鼓书堂藏印》六卷四本，查礼藏印，嘉庆四年钤本。

《松崖藏印》八卷五本，金械藏印，嘉庆二十一年钤本。

《松崖书屋藏印》五本，金械藏印。

《古铜印选》一卷，郭承勋藏印，道光五年钤本（有陈介祺自书释文考证）。

又，三卷三本。

《画梅楼摹古印存》二本，汤绶名摹，道光六年钤本。

《清仪阁古印偶存》六卷六本，张廷济藏印，道光八年钤本。

《看篆楼古印谱》六本，潘毅堂藏印。

《听帆楼古铜印汇》四本，潘季彤藏印，道光十二年钤本。

又，不全本四本。

《百二古铜印谱》二本，谢庸摹，道光十三年序钤本。

《宝琴斋古铜印汇》五本，阙名。

《古印缀存》一帖，张廷济辑，剪贴本（道光十四年叔未书签，每印有题记）。

《锄经堂集古印谱》二本，朱为弼辑（各印有自记考证）。

《双虞壶斋印存》七本，吴式芬藏印。

又，八卷八本。

《簠斋印集（官印）》二本，陈介祺藏印，咸丰二年钤本。

《采柏园古印泽存》二本，凌坛藏印，咸丰七年钤本。

《秦汉铜印》六本，汪彦份辑，咸丰八年钤本（各册有彦份印记）。

《铁琴铜剑楼集古印谱》八本，瞿镛藏印，咸丰八年钤本。

《秦汉官私铜印谱》二本，吴云藏印。

《二百兰亭斋古铜印存》十二卷十二本，吴云藏印。

又，十二本，西泠印社钤本。

《二百兰亭斋古印考藏》六卷二本，吴云藏印，同治三年钤本。

《吉金斋古铜印谱》六卷六本，何昆玉藏印。

又，续一本，同治八年钤本。

《汉印偶存》一本，姚觐元藏印，光绪九年钤本（原为端陶斋旧藏）。

又，二本。

《得壶山房印寄》二本，郭氏藏印（有光绪丙子李竹朋题记）。

《澂秋馆汉印存》二本，陈承裘藏印，光绪四年钤不全本。

《澂秋馆印存》八本，陈承裘藏印。

《杨氏家藏铜印谱》二本，杨守敬藏印，光绪六年钤本。

《陈簠斋手拓古印集》四本，陈介祺辑，神州国光社石印本。

《两罍轩印考漫存》九卷四本，吴云辑，张玉斧摹，光绪七年木刻本。

《十钟山房印举》一百九十一本，陈介祺藏印，光绪九年钤本（罗振玉自书题面）。

又，十二本，民国十一年涵芬楼石印本。

《古印一隅》二本，陈介祺藏印。

《簠斋藏玉印》一本，何昆玉手拓本，民国五年神州国光社石印本。

《海上精舍藏印》六本，王懿荣藏印（王孝禹题面，有永明周氏藏印）。

《当归草堂汉铜印存》四本，丁丙藏印，光绪十年钤本。

《印邮》八本，高文翰辑，光绪十一年序钤本。

《齐鲁古印攈》四卷四本，高庆龄藏印，光绪十一年钤本。

《剑室铜印略》四本，汪剑秋藏印，光绪十一年钤本。

《鉴斋印存》二本，孙文楷藏印。

《稽庵古印笺》四本，孙文楷藏印。

又，二卷二本，光绪十三年钤本。

又，八本，自笔笺注本。

《十六金符斋印存》十本，吴大澂藏印。

又，二十八本，罗氏贞松堂旧藏（各册封面有光绪辛卯吴题记）。

又，三十本，宣统元年西泠印社钤本。

《续百家姓印谱》一本，吴大澂藏印，民国五年罗氏影印本。

《周秦两汉名人印考》一本，吴大澂藏印，民国八年罗氏影印本。

《古印偶存》四本，王石经、田镕叡、高鸿裁、刘嘉颖同辑，光绪十六年钤本。

又，八卷八本。

《颐素斋印存》八本，何伯源藏印。

《颐素斋印景》四本，何伯源藏印，光绪十六年钤本。

《印揭》八本，赵允中辑，光绪十七年序钤本。

《续齐鲁古印攈》十六卷十六本，郭裕之藏印，光绪十八年钤本。

《瞻麓斋古印征》八本，龚心钊藏印，光绪十九年钤本。

《共墨斋藏古鈢印谱》十本，周铣诒、周銮诒藏印，光绪十九年钤本。

《玺印拓存》二本，许煦堂、高薇垣藏印（高谱有周铣诒题记）。

《印萱》一本，永明周氏藏印。

《撷华斋古印谱》六本，刘仲山辑，光绪二十一年序钤本。

《周秦古玺》二本，西泠印社辑，光绪二十一年钤摹本。

《赏古斋秦汉印存》四本，阙名，光绪二十四年钤本。

《观自得斋秦汉官私印谱》四本，徐士恺藏印，光绪二十四年钤本。

又，五十本。

《师让庵汉铜印存》四本，丁丙藏印，光绪二十七年钤本。

又，六本。

《乾修斋古印集存》十二本，崔鸿图藏印，光绪二十七年钤本。

《适庵印粹》八本，陈适庵藏印，光绪二十九年钤本。

《聊自娱斋印存》四本，阙名，光绪二十九年钤本。

《铁云藏印》初集十本，刘鹗藏印。

又，四集四十八本。

《宾虹藏印》六本，黄质藏印，光绪三十三年序钤本。

《秦汉印谱》十本，丁树桢藏印。

《陶斋藏印》十六本，端方藏印，有正书局石印本。

《十砚斋古铜印粹》二卷二本，佐藤进藏印，明治四十年序钤本。

《三柳居丝印谱》一本，杉浦丘园藏印。

《遯庵秦汉印选》六本，吴隐藏印，宣统元年钤本。

又，四集二十四本，民国三年钤本。

《磬室所藏玺印》八本，罗振玉藏印，宣统三年钤本。

又，《续集》二本，民国四年钤本。

《赫连泉馆古印存》一本，罗振玉藏印，民国四年钤本。

又，续存一本，民国五年钤本。

《匪石居秦汉官私印存》四本，秦遇赓藏印，民国四年钤本。

《隋唐以来官印集存》一卷附补遗附录各一卷一本，罗振玉辑，民国五年影印本。

《历代古印大观》第一集四本，民国六年钤本。

《谶室藏印》二本，方若藏印。

《皕印庐印存》四本，马家桐藏印。

《秦汉铜印谱》四本，严筱舫藏印。

《有竹斋藏印》三本，上野理一藏印，大正六年钤本。

《小蓬莱阁古印菁华》二本，罗福成辑，民国七年钤巾箱本。

《长乐吉羊室集印》六本，钝金藏印，民国七年钤本。

《古官印存》二本，秋绍卿辑，民国八年钤本。

《伏庐藏印己未集》六本，陈汉第藏印，民国八年钤本。

又，庚申集五本，民国九年钤本。

又，六本，民国四十年商务印书馆石印本。

《秦汉印存》三本，阙名。

《汉印存》二本，鲁燮光藏印。

《古铜印存》二本，腊熙明藏印。

《秦汉印赏》二本，阙名。

《杨啸邨印集》二本，杨大受摹，西泠印社钤本。

《梦庵藏印》八本，太田孝太郎藏印，大正九年钤本。

又，八本，大正十五年再印本。

《郘庵印草》二本，罗福颐摹，民国十年钤本。

《敬敬斋古玺印集》四本，张丹斧藏印，民国十一年钤本。

《凝清室古官印存》二本，罗振玉藏印，民国十二年钤本。

《凝清室所藏周秦玺印》十六本，罗振玉藏印，民国十二年钤本。

《贞松堂唐宋以来官印集存》一本，罗振玉藏印，民国十二年钤本。

《古陶轩秦汉印存》二本，商承祚、罗福成、罗福葆、罗福颐辑，民国十二年钤本。

《尚符玺斋古印集存》二本，罗福成藏印。

《待时轩仿古印草》二本，罗福颐摹，民国十二年石印本。

《畏斋藏玺》二本，刘之泗藏印，民国十二年钤本。

《征赏斋秦汉古铜印存》五本，黄吉园藏印，民国十三年钤本。

《两渡邨人藏印》一本，何亚农藏印。

《读雪斋印谱》二本，孙春山藏印，民国十三年涵芬楼石印本。

《环玺斋巨印简》一本，冯汝玠藏印，民国十三年钤本。

《玺苑》二本，周銮诒、田焕辑，民国十三年序钤摹本。

《澂秋馆印存》十本，陈宝熙藏印，民国十四年钤本。

《意园古今官印句》八卷八本，侯汝承辑，民国十四年钤本。

《金薤留珍》五集二十四本，高宗纯皇帝敕辑，民国十五年故宫博物院钤本。

又，五本，民国十五年故宫博物院石印本。

《毓庆宫藏汉铜印》二本，毓庆宫藏印，民国十六年故宫博物院钤本。

《交泰殿宝谱》一本，民国十八年故宫博物院文献馆石印本。

《尊古斋印存》六集六十本，黄濬辑，民国十六年至二十□年钤本。

《西夏官印集存》一本，罗振玉辑，民国十六年石印本。

《魏石经室古玺印景》八本，周进藏印，民国十六年钤本。

《碧葭精舍印存》八本，张修府藏印，民国十七年钤本。

《古玺集林》二集十二卷十二本，黄濬辑，民国十七年至二十六年石印本。

《宾虹集印》四本，黄质藏印。

《宾虹藏印》八本。

又，二集八本，民国十八年序钤本。

《历代玺印存》五卷五本，阙名，剪贴本。

《汉官私印谱》一本，王丽生藏印。

《秦汉铜印》四本，阙名。

《古铜印谱》一本，阙名。

《盛京官印谱》一本。

《陕西官印谱》一本。

《河南官印谱》一本。

《云南官印谱》一本。

《甘肃官印谱》一本。

《枫园集古印谱》十卷十本，《续集》二卷二本，太田孝太郎藏印，昭和四年、七年钤本。

《善斋玺印录》十六本，刘体智藏印，民国十九年序钤本。

《昔则庐古玺印存》初集八卷附《遇安庐藏印》二卷十本，王光烈、郭德陈藏印，民国二十年钤本。

又，二集八卷八本、三集十卷十本，王光烈藏印，民国二十五年、三十年钤本。

《霭霭庄藏古玺印》二本，藤井善助藏印，昭和六年钤本。

《磊斋玺印选存》十本，林熊光藏印，昭和六年钤本。

《待时轩印存》第一集十八本、第二集五本，罗福颐辑，民国二十一年序钤本。

《古印甄》初集四本，汉阳周氏不言斋藏印，民国二十一年钤本。

《五车楼古印存》一本，中岛玉振藏印，山崎中编，昭和七年序钤本。

《絜斋古印存》八本，商承祚藏印，民国二十三年钤本。

《簠庵集古印存》，东莱林氏藏印，民国二十三年钤本。

《郼斋玺印存》二本，金祖同藏印。

《旧雨楼藏印》二本，方若藏印。

《元押集存》二本，阙名。

《青宝楼古铸百印》一本，小川浩藏印，昭和八年钤本。

《古印碎锦》一本，张果约藏印，民国二十五年钤本。

《西北古国印存》一本，张果约藏印，民国二十六年钤本。

《西北古国印存别集》一本。

《西北古国印押碎锦》一本，张果约藏印。

《西北古玺集存》一本，张果约藏印。

《古鉴斋藏印》八本，李培基藏印，民国二十六年钤本。

《玺印集林》四卷四本，林树臣辑，民国二十七年商务印书馆石印本。

《周秦古玺续》二本，园田穆藏印，昭和十三年钤巾箱本。

《竹北杉古印存》四本，黄质藏印，民国二十九年钤本。

又，五本，民国三十年钤本。

《集古印景》四卷四本，太田孝太郎辑，手贴本。

《平庵藏古官印》二本，园田穆藏印，昭和十六年钤本。

《敬爱山房古印存》一本，罗福成藏印，一九四二年钤本。

《秦汉玉印图录》一本，倪玉书辑，民国三十一年钤摹本。

《新选古铸百印》一本，三村竹清藏印，昭和二十年钤本。

《好晴楼藏玉印》一本，太田孝太郎藏印，昭和二十四年钤本。

附记：本文原载刘海宇、[日]玉泽友基编著《日本岩手县立博物馆藏太田梦庵旧藏古代玺印（精华版）》，上海书画出版社，2021年，290—299页。

后 记

自 1980 年代以来，本书作者之一的玉泽友基既开始陆续收集有关太田梦庵的各类资料，迄今垂四十年。自 2015 年冬季起，本书作者两人组成研究小组，开始合作研究太田梦庵旧藏中国古玺印，至今已经过去了整整八年。这期间，承蒙诸位师友的鼎力相助，我们出版了《风雅好古——太田夢庵の金石收藏・研究と文人世界》（太田梦庵显彰会，2019 年）、《日本岩手县立博物馆藏太田梦庵旧藏古代玺印》（上海书画出版社，2020 年）、《日本岩手县立博物馆藏太田梦庵旧藏古代玺印（精华版）》（上海书画出版社，2021 年）等书籍，并发表中、日文相关研究论文近十篇。2021 年 4 月，我们有幸申请到日本学术振兴会（JSPS）基盘研究 C 科研经费《日本に所藏される中国古印に関する调查研究——岩手县立博物馆藏品を中心として》。在调查研究梦庵旧藏古玺印和古铜印谱的基础上，我们将研究视野扩展到梦庵旧藏所有的金石资料，包括陶文、砖文、有铭铜带钩以及其他金石小品等。本书部分内容改写自迄今已发表的论文，另外内容则是重新撰写的。

研究小组成员之一的玉泽友基已经于 2021 年 3 月底从岩手大学退休，另一成员刘海宇在岩手大学工作十余年之后，也已于 2023 年 1 月份回到母校山东大学任教，我们对梦庵旧藏金石资料的调查和研究基本告一段落。本书的出版，一是对梦庵先生终生孜孜不倦地收藏和研究中国古代金石资料的缅怀，二是对我们多年来合作调查研究的一个总结。

在资料调查过程中，岩手县立博物馆学艺员原田祐参先生、菅野诚喜先生、工藤健先生以及九州国立博物馆川村佳男先生等为我们提供了很多帮助，在此谨表感谢。在研究过程中，上海复旦大学刘钊先生、上海博物馆孙慰祖先生、岩手大学薮敏裕先生、中国金石学社（日本）松村一德先生等给予我们诸多的指导和支持，藉此一并申致谢意。最后要特别感谢上海书画出版社朱艳萍副社长、李柯霖女士、魏书宽先生为本书出版所付出的努力。

因学力所限，书中肯定有不少缺陷和不足之处，敬请方家学者批评指正。

2023 年 10 月刘海宇谨记

图书在版编目（CIP）数据

太田梦庵中国金石收藏与藏品著录 / 刘海宇,(日)
玉泽友基著. -- 上海：上海书画出版社,2024.2
　ISBN 978-7-5479-3312-1

　Ⅰ.①太… Ⅱ.①刘… ②玉… Ⅲ.①金石–收藏–
中国 Ⅳ.①G262.1

中国国家版本馆CIP数据核字（2024）第040636号

太田梦庵中国金石收藏与藏品著录

刘海宇　　[日]玉泽友基　著

选题策划	朱艳萍
责任编辑	李柯霖
编　辑	魏书宽
审　读	雍　琦
封面设计	刘　蕾
技术编辑	包赛明

出版发行	上 海 世 纪 出 版 集 团
	上海书画出版社
地　　址	上海市闵行区号景路159弄A座4楼
邮政编码	201101
网　　址	www.shshuhua.com
E－m a i l	shuhua@shshuhua.com
制　　版	杭州立飞图文制作有限公司
印　　刷	杭州四色印刷有限公司
经　　销	各地新华书店
开　　本	787×1092　1/16
印　　张	21
版　　次	2024年3月第1版　2024年3月第1次印刷

书　　号	ISBN 978-7-5479-3312-1
定　　价	298.00元

若有印刷、装订质量问题，请与承印厂联系